ままだが、ウクライナに親類縁者、友人知人を持つロシア人は多い。その紐帯《ちゅうたい》が簡単に切れると思っている国民はまずいないだろう。

ソ連時代、ロシアとウクライナの間に国境はなかった。日本の県境のような境界を人々は自由に行き来した。一九九一年一二月のソ連崩壊で「県境」は突然国境となったが、国境が出現する前、人々は平和に暮らしていた。国境は人間が生きていくために絶対に必要なものではない。

米紙『ニューヨーク・タイムズ』は二〇二四年一〇月、米政府当局者の推定を基に、両軍の死傷者が双方合わせて九二万人を超えたと報じた。ロシア側で一一万五〇〇〇人が死亡し五〇万人が負傷、ウクライナ軍の五万七五〇〇人以上が戦死し二五万人が負傷したという。一方ゼレンスキーは同年一二月、ウクライナの戦死者四万三〇〇〇人に対しロシア側は一九万八〇〇〇人だと主張した。一九七九～八九年にアフガニスタンに軍事介入したソ連軍の死者は約一万四〇〇〇人だった。ベトナム戦争に介入した米軍の死者は一〇年余りで約五万八〇〇〇人だ。ウクライナで続く戦争の悲惨さは際立っている。

誰にとっても人生は一度しかない。そのかけがえのない命が、「国家主権の維持」や「国境の不可侵」という多分に概念的なもののために何万、何十万と奪われ続けることを、二一世紀に生きる私たちは「やむを得ない犠牲」だと納得できるだろうか。

大量の核兵器と世界最大の領土を有するロシアを、核を使わせずに全面降伏させることはまず不可能であり、プーチン政権が既に長期戦の構えを固めた以上、ウクライナへの軍事支援を続けるだけでは戦争が終わらないことは明らかだ。各国は流血を長引かせるのではなく、人命尊重をどのように実現して早期に平和を回復するかを具体的に考えなければならない。

一九九一年のウクライナの独立は、ソ連崩壊という地政学上の大変動によってもたらされた。八月、新たな連邦条約締結の準備を進めていたソ連大統領ミハイル・ゴルバチョフは共産党保守派の手でクリミアの別荘に一時軟禁され、政治的権威を失った。これを受けてウクライナ共和国指導部は連邦の立て直しは不可能と考え、ほかのソ連構成共和国と相前後して独立宣言を行った。同年一二月一日の国民投票では九〇・三二パーセントの圧倒的多数で独立が承認されたものの、宗主国を相手とした独立闘争のようなものはなかった。ウクライナにも独立を主張する民族主義的団体の根強い活動はあったが、一九九一年三月のソ連国民投票では、連邦制維持にウクライナでの賛成票が七三・四パーセント、反対が二四・七パーセントで、大多数のウクライナ人が独立を強く求めていたわけではない。いわば「棚ぼた」的な独立達成だった。

ウクライナは独立後もロシアから原油や天然ガスを国際価格より安く供給してもらい、東部の重工業地帯ではロシア発注の宇宙ロケットやミサイル、航空機が製造されるなど、経済分野でロシアに依存し続けた。「独立」は中途半端なものだった。

ロシアの侵攻で始まったウクライナの戦争は、真の独立を勝ち取るための「生みの苦しみ」といえるだろう。侵略行為により家族や親戚、友人や財産を失った人々はロシアとの安易な妥協を拒み、「自分たちはロシア人ではなく、ウクライナ人だ」との自意識を強く持つようになっている。仮に国土が侵攻以前に比して小さくなったとしても、「戦後」のウクライナは将来も長きにわたってロシアと厳しく対峙し続けるに違いない。

この戦争は、現在も続くソ連崩壊のプロセスの一環ともいえる。ソ連解体の過程でロシア人が多く住む地域を独立後のロシアにし、ウクライナ人が多数を占める地域はウクライナとする合意の上で国境線が引かれていれば、のちの紛争は回避できたかもしれないが、現実はそう簡単ではない。ロシア、ウクライナ、ベラルーシ三首脳の合意でソ連消滅が事実上決まり、境界付近でウクライナ側に住んでいたロシア人は国籍上「ウクライナ人」にされた。ほかの旧ソ連諸国でも同様のことが起き、カフカス地域などでは係争地の帰属を巡って流血の争いが続いた。ロシアが侵攻して制圧し一方的に併合したウクライナ東部・南部で続く戦闘は、両国が恒久的な国境を画定する過程だとみることもできよう。現在も続くそのやり方が最も悲劇的で非文明的な形であることは言うまでもない。

侵攻が始まった際、筆者は通信社の記者としてモスクワで三度目の勤務をしていたが、ロシアがウクライナへの全面的な侵攻に踏み切ると予想したロシア人の識者は当時ほとんどいなかった。全面侵攻は多くのロシア人にとって驚きだった。

なぜプーチンは民族的に最も近しい隣国に侵攻したのか。

武力によるウクライナ東部・南部四州の強引な併合に目を奪われがちだが、最大の理由はウクライナの北大西洋条約機構（NATO）加盟阻止にある。長い国境を接するウクライナがロシアを仮想敵とする軍事同盟の枠外にあり続けることはロシアの安全保障上極めて重要といえ、侵攻の前からプーチンは、ウクライナの加盟は「レッドライン」（越えてはならない一線）だと繰り返し警告していた。その底流には、ロシアが第二次世界大戦の惨禍の影響を今も強く受けている国だという事情がある。

この戦争が終わった時に引かれる境界線がウクライナとロシアとの国境となり、双方は新たな国境を挟んで軍事的に睨み合いを続けながら、隣国として共存の道を模索していくことになるだろう。世界全体にとっては、第二次世界大戦後にできあがった国連を中心とする国際秩序が機能しなくなり、新しい秩序が確立されるまでの危険な過渡期となる。

日米欧と断絶状態になったロシアは非欧米の途上国「グローバルサウス」に接近し、中国やインド、ブラジルなどと構成する「ＢＲＩＣＳ」を拡大させて先進七カ国（Ｇ７）に対抗しようとしている。パレスチナのイスラム組織ハマスの奇襲で二〇二三年一〇月に始まったイスラエルのガザ地区攻撃は多数の民間人犠牲者を出しながら続き、国際社会の非難をよそに、米国の支援を受けるイスラエルは二〇二五年一月半ばの一時停戦合意まで攻撃をやめようとはしなかった。国連安全保障理事会は米ロの対立で機能せず、二つの戦争を止めるための役には立たなかった。

米国では「アメリカ第一主義」を掲げ対ウクライナ支援に消極的な元大統領ドナルド・トランプが大統領に復帰し、二〇二五年二月末の「侵攻から丸三年」を前にして停戦交渉再開の機運が出てきた。その一方でバイデン米政権は退陣を前に、欧米が供与した長距離攻撃兵器のロシア領内への使用をウクライナに許可し、これに対抗する形でプーチンが核兵器の使用条件を緩和した上、欧州全域を射程に入れる中距離弾道ミサイルを実戦投入してＮＡＴＯ側を牽制するなど、危機の収束はまだ見通せない。

ロシアによるウクライナ侵攻で国際社会は大きく変わりつつあり、ロシアも侵攻の前とは違った方向へ進み始めている。プーチンのロシアはこれから何を目指し、世界秩序はどう変わるのか。本書はこれらを理解しようとする試みである。

筆者はロシアのウクライナへの侵攻は国際法違反であり、容認できない行為だと考えている。同時に、ロシアの主張がすべて虚偽あるいは政治的意図を含んだプロパガンダだとは思っていない。ロシアとウクライナの戦争が始まった直接の原因がロシアの先制攻撃にあるからといって、ロシアを非難するだけでプーチンの意図を知ろうとしなければ今後の対処方針も浮かんでこない。ロシアの考えと発想はどこから生じるのかを正確に知り伝えることは、ロシア現政権への支持・不支持とは別の話である。

ロシアは約五五〇〇発もの核弾頭を持つ軍事大国だ。核戦争、少なくとも限定的な核兵器使用という破滅的事態を避けながらロシアを完敗させることができないとすれば、戦争当事国であるウクライナと同国を支援する日米欧諸国は、最終的にはロシアと停戦し、どういう形で平和を回復するかを交渉しなければならない。隣国への侵攻に至った根本的な原因についてはロシアの側にも言い分があり、その説明が虚偽だったり、現代の人類共通の価値観に照らして完全に容認できないものであったりするのか否かは、ロシアの主張する内容をよく聞いてから判断する必要がある。できるだけ感情を排し、攻撃に踏み切ったロシアの見方と事情を検証することで、「東西冷戦終結後の欧州で起きた最大の戦争」はなぜ避けられなかったのか、日本の隣国であるロシアはウクライナ侵攻でどう変わり、これからどこへ向かうのかを考えてみたい。本書執筆中に決まった米国での第二次トランプ政権発足に関連した動きについては最後の第8章に収録し、できるだけ最新の事情に触れるよう心がけた。

なお、本書に書かれた評価は筆者個人の見解であり、勤務先や所属団体の立場と直接の関係はないことを明記しておく。またウクライナの地名や人名については、日本で既に定着したものを除き、ロシア語表記をカタカナで記した。これは「チェルノブイリ」のように広く知られた固有名詞の表記を変えることによる混乱を避けるために加え、筆者がウクライナ語に詳しくないためで、ロシアやウクライナへの支持、不支持を反映するものではない。

CONTENTS

なぜプーチンは戦争を続けるのか
——ウクライナ侵攻が変えたロシアと世界

第1章 侵攻開始とその理由

第2章

第3章

「反乱」を乗り切る　…123

第4章 「古き良き時代」への回帰……159

第6章 揺らぐ核管理体制

第7章 独自発展の道 …259

第8章

「侵攻後」のロシアとどう向き合うか ……289

結びに代えて ……315

序　章

戦後生まれの戦中派

「友情とは何か」

ロシアのウクライナ侵攻から約半年前の二〇二一年九月一日。ロシアで新学年開始に当たるこの日、極東ウラジオストクで、選抜された生徒たちとの対話イベントに出席したロシア大統領ウラジーミル・プーチンは女子生徒からこんな質問を受けた。

「私たちが知る限り、ロシアには歴史上、友人も敵もいました。本物の友人とはどうあるべきだと思いますか」

「本物の友人？　哲学的な質問だね。……国と国との友情は、人と人との友情と違って非常に実利的で、常に国益が絡んでいるが、人の友情はまったく別の話だ。本物の友情とは相手を尊重するだけでなく、相手のためになんでもする気構えがあること、その人のためなら自分が一定の犠牲すらも厭わないという気持ちだと思う」

プーチンはそう言いながら、第二次世界大戦中にナチス・ドイツ軍との戦いに参加して負傷した父親の話をした。

現在のロシア第二の都市サンクトペテルブルク、当時のレニングラードを包囲したドイツ軍に対する抗戦に加わったプーチンの父ウラジーミル・スピリドノヴィチ・プーチンは、ネヴァ川の中州の一つで重傷を負った。大量に出血しており、味方の部隊がいる対岸の病院に収容するしか助ける方法はなかったが、敵軍の包囲網をくぐって負傷者を運ぶのは絶体絶命の任務と思われた。だが偶然、近所に住む友人が近くにおり、黙って父をかついで凍り付いたネヴァ川を渡り、浴びせられる銃弾をかいくぐって対岸の病院に運んだ。その友人は「じゃあな。君は生きるが、俺は戻って死ぬ」と言い残して前線に帰って行った。

プーチンは「これが友情だ。そして人に対する、祖国に対する義務だ」と話した。神妙な面持ちで聴き入っていた生徒たちにプーチンが「実は後日談がある。一九六二年ごろだったか、父が目に涙を浮かべて自宅に戻ってきた。買い物に入った店で偶然、その友人に会ったというのだ。彼も生きていた。……こうした強い感情が、たびたび人を救うということだ」と話を締めくくると、会場は大きな拍手に包まれた。[1]

独ソ戦で負傷した父のこの逸話を、プーチンは自身の半生についての記者との問答をまとめて二〇〇〇年の大統領選前に出した本『第一人称で』（邦訳版は『プーチン、自らを語る』N・ゲヴォルクヤンほか著、扶桑社、二〇〇〇年）の中でも語っている。[2]この中には、プーチンの両親の間に生まれた長男は幼い時に死に、次男はドイツ軍の包囲の中でジフテリアにかかって亡くなったこと、母マリヤ・イワノヴナは父が従軍している間に食料の欠乏で餓死しそうになり、埋葬される寸前を救われたことなども書かれている。

プーチンはウクライナ侵攻開始後の二〇二三年九月一日にモスクワ郊外で行われた生徒たちとの対談では、独ソ戦の最中の一九四一年に母方の祖父が前線で戦っている自分の息子に宛てて、祖母がドイツ軍の攻撃で死んだことを知らせた手紙の内容を語っている。

当時トヴェリ州内の村に住んでいた祖母は腹部に銃弾を受け、死の間際に夫であるプーチンの祖父に「私のことで泣かないで。取り乱さないでちょうだい」と言いながら息を引き取った。この時、祖父は息子に「ファシストどもをやっつけろ」と書き送ったという。プーチンは「自分が死ぬとわかっていながら、「動揺するな、泣くな」と夫を思いやるとは、何という愛情の深さだろう。この手紙を読んだ時、なぜロシアがナチスに勝利できたのかわかった。こういう国民、われわれは無敵なのだと」と話した。[3]

一九世紀の欧州では各地の革命政権に干渉して「ヨーロッパの憲兵」と恐れられたロシアは、ウラジーミル・レーニンらが主導した一九一七年の社会主義革命の成功で世界初の共産主義国家になった。ドイツのポーランド侵攻で始まった第二次世界大戦では、対立していたアドルフ・ヒトラー率いるナチス・ドイツと一九三九年に突然「独ソ不可侵条約」を結んで世界を驚かせたが、一九四一年六月二二日未明にドイツ軍がソ連領内に奇襲攻撃を開始し（バルバロッサ作戦）、ソ連は戦争に巻き込まれた。

大戦終結から約七年後の一九五二年一〇月に生まれたプーチンは戦争を直接経験してはいないが、両親や祖父母は間違いなく戦争の惨禍に見舞われたソ連国民だった。二人の息子を失った両親の間に戦後に生まれたプーチンは戦時中の家族の体験に強い影響を受け、敵の言語だったドイツ語を学んで、祖国防衛のためスパイになろうと決意して諜報機関のソ連国家保安委員会（KGB）に入った。その意味でプーチンは「戦後生まれの戦中派」といえよう。

戦争の影

「ここに来たのは初めてだが、どれもみな見事だ。心が休まる」

紺色の軍服に戦略ミサイル部隊の記章を付けた若い男性が、高さ九五メートルの聖堂内に懸けられた無数のイコン（聖像画）を見上げながらつぶやいた。モスクワ中心部からミンスク街道を南西へ車で一時間半ほど走った付近にある「愛国者公園」内の「ロシア軍大聖堂」を正教のクリスマスに当たる二〇二四年一月七日に訪れた時のことだ。「ウクライナでの戦闘が続いているが、恐れを感じないか」と聞くと、キリルと名乗った青年は穏やかな笑顔で首を振り「祖国のために戦うのは当然の義務だ」と答えた。

愛国者公園はロシアがウクライナ南部のクリミア半島を強引に編入した二〇一四年、当時の国防相セルゲイ・ショイグが建設を命じたものだ。大聖堂は独ソ戦の勝利七五周年に当たる二〇二〇年五月九日に完成した。聖堂内はイエス・キリストや聖母マリヤ、聖人らをかたどったイコンのほかに、ナポレオン軍との戦争や日露戦争などで戦った将兵らが神や天使の祝福を受ける巨大な絵画で埋め尽くされている。祖国のために戦死した者は天に召されるというメッセージだ。クリスマスイブや対ドイツ戦勝記念日など、ロシア正教や軍の記念日には大勢の兵士がバスで大聖堂に集められ、集団で祈りを捧げる。この日も、大聖堂の地下では数百人の兵士らが礼拝に参加し、司祭から祝福を受けていた。

ロシアは戦争の影を今も色濃く引きずっている社会である。

モスクワ郊外の地下鉄「パルチザン駅」のプラットホームには、侵略してきたドイツ軍への地下抵抗運動に加わり一八歳で処刑された女性ゾーヤ・コスモデミャンスカヤ（一九二三〜四一年）の巨大な像が立っている。

パルチザンの一員だったゾーヤはモスクワ州ペトリシチェヴォでドイツ軍に捕らえられて拷問

を受け、一九四一年一一月二九日に屋外で絞首刑にされた。処刑の直前、ゾーヤは「市民の皆さん、立ち止まらずに戦いを支えてください。ソ連は無敵です。勝利は私たちのものです」と叫んだとされる。一九四二年に女性として初めて「ソヴィエト連邦英雄勲章」を授与された。処刑現場には慰霊碑のほかに大きな記念館が建ち、誕生日と命日には毎年、慰霊式が行われる。

多くの犠牲を出しながら独ソ戦に勝利したロシアの各地では毎年五月九日、「対ドイツ戦勝記念日」の軍事パレードが行われ、「勝利の日」が盛大に祝われる。モスクワ中心部の「赤の広場」でのパレード前には市内でリハーサルが二度行われ、街頭を走る装甲車や戦車の列を、家族連れが目を輝かせて見守っている。戦勝国ロシアでの軍と国民との距離の近さは、敗戦後に軍が解体された日本ではまったくみられないものだ。

一九八〇年にアカデミー賞外国語映画賞を受賞したソ連映画『モスクワは涙を信じない』（一九七九年公開）で知られる映画監督で俳優のウラジーミル・メニショフが撮影したもう一つの人気作『愛と鳩』では、不倫した父を「殺す」と言って仲違いした息子が、軍への入隊を機に父と和解し、軍で教わるはずの匍匐《ほふく》前進を祖父と父の前でしてみせる場面が描かれている。ロシアでは、徴兵され軍に入るのが「一人前の男」になる一歩だとみる考え方が根強くある。

ロシアのテレビ局は、普段からソ連時代の戦争映画を繰り返し放送している。

ソ連中央テレビが制作し一九七三年八月から一二回にわたって放送された連続ドラマ『春の一七の瞬間』は、第二次世界大戦中にナチス・ドイツと戦ったソ連諜報員の活躍を描いたスパイ映画の金字塔とされる作品だ。主人公のナチス親衛隊（ＳＳ）大佐マックス・オットー・フォン・

シュティルリッツは、本当はマクシム・イサエフというソ連のスパイで、ＳＳの中枢で諜報活動を続けている。英軍のベルリン爆撃で死亡した仲間のスパイの妻と幼い子を、危険を冒して中立国に脱出させるというストーリーだ。レフ・トルストイの小説を監督セルゲイ・ボンダルチュクが映画化した大作『戦争と平和』でアンドレイ・ボルコンスキー公爵を演じたヴャチェスラフ・チーホノフが主役を務め、放送時には街頭から人影が消えたといわれている。「大統領にしたい映画の主人公」を尋ねた一九九九年の世論調査では、敵に囲まれた孤独の中で危険を顧みず国家と友情に尽くすシュティルリッツを挙げた人が一四パーセントに上った。独ソ戦を勝利に導いた実在の将軍ゲオルギー・ジューコフ（三四・八パーセント）に次ぐ二位だった。

ＫＧＢの諜報員として東ドイツで活動したプーチンがソ連崩壊後の「民主化した」ロシアで国家元首に選ばれ、二〇年以上も権力の座にある理由の一端が垣間見えるように思う。ドイツとの死闘に辛くも勝利したロシア人にとって、敵国に潜入し命がけで活動したスパイは英雄そのものだ。ウクライナ侵攻でプーチンがゼレンスキー政権を明確な根拠もなく「ネオナチ」と呼んでロシア国民に結束を訴えるのは、ナチス・ドイツとの戦いがそれほど現代のロシア人の心の琴線に触れる記憶であるからにほかならない。

ソ連崩壊で味わった挫折

ところが東西冷戦下にデタント（緊張緩和）が進み、国防予算の肥大化や官僚主義の横行で経済と社会が停滞する中でソ連は弱体化した。言論の自由を容認して民主化を進めたゴルバチョフの改革路線「ペレストロイカ」の結果、東ドイツに駐在していたプーチンは一九八九年の「ベルリンの壁崩壊」を目の当たりにし「ソ連は終わりだ」と感じる。その予想通り、一九九一年八月に共産党保守派が新連邦条約の締結を阻止しようとしてゴルバチョフをクリミア半島の別荘に軟禁した「クーデター未遂事件」を経て、ソ連は崩壊する。プーチンは直後にKGBを辞職した。生活のため無許可タクシー（白タク）の運転手までしたと、のちに回顧している。

プーチンは二〇一一年一二月のテレビを通じた国民との対話で、「ソ連崩壊の時にゴルバチョフの立場にいたら、あなたはどうしたか」という保守系の政治学者ナタリヤ・ナロチニツカヤの質問に「あの時、国家の一体性維持のため最後まで戦うべきだったのだ」と色をなして答えたことがある。ソ連崩壊を「二〇世紀最大の地政学的悲劇」と呼んだ二〇〇五年の年次報告での発言も有名だ。首相から大統領への復帰を決めた二〇一一年一〇月に行った三大テレビとのインタビューでは「ソ連とはロシアだ。ただ、別の呼び方をされていただけだ」と指摘した。「超大国ソ連」に対するプーチンの思い入れは非常に深い。

ソ連の崩壊は、核兵器の保有や宇宙開発などの分野で米国と並び立つ存在だった超大国を一五の新たな独立国に分解させ、ソ連の中核的存在だったロシアは政治・経済が混乱に陥って軍は崩壊状態になり、それまで対立していた欧米に経済支援を要請する体たらくになった。多くのロシア人が、ソ連時代の安定した生活と誇りを奪われた。特に、突然導入された資本主義の競争原理に慣れない庶民はその後もソ連時代に強い郷愁を抱き続ける。それは「祖国ソ連の防衛」の目標を打ち砕かれたプーチンの深い挫折感と共通するものだった。

テロとの戦い、軍の再建

ＫＧＢを辞職したプーチンが表舞台に復帰するのは、エリツィン大統領時代の一九九八年七月に連邦保安局（ＦＳＢ）長官に任命されたころからだ。一九九九年三月には安全保障会議書記を兼務し、同八月には連邦政府首相に抜てきされたプーチンは、その翌月、ロシアからの独立を主張し各地で爆弾テロを繰り返していたロシア南部チェチェン共和国の独立派武装勢力掃討のため、連邦軍を進攻させる。無差別テロに怯え、政府の無策に不満を募らせていた国民はテロ対策の指揮を執る若き首相の登場を歓迎した。この余勢を駆って同年一二月の下院選で自身を支える新党「統一」（エジンストヴォ）が大躍進したプーチンは、同三一日に突然、大統領辞任を発表したエリツィンから後継指名され、大統領代行になる。三カ月後の大統領選でプーチンはロシア大統領に当選する。徹底的なテロ対策こそ、プーチンに「成功への階段」を上らせた要因だった。のちにウクライナ侵攻に踏み切るプーチンの成功体験の一つはここにあった。プーチンの大統領選勝利について政治経済誌『コメルサント・ヴラスチ』は「シュティルリッツが大統領に」の見出しで報じた。多くの国民がプーチンを、映画のヒーローに重ね合わせていた。

大統領になったプーチンが進めたのは軍の再建だった。ソ連崩壊による社会と経済の混乱で軍人に給料が払えず、軍人を住まわせる住居も足りなかった。テロ対策で治安を確保したプーチンは原油の国際価格高止まりにも助けられて経済成長を達成し、旧態依然とした軍のコンパクト化と装備近代化を推し進める。それを実行したのが、二〇〇〇年のプーチン政権発足前から非常事態相として国民の人気を集め、大統領就任間もないプーチンを支えて二〇一二年に国防相になるセルゲイ・ショイグだ。ショイグはのちにウクライナ侵攻作戦を主導することになる。

欧米協調路線から対立へ

東西冷戦期に欧米と諜報戦を繰り広げたKGB出身のプーチンが、大統領就任直後に欧米との協調を目指したことはよく知られている。二〇〇一年九月の米中枢同時テロ発生時は当時の米大統領ジョージ・W・ブッシュにいち早く電話で支持を表明し、「テロとの戦い」での協力を約束した。二〇〇二年五月にはNATOとロシアの特別首脳会議を開き、テロ対策などで共同行動を図る「NATOロシア理事会」創設で合意する。

だが二〇〇三年三月の米国によるイラク攻撃を批判したプーチンは冷戦終結後の米国の外交を「単独行動主義」として批判するようになり、二〇〇七年に出席したドイツでの「ミュンヘン安全保障会議」では、ロシアの対欧米政策の転機だったといわれるNATO拡大批判を展開して周囲を驚かせた。冷戦終結時、ゴルバチョフに「NATOは拡大しない」と「リップサービス」した欧米側は、ソ連崩壊後の弱体化したロシアと協調を進める一方で、旧ソ連や東欧の旧社会主義陣営取り込みによる東方拡大をやめなかった。プーチン政権一～二期目の八年間で経済と軍を立て直し軍事大国として復活したロシアと、国連安全保障理事会の決議もなしに主権国家イラクへの先制攻撃に踏み切った米国が、また二〇一一年にリビアに軍事介入してカダフィ政権を崩壊に至らしめたNATO側がぶつかり合ったのは、ある意味当然の成り行きだった。

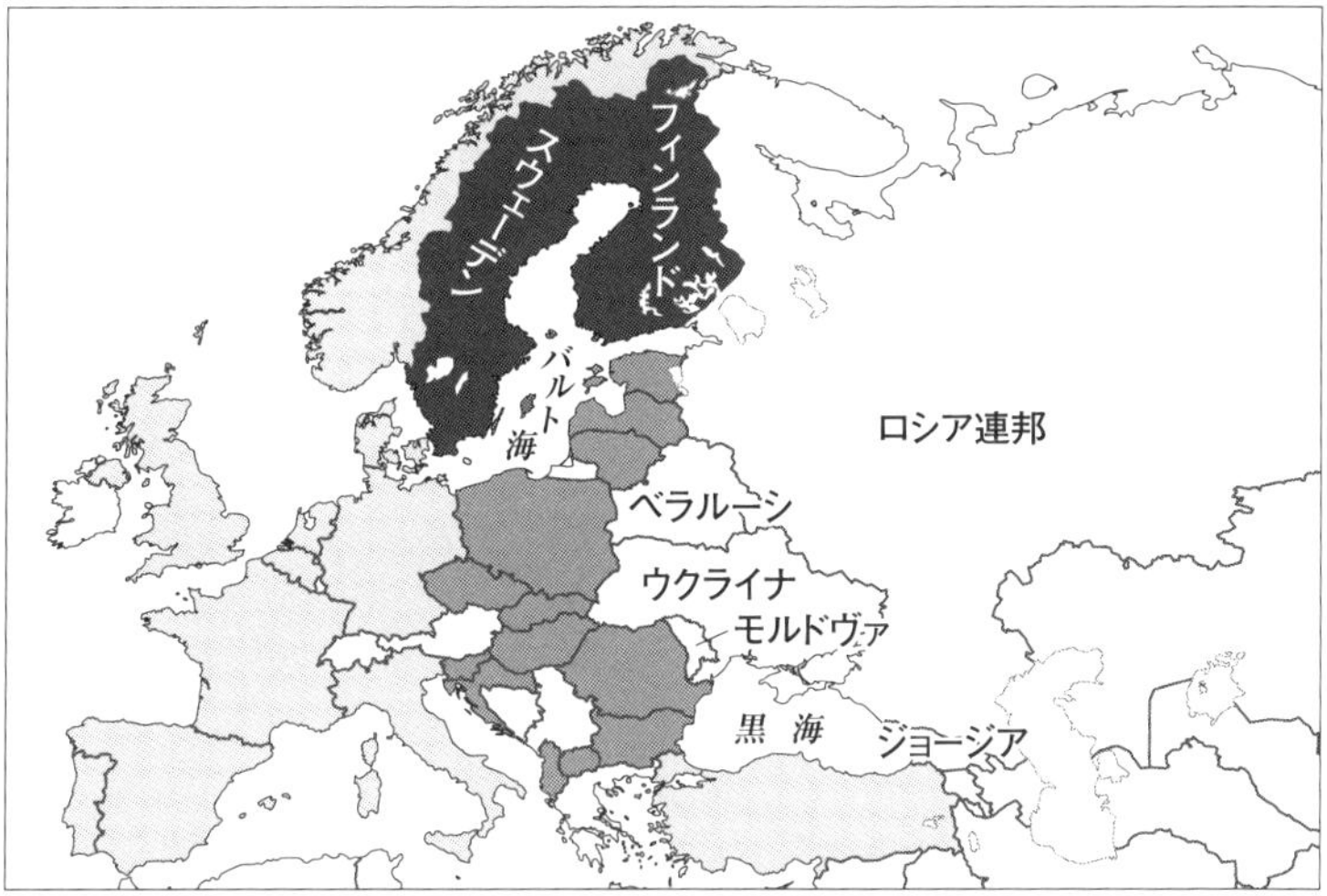

欧州のNATO加盟国（2025年1月現在）

1990年までの加盟国

（原加盟国）
ベルギー、カナダ、デンマーク、フランス、アイスランド、イタリア、ルクセンブルク、オランダ、ノルウェー、ポルトガル、英国、米国

（1952〜90年加盟）
トルコ、ギリシャ、ドイツ、スペイン

1999年以降の加盟国

（1999年3月）
チェコ、ハンガリー、ポーランド

（2004年3月）
エストニア、ラトヴィア、リトアニア、スロヴァキア、スロヴェニア、ブルガリア、ルーマニア

（2009年4月）
アルバニア、クロアチア

（2017年6月）
モンテネグロ

（2020年3月）
北マケドニア

2023年以降の加盟国

（2023年4月）
フィンランド

（2024年3月）
スウェーデン

ウクライナとの関係

そうした中にNATOが二〇〇八年四月にルーマニアのブカレストで開いた首脳会議で、ウクライナとジョージア（グルジア）について「将来、NATOのメンバーになることで加盟国は合意した」との「ブカレスト宣言」をまとめたことは、ロシアにとっては重大な安全保障上の脅威と映った。両国のNATO加盟にはフランスやドイツが時期尚早として難色を示したにもかかわらず、宣言は両国の加盟候補国入りを強く主張したブッシュ米政権の後押しでまとめられ、「将来の加盟を確約」したものと受け止められた。

この首脳会議ではアルバニアと旧ユーゴスラビアのクロアチアの新規加盟を承認し、NATOはさらに拡大した。連続三選を禁じる当時の憲法に従って同年五月に大統領退任が決まっていたプーチンはウクライナとジョージアを加盟させる試みに強く反発し、同年二月の内外記者会見では、米国のミサイル防衛（MD）施設がチェコやポーランド、あるいはウクライナに設置されればロシアは「核ミサイルの照準をその施設に向ける」と述べていた。この当時からプーチンは、ウクライナのNATO加盟は絶対に容認できないと明確に表明していた。[4]

だが、これが米側に真剣に考慮されることはなかった。

NATO加盟を目指す親欧米のミヘイル・サーカシヴィリが大統領だったジョージアが、独立とロシアへの編入を求めていた北部の南オセチアを攻撃し、南オセチアを支援していたロシアが軍事介入したのはこの年の八月八日だ。反撃をためらっていた後継のロシア大統領ドミトリー・メドヴェージェフに、首相に転身したあとも事実上の最高実力者だったプーチンは北京五輪開幕式出席のため訪問していた中国から複数回電話し、直ちに反撃するよう促した。国境を越えてジョージア領内に押し寄せたロシア軍の戦車や装甲車によりジョージア軍は圧倒され、欧州連合（ＥＵ）議長国フランスの仲介で開戦八日後の八月一六日に停戦が成立する。サーカシヴィリは大統領職にとどまったものの二〇一三年の大統領選で敗北し、事実上亡命した。

一方ウクライナでは二〇一〇年に親ロシアのヴィクトル・ヤヌコーヴィチが大統領に当選したが、二〇一四年二月にはＥＵ早期加盟を求める野党支持者らが占拠するキーウ中心部の広場に治安部隊が突入して銃撃戦となり、一〇〇人以上が死亡する惨事が起きた。デモ参加者が暴徒化する中でヤヌコーヴィチ政権は崩壊し（ユーロ・マイダン革命）、デモを組織した親欧米・反ロシアの野党勢力によって新たな政権がつくられた。これを受けてロシア系住民が多数を占めるクリミア自治共和国ではウクライナからの独立とロシアへの編入を求める動きが強まり、三月の住民投票で編入が承認されたと発表された。この直後にロシアはクリミアを一方的に編入した。この過程で、ロシアは記章を外したロシア軍部隊を密かに現地に投入して軍事的に制圧し、ウクライナ政府や欧米などが「違法」と非難する中で住民投票を強行、ウクライナ軍の介入を阻んだ。結果的には流血を回避したクリミアでの「成功」が、二〇二二年の全面侵攻の布石になったと指摘する見方もある。

だがプーチンは、ウクライナ東部ドンバス地域（ルガンスク、ドネツク両州）の親ロシア派が求めたロシアへの編入を直接支援しようとはしなかった。ドンバスでもロシア系住民が多数派を占めており、ロシアの保守強硬派は「弱腰」「裏切り」と批判したが、プーチンはドンバスへの直接介入には首を縦に振らず、外交的解決の道を模索した。その結果として結ばれたのが二〇一四～一五年のいわゆる「ミンスク合意」と「ミンスク合意2」である。

だがドンバス二州に高度な自治権を与えることなどを約したミンスク合意はウクライナに憲法改正を強いるもので、親欧米政権には実現困難だった。反ロシア路線を進め二〇一九年の大統領選で再選を目指したペトロ・ポロシェンコは、対ロ関係正常化を掲げた政治経験のない喜劇俳優ウォロディミル・ゼレンスキーに同年四月の決選投票で敗れる。

水と油

政権の座に就いたゼレンスキーはロシアとの対話を模索するがうまくいかず、結局はミンスク合意履行ではなくEUやNATOへの早期加盟を重視するようになり、ロシアとの緊張が高まっていった。ちなみにプーチンは、当時のドイツ首相アンゲラ・メルケル、フランス大統領のエマニュエル・マクロンを交えてパリで開かれた二〇一九年一二月の四者会合の際の一度しかゼレンスキーと会談していない。

その半年前の同年六月七日、サンクトペテルブルク国際経済フォーラムでプーチンは、当選したゼレンスキーになぜ会わないのかと聞かれ「会談は拒まないが、彼はいま反ロシア的な発言をするようになった。知り合いではないし、少し様子を見る必要がある」と答えた。

プーチンは「一〇分ごとに王子と乞食を演じ分けてみせる、いい役者だ」と評して会場を笑わせたあとで「何かを演じ、役になりきるのは立派な才能だが、国家の運営に求められるのは別の資質だ。政治家にとって一番重要なのは結果に責任を負う勇気だ。彼がいま言っていることは選挙公約と違っている」と述べ、新大統領の変わり身の早さに苦言を呈した。

パリでの会合後の記者会見で同席した時も、眉間にしわを寄せながらミンスク合意の履行を求めるプーチンの発言中、ゼレンスキーは記者たちの顔を見回して笑みを浮かべながら首を横に振っていた。自分の順番が来て「ミンスク合意の履行は不可能だ」と饒舌に説明するゼレンスキーに、プーチンは目を合わせようともしなかった。

祖国防衛を誓ってKGB入りし、既に二〇年もロシアを率いてきた元諜報機関員と、政治経験のない人気役者という「水と油」の二人の不仲は誰の目にも明らかだった。ロシアがウクライナ国境に多数の兵員を集結させ、侵攻に踏み切る可能性が指摘された二〇二一年以降、ゼレンスキーはプーチンに直接会談をたびたび要請するがプーチンは応じず、二〇二二年の全面攻撃に突入していく。

侵攻直前の同年二月一九日、ドイツでのミュンヘン安全保障会議で演説したゼレンスキーは、ソ連崩壊後にウクライナが核兵器を放棄する代わりに米国とロシア、英国が主権維持と安全保障を約束した一九九四年の「ブダペスト覚書」は有効性が疑わしいと発言し、覚書に署名した米英ロ首脳との四カ国会談開催を外務省に指示したと述べて「会議が開かれず安全保障が確認できなければ、覚書は機能していないことになる」と断言した。ロシア下院で旧ソ連圏問題を担当する委員会の委員長レオニード・カラシニコフが「ゼレンスキーは核武装の可能性に言及した」と非難するなど、ロシアではウクライナの核再武装が迫っているとの批判が一気に広がった。ロシアとの間で軍事的緊張がかつてなく高まっていた時の発言としては、ゼレンスキーの演説は不用意だった。おそらくこの時点で既に侵攻の決意を固めていたプーチンに、先制攻撃の絶好の口実を与える形になった。

それから二日後の二一日、プーチンは上下両院議長や連邦政府の主要閣僚らを集めた安全保障会議の拡大会合を開いたあとに国民向け演説を行い、ドンバス地域で独立を主張してきた二州の親ロシア派「ルガンスク人民共和国」「ドネツク人民共和国」を独立国家として承認すると述べ、二四日には現地のロシア人保護を名目にロシア軍を派遣し「自衛の戦い」を開始したと宣言する。

まだ外が暗い同日午前六時ごろに行われた国民向けのテレビ演説で、プーチンは怒りの表情を隠さなかった。冷戦終結後も続いたNATO東方拡大で「ロシアは騙《だま》された」と非難し、ウクライナの後ろ盾である米国を「嘘の帝国」となじって侵攻を正当化した。この日を境にロシアの三大テレビはニュース番組中心の特別編成に移行し、社会の雰囲気は一変した。

勝利の法則

だが、この時もウクライナ側ではロシア本土を武力攻撃する準備は具体的に行われてはいなかった。個人の争いでも国同士の戦争でも、先に手を出した側が加害者とみなされるのが常識である。なぜプーチンは、「国際法違反」「侵略行為」と非難され、欧米や日本などから厳しい経済制裁を科されることが容易に予想されたにもかかわらず先制攻撃に踏み切ったのか。最大の原因はプーチンの個人的経験からくる信条に関係している。

「五〇年前、レニングラードの街頭で学んだのだ。喧嘩が避けられないなら先手を打つしかない」

二〇一五年一〇月二二日、ソチで開かれた討論フォーラム「ワルダイ会議」に出席したプーチンは、なぜロシアがシリアに軍事介入するのかと聞かれて、こう答えている。シリアへの派兵はイスラム過激派組織「イスラム国」（ＩＳ）の拠点を叩いてロシア国内へのテロの波及を予防するためだという説明だ。[5]

二〇〇〇年に出版された『第一人称で』によると、ソ連時代にレニングラードと呼ばれていたロシア第二の都市サンクトペテルブルクで生まれ育ったプーチンは「喧嘩っ早い、本当の問題児」だった。子どもたちの間では「暗黙のリーダー」で、学校の一部の教師からは「手が付けられない生徒」とみなされていた。[6]

自宅がある集合住宅の中庭で喧嘩を繰り返していた時に体で会得した勝利の法則が「先手必勝」だった。

欧米の支援を受けてＮＡＴＯ加盟を目指し、軍備増強を図るウクライナ政権を見て、いつかは衝突が避けがたいと判断したプーチンは「まさか先に手を出すことはないだろう」との国内外の予想に反して先制攻撃を決断した。「相手の意表を突く」のは、喧嘩に限らずプーチンが好む手法でもある。

もう一つの理由は、第二次世界大戦中にナチス・ドイツの電撃侵攻を予想できず両親の世代に塗炭の苦しみを強いたソ連の独裁者スターリンの失敗を二度と繰り返してはならない、との強い思いだ。これについてはウクライナ侵攻当日の国民向け演説でプーチン自身が説明している。

同じ本の中でプーチンは、危機的状況にあっても「冷静でいられる」性格のために、情報機関員としての訓練を受けたKGBの諜報学校で「危険を察知する感覚が鈍い」とマイナス評価を受けたと告白している。また、この本の締めくくりで「愚かな行為をしたことはないのか」と聞かれ、学生時代に車を運転していた時、対向車線を走ってきたトラックが積んでいた干し草のにおいにひかれて手を伸ばしたために車が危うく転覆しかけたという逸話を披露してもいる。プーチンが描きたい自画像は、落ち着いて危機に対応できる一方、時にはリスクを厭わず、信念に従って行動する男、というものだろう。そこにはロシア人が持つ「男らしさ」のイメージが絡んでいる。計算ずくではなく、時として感情に従った向こう見ずな行動に「男気」、すなわち勇気を感じ取るのがロシア人気質だ。

二〇二二年二月、プーチンはあえてリスクを冒す選択をした。自身が生まれる前の一九四一年六月に突然侵攻してきたドイツ軍と戦い、九死に一生を得た両親の子であるプーチンが理想とするのが、負傷した父を担いで敵弾をかいくぐり病院に運んで救った親友の無謀ともいえる勇気と友情、自己犠牲の精神だった。一見唐突に見えたウクライナへの侵攻は、もちろんプーチン自身の決断によるものだが、そこには大戦以来のソ連・ロシアと、プーチンの同時代人が味わった歴史的経験が深く作用している。

反戦の意思表示も

その一方で、隣国に戦争を仕掛けることに反対するロシア国民も決して少なくはなかった。侵攻開始から間もない二〇二二年三月六日、プーチンの故郷サンクトペテルブルクでは凍ったネヴァ川に軍服を着せて立てたかかしに火を付けて軍事作戦の中止を訴えた若い男性が逮捕され、同九月に裁判所から懲役三年八月を言い渡された。判決公判で被告のイーゴリ・マリツェフは傍聴席に向かって左手でVサインを掲げた。

翌一〇月には、サンクトペテルブルクに住む六〇歳の女性会計士イリーナ・ツィバネワが逮捕された。市内北部にあるセラフィモフスコエ墓地にあるプーチンの両親の墓に「あなた方は出来損ないの人殺しを育てた。彼を手元に引き取ってください。彼のおかげで痛みと災いに見舞われ、世界中が彼の死を祈っている」と手書きしたメモを置いたとして、「墓所に対する侮辱」の罪に問われた。ツィバネワは「政治に関心はなく、これまでデモに参加したこともない」という普通の市民だ。

九月末には同じ場所に「あなた方の息子の振る舞いはひどい。歴史の授業をさぼり、隣人たちと殴り合いの喧嘩をしている。なんとかして！」というメモが置かれ、警察が警備を強化していた。にもかかわらずツィバネワは一〇月六日に墓所に行き、メモを置いて立ち去った。翌七日はプーチンの七〇歳の誕生日だった。

地区裁判所は二〇二三年五月一一日に懲役二年、執行猶予二年の有罪判決を言い渡した。ツィバネワは最終弁論で事実関係は争わなかったが、「何を書いたかは覚えていない。軍事作戦や、核兵器による脅しのニュースを見て感情的になり、突発的にやった」と陳述した。

モスクワのキエフ駅に近い「ウクライナ公園通り」に立っているウクライナの女性詩人レーシャ・ウクラインカの記念像前には、二〇二三年一月一四日にウクライナ東部ドニプロ（旧ドニエプロペトロフスク）の集合住宅にロシア軍のミサイル攻撃があり、子どもを含む四六人が死亡した直後から、花やろうそく、子ども向けの小さなぬいぐるみが市民の手で次々と置かれるようになった。中には「私たちを許してください」と手書きされたメモもあった。サンクトペテルブルクやシベリアのオムスクなどでも、ウクライナの国民的詩人タラス・シェフチェンコの記念像前などで自然発生的に献花が行われた。モスクワのウクラインカ像の前には警察車両が止まって献花を妨害するようになったが、ロシアの攻撃でウクライナ市民に多数の犠牲が出るたびに、警官の目を盗んだ夜中の献花が行われた。

モスクワ中心部のクレムリン脇で第二次世界大戦の犠牲者をまつった「無名戦士の墓」では二〇二三年秋ごろから、毎週土曜日の正午に動員兵の妻たちが夫らの帰還を求めて集団で献花する運動「プーチ・ダモイ（家路）」が行われた。侵攻開始から二年を前にした二〇二四年二月三日には全国から約五〇人が献花に参加した。周辺には制服警官や私服の治安機関員らが大勢配置され、報道関係者の数は運動参加者より多いほどだった。二人ずつの献花を終えたあと、リーダー格でモスクワ在住の小児科医マリヤ・アンドレーエワは報道陣に囲まれて「志願兵は一年後に軍務を続けるか除隊するか選べるのに、夫のように動員された一般市民は無期限で前線に留め置かれている。これは憲法違反だ」と述べ、「ロシアとウクライナにはお互いの親類も友人もたくさ

レーシャ・ウクラインカ像の前に置かれた花束（2023年1月、モスクワ）

んいる。その国同士が戦うのは大きな悲劇だ。第二次世界大戦のあと、私たちは二度と戦争をしないと誓ったのではなかったか」と語った。

　自宅には何度か警官が来て、運動をやめるよう圧力をかけてきたという。「戦争反対」を口にすれば、法律違反で逮捕される可能性もある。慎重に言葉を選びながらの、戦争継続反対の意思表示だった。共に献花した別の女性は「私たちはただ、普通の生活を送りたいだけだ。子どもを父親のいない子にしたくない」と涙ながらに語った。

　「権力に従順で、強権政治の下で沈黙を守っている」という日本や欧米での一般的なイメージと違い、ロシア人はそれほど従順でも、「右へならえ」でもない。意外と法律やルールを守らない。違法行為が発覚した時の典型的な言い訳は「従っていない人はほかにもいる。どうして自分だけとがめられるのか」というものだ。

ソ連時代、硬直した官僚主義を風刺する数々の傑作コメディーを撮影した映画監督エリダル・リャザノフの作品『ガレージ』では、幹線道路工事のために駐車場の数を減らすことになった職場で、誰が不利益を受忍するかを巡って果てしない口論を続ける人々の姿が描かれる。ロシア人は公正公平を非常に重視し、不公平と考えたルールには従わない傾向があるともいわれる。

共産党一党独裁の下で言論や政治的自由がまったくなかったソ連時代にも、政権が発禁処分にした欧米の書物や、地下活動で印刷された「サミズダート」（自主出版）と呼ばれる政権批判文書が知識層の間では密かに回し読みされていた。ウクライナ侵攻に踏み切ったプーチン政権への反対の声は、ソ連時代の「伝統」を踏まえ、インターネット時代に発達した交流サイト（SNS）などを駆使しながら、抹殺されることなく生き続けている。

第1章

侵攻開始とその理由

プーチンが二〇二二年二月のウクライナ侵攻に踏み切った最大の目的は北大西洋条約機構（NATO）の東方拡大阻止、すなわちウクライナをはじめとする旧ソ連諸国のNATO新規加盟を食い止めることにあった。ウクライナからの独立を求める東部ドンバス二州のロシア系住民保護は第二義的なもので、いわば開戦の口実に近い。ウクライナにNATO加盟と核再武装を断念させ、NATO加盟を模索する旧ソ連のジョージア（グルジア）やモルドヴァなどを牽制するのが一貫して変わらないロシアの狙いだ。

「NATO不拡大条約」要求

「われわれは米国やその同盟国との間で、NATOのこれ以上の東方拡大と、ロシア国境周辺への攻撃兵器配備を排除する具体的な合意の検討開始を求めていく。われわれには法的義務の生じる保証がぜひとも必要だ。なぜなら、欧米諸国は口頭の約束については責任を取らないからだ。NATOは東方に拡大しないという口約束は守られないどころか、まったく逆のことが行われ、安全保障に関するロシアの当然の懸念は無視された。そして今も無視され続けている」

ウクライナ侵攻に約三カ月先立つ二〇二一年一二月一日、モスクワのクレムリン宮殿で行われた各国新任大使の信任状提出式典で挨拶したプーチンは、唐突にこう発言した。着任間もない二〇人のうち、NATO加盟国の大使はスロヴァキア、イタリア、スペインの三人しかいなかった。出席者にはアフリカや中南米の大使らも多く、いぶかしげな表情で聞いていた。[1]

あとから振り返れば、これが侵攻開始の直接の引き金となった重大表明だった。ロシアはその後、米国などにNATOをこれ以上東方に拡大させないことを確約する条約の締結を正式に求めるが、ソ連=ロシアを仮想敵とする軍事同盟が、不拡大を義務付ける条約を当のロシアから要求されて受け入れるはずがない。年明けに拒否回答を受け取ったプーチンは、ウクライナ侵攻へと突き進んでいく。

これほど重大な意思表示をなぜこのタイミングで行ったのか。一二月一日にはラトヴィアでNATO外相理事会が開かれており、ウクライナの外相ドミトロ・クレバも出席していた。理事会では、同年夏ごろからウクライナ国境に数万人の部隊を展開させているロシアが軍事行動を取ることへの強い懸念が示された。翌二日には米国務長官アントニー・ブリンケンとロシア外相セルゲイ・ラヴロフが欧州安保協力機構（OSCE）外相会合に合わせてスウェーデンのストックホルムで会談し、同月七日にプーチンが米大統領ジョー・バイデンとオンライン形式で会談することで合意している。プーチンには、米ロ首脳会談実施で合意する前に、ロシア側の立場と要求を公表しておく意図があった。

テレビ電話による七日の首脳会談でバイデンがウクライナへの軍事行動を思いとどまるよう求めたのに対し、プーチンはNATO側こそロシアの国境付近で軍事力を強化していると批判、話し合いは平行線をたどった。この時プーチンは条約によるNATO不拡大の法的保証を要求、ロシアは同一五日に、NATOが旧ソ連諸国をこれ以上加盟させず、未加盟の旧ソ連諸国に軍事基地を置かないことや、米ロが互いに国外に核兵器を配備しないことなどを定めた欧州の安全保障に関する条約案をNATO側に提示し、一七日にはその内容を公表した。条約案は米国宛てとN

ATO宛ての二つあり、NATOとの条約案には、双方がすべての軍部隊の配置を一九九七年五月時点、すなわちNATO東方拡大以前の状態に戻すという条項も含まれていた。

この年の一〇月には、ウクライナを巡って米ロの緊張がかつてなく高まっていた。米紙『ワシントン・ポスト』は衛星画像の分析として、ロシア軍部隊八万～九万人が九月からウクライナ国境にとどまっていると報じた。米国防長官ロイド・オースティンは同一九日にウクライナを訪問して国防相アンドリー・タランと会談したあと、ウクライナのNATO加盟について「第三国に拒否権はない」と述べ支持を明言した。プーチンは「事実上、加盟に道を開いた」と強く反発した。同じ月、巡航ミサイル「トマホーク」を装備する米イージス駆逐艦ポーターが定期パトロールを名目に黒海入りし、ロシア側をさらに刺激した。

英女性記者を叱る

「ロシアは誰にも脅威を与えていない。われわれが米国や英国の国境に接近しているだろうか？ そちらがわれわれの国境に近づいて来て、今度はウクライナがNATOに入ると言っている。あなたは私に保証を求めるが、そちらの方こそ、われわれに保証を与えるべきなのだ。それも今、すぐにだ」

同年一二月二三日、年末恒例の大規模内外記者会見でプーチンは、「ウクライナを攻撃しないと保証できるか。それとも交渉の行方次第なのか。もう一つ、欧米はロシアの何を理解できていないのか」と質問した英スカイニューズ・テレビの女性特派員を叱りつけるように答えた。プー

年末恒例の記者会見に臨むプーチン大統領（2021年12月23日）

チンが女性に対して感情的になるのは珍しい。数百人の記者で埋め尽くされたクレムリン脇のマネージ展示会場ホールは静まりかえった。

「われわれの行動は（ＮＡＴＯ不拡大を求める条約の）交渉によって決まるのではなく、ロシアの安全保障が将来も確保できるかどうかによって決まる。これ以上のＮＡＴＯ東方拡大は受け入れがたいと、はっきり言っておく。ロシアは米国の国境付近にミサイル施設を設置してはいない。ルーマニアやポーランドなど、われわれの家の玄関先にミサイルを配備しているのは米国の方だ。われわれの家にこれ以上、攻撃兵器を置かないでほしいという要求のどこがおかしいのか。ロシアが米国とカナダ、メキシコとの国境付近を手に入れたら米国人はどう反応するだろうか？……「一インチたりともＮＡＴＯを拡大しない」と言ったのは何だったのか。ペ・テ・ンだ！　単に騙したのだ。五度にわたってＮＡＴＯは拡大した」
この時のプーチンの答えは、ＮＡＴＯ拡大継続を約束違反だと公言して欧米との対決路線に舵を切ったといわれる有名な二〇〇七年の「ミュンヘン安全保障会議」演説よりも激しい欧米批判だった。興奮してまくし立てるうちに記者の二つ目の質問を忘れてしまい、聞き直すほどだった。記者が質問を繰り返すと、「われわれは別の世界に住んでいるのかと感じる。今はっきりと言ったじゃないか」と不機嫌につぶやきながら、欧米はソ連崩壊では不十分だとみてロシアをさらに小さな国に分裂させようと謀り、それに失敗したあとは「文書になっていないから」と言ってＮＡＴＯ不拡大の約束を反故《ほご》にしたと改めて非難して、次のように結んだ。「私にはすべてが明らかだ。われわれは自分の安全を確保したいのだ[2]」

こうしたプーチンの記者会見で外国メディアが質問を許される時は、大統領府との間で事前に質問内容も合意できている場合が多い。おそらくプーチンはあえてＮＡＴＯ拡大について話したために欧米メディアの質問を受けた。

米国は年明けの二〇二二年一月二六日までに、条約によるＮＡＴＯ不拡大の約束はしないとの拒否回答をロシア側に伝達した。プーチンは二月一日、ＮＡＴＯ加盟国ハンガリーの首相オルバン・ヴィクトルとモスクワで会談したあと、共同記者会見で「ロシアの主要な懸念は無視された」と欧米を批判した。「お互いの安全が保証される道を探さなければならない」と交渉を続ける姿勢は示したものの、この時点で外交による解決に見切りをつけていたと思われる。ロシアで軍人の祝日である二月二三日の「祖国防衛者の日」に軍関係者の記念碑に献花したプーチンは翌日の二四日早朝に開戦の演説をし、ロシア軍はウクライナ各地を一斉に攻撃した。

侵攻の最大の狙いがドンバス（ルガンスク、ドネツク二州）の獲得ではなく、ウクライナのNATO加盟阻止にあったことは、侵攻から約一カ月後にトルコのイスタンブールで行われたロシアとウクライナの交渉でまとめられた和平合意文書案からもうかがえる。合意案はもっぱらウクライナの中立化とNATO加盟断念、またウクライナの核兵器保有禁止と引き換えに周辺国がウクライナの安全を保証することに集中しており、ロシアが独立を承認したルガンスク、ドネツク両州の親ロ派支配地域の地位について明確な言及がない。文書案の詳しい内容は公表されなかったが、二〇二四年六月に米紙『ニューヨーク・タイムズ』が全容を報じて明らかになっている。双方が合意の一歩手前までいったこの「イスタンブール合意案」の存在はプーチン自身が二〇二三年六月のアフリカ諸国首脳との会合で明らかにし、その後も、同案を軸にした停戦交渉なら応じると繰り返し述べている。逆に言えば、ウクライナのNATO加盟断念が、ロシアにとっては譲れない条件ということだ。

トランプ支持者に訴える

侵攻から丸二年となるのを前にした二〇二四年二月九日、プーチンは保守的な米テレビ局FOXニュースの人気キャスターだったタッカー・カールソンと、モスクワのクレムリンでインタビューに応じた。[3] プーチンがウクライナ侵攻開始後に欧米メディアと単独会見するのは初めてだった。

カールソンが選ばれた理由は明白だ。侵攻でロシアと厳しく対立する米大統領バイデンを目の敵にして返り咲きを狙っていた前米大統領ドナルド・トランプに立場が近かったからだ。欧米でロシアのテレビは「政権側のプロパガンダ」だとして視聴できなくなっていた。ロシア大統領府は、人種差別的発言などが物議を醸してFOXを離れたあともインターネットを通じてバイデン政権批判を続けていたカールソンを通じて米国の庶民、特にトランプの支持層にロシアの立場を直接説明する機会になると期待した。

二時間に及んだインタビューの冒頭でプーチンは「三〇秒か一分だけ、歴史の話をさせてほしい」と前置きしながら結局三〇分以上、ロシアとウクライナの歴史について説明した。そのあとはNATOが東方拡大を続けていることへの批判だった。

プーチンが最も強調したのは、それまでと同様に「ロシアとウクライナは事実上一つの民族だ」という信念であり、NATOのこれ以上の拡大はロシアの安全保障を脅かすため受け入れられないという考え方だった。主張の核心は、「ウクライナはロシア革命で権力を奪取したレーニンを指導者とする共産主義者が便宜上つくった人工的国家だ」という解釈に尽きる。

プーチンの説明は、要約すると次のようなものだ。

①ロシアの起源は九世紀で、キエフとノヴゴロドを中心に発展していった

②ルーシ（古代のロシア）は一〇世紀後半にキリスト教（東方正教）を受容し、一つの領土と一つの言葉、一つの信仰を持って、中央集権的なロシア国家の形成が始まった

③一七世紀にコサックの頭領ボグダン・フメリニツキーがモスクワ公国に保護を求め、キエフを含むドニエプル川左岸（東岸）はロシアに、右岸（西岸）はポーランドの支配下と決まった。ウクライナ南部はエカテリーナ二世の時代にロシアが取り戻した

④ロシア革命で成立したソヴィエト政権は一九二二年から、それまで存在しなかった「ウクライナ」の創設に着手し、レーニンは「ウクライナ社会主義共和国」に、黒海沿岸地域など、それまでウクライナと呼ばれたことなどない広大な領土を割り当てた。第二次世界大戦後にウクライナはさらに、ハンガリーとルーマニアの領土だった現在のウクライナ西部を与えられた。現在のウクライナの領土の大部分は、共産主義者が民族的分布を無視してウクライナ領に組み入れた地域である

この主張は、侵攻前の二〇二一年七月一二日付でロシア大統領府が発表したプーチンの論文「ロシア人とウクライナ人の歴史的一体性について」と、侵攻直前の二〇二二年二月二一日にプーチンが行った国民向け演説でも中心的部分を成している。

国民向け演説でプーチンは、上記の歴史的経緯を踏まえて「ボリシェヴィキ（レーニン支持の共産主義者＝筆者注）の政策の結果、ソヴィエト連邦ウクライナ社会主義共和国が出来上がった。今日のウクライナは「ウラジーミル・イリイチ・レーニン名称ウクライナ」と呼ぶだけの十分な根拠がある」と皮肉を交えて指摘したあと、次のように付け加えた。

「にもかかわらず、いまウクライナでは脱共産化と称してレーニン像が次々と撤去されている。

……あなた方は脱共産化を望んでいるのか？　よろしい、だが中途半端に終わらせる必要はない。ウクライナにとって真の脱共産化とは何を意味するのか、われわれはお見せする用意がある」

プーチンはこの部分で、不気味な笑みを浮かべている。

その七カ月前の「歴史的一体性」の論文では、ロシア人とウクライナ人、ベラルーシ人は一つの言語、同じキリスト教信仰で結ばれた欧州最大の国、古代ルーシの末裔だと規定した上で、「われわれの過ちと、われわれの統合を分断しようとする不断の試みによって壁が造られた」と指摘し、「現在のウクライナは完全にソ連時代の産物であって、その領土の大部分は歴史的ロシアの犠牲によって創られたことが明らかだ」と述べている。

長い論文を貫いているのは、ロシアはソ連崩壊により国境が引かれた現実を受け入れたあとウクライナに巨額の経済援助をし、友好関係維持のため誠意を尽くしてきたが、ウクライナは欧米の言いなりになって「反ロシア」の橋頭堡になりつつあり、ロシアの信頼を裏切ったという強い不満である。米国とカナダ、ドイツとオーストリアのように共通の文化や言語を持つ事実上同じ民族が別々の国に分かれて友好関係を維持している例はいくつもあると述べ、ロシアとウクライナも同様だとした上で、論文は以下のように締めくくられている。

「真の意味でのウクライナの主権確立は、まさにロシアとのパートナー関係においてのみ可能であると確信している。われわれの精神的、人間的、文明的結びつきは数百年もの同じ起源を持ち、共通の試練と達成、（戦争での）勝利によって鍛えられてきた。われわれの親類関係は世代を超えて引き継がれていくものだ。（中略）共にあることでわれわれは常に強かったし、今後も何倍にも強くなって成功を収めるだろう。なぜなら、われわれは一つの民族だからだ。今、この表現は敵意をもって受け止められるかもしれない。だが、多くの人々が私の言葉を聞いた。そして、一つだけ言いたい。ロシアは「反ウクライナ」だったことは一度もないし、今後もない。一方、ウクライナがどうするのかは、ウクライナ国民が決めることだ」

結語は、「反ロシア的なウクライナは主権を維持できない。そうするかしないかは、ウクライナ側の選択にかかっている」という警告とも読める。双方合わせて百万人ともいわれる多数の死傷者が出たとされる時点で聞くと、背筋が寒くなる物言いだ。プーチン発言の真意は、「ソ連共産党によって作られた人工国家ウクライナが〝脱共産化〟を貫徹したいなら、それはウクライナの崩壊に帰結する」ということになる。ロシアの歴史学者アレクサンドル・コブリンスキーはロシア紙『ネザヴィーシマヤ・ガゼータ』（独立新聞）への寄稿で、「これは論文の形をとった最後通告だ」と指摘した。当時、ロシア軍はウクライナ国境に多数の部隊を展開させていた。プーチンは既にこの時点から、ウクライナ攻撃を選択肢の一つとして検討していたと考えるのが自然だろう。だが、当時は多くの専門家が、実際にロシア軍が全面的な軍事行動に出るとまでは予想できなかった。

プーチン政権に近いとされる著名な国際政治学者フョードル・ルキヤノフは侵攻開始から約五カ月後の二〇二二年七月一三日に収録されたCivilNetとのインタビューで、「自分も含めて皆が読み間違った。いまだに立ち直れていない。先入観にとらわれていたが、振り返ってみれば大統領は何も隠していなかった」と述べた上で、「民族の一体性」論文の意味は、同じ民族が構成する「第二のロシア」（＝ウクライナ）はロシアと友好的である場合に限って存続が可能だという政治的結論の表明であり、ウクライナを「反ロシア」につくり替えようとする試みには最も厳しい対抗策を取るとプーチンはこの時点で警告していた、と解説している。

プーチンと側近たちには、ウクライナ国内の空軍施設を一斉攻撃して制空権を奪い、首都キーウ周辺に進軍してゼレンスキー政権を崩壊させる「レジームチェンジ」による短期決戦というプランがあった。だが、これが重大な誤算だったことは既に明らかになっている。

未明の全面攻撃

二〇二二年二月二四日午前五時ごろからロシア軍はウクライナ各地を精密誘導ミサイルで攻撃し、キーウなどで主に空軍関連施設を破壊してウクライナの防空能力を大幅に低下させた。キーウ郊外に投入された空挺部隊は首都近郊のホストメリ軍用空港に迫った。このほか地上軍が東部ハリコフ州、二〇一四年に編入したクリミア半島、ロシアと国家統合を進める同盟国ベラルーシ領内の三方面からウクライナ領内に侵入した。ロシア国防省は二四日、一一の空港を含む七四の地上施設を破壊したと発表した。国際港湾都市として知られる南部オデッサも攻撃を受け、ヘルソン州内の一部はロシア軍に制圧されるなど文字通りの「全面攻撃」だった。米国防総省やウクライナ政府によると、二四日だけで一〇〇発を超す短距離ミサイルが発射された。

プーチンはモスクワ時間の午前六時にテレビを通じた国民向け演説を行い、二〇一四年から独立を求めているウクライナ東部ルガンスク、ドネツク両州のロシア系住民をウクライナ政府軍の攻撃から守るために「特別軍事作戦」の実施を決定したと述べ、隣国ウクライナにNATOの核兵器が配備されロシアに直接の軍事的脅威を与えることを防ぐための「自衛の行動」だと攻撃を正当化した。[4]

約二八分間の演説でプーチンは、東西冷戦終結の際にNATOはこれ以上拡大しないと当時のソ連大統領ミハイル・ゴルバチョフらに約束しておきながら実際には東方拡大を続け、ソ連の影響下にあった東欧や旧ソ連のバルト三国などを取り込んでロシアに軍事的脅威を与えているとして、NATOを主導する米国を「嘘の帝国」と罵倒した。さらに、ウクライナという「われわれの歴史的領土」に「反ロシア」の拠点が形成されて最新兵器が運び込まれているとして、「わが国にとっては生きるか死ぬか、国家の存在自体、主権に対する真の脅威だ。彼らはレッドライン（越えてはならない一線）を越えた」と欧米やウクライナを非難した。

この演説でプーチンは、ロシアが「嘘の帝国」による「乱暴なむき出しの力」の行使に対抗し自国民を守るためには武力で対抗する以外に選択肢がなかったと述べ、「われわれの計画にはウクライナの領土の占領は含まれていない」と明言した。この時に強調されたのは、ロシアの武力行使はやむを得ないものであり、身を守る最後の手段だという点である。

ロシア国連代表部は国連事務総長アントニオ・グテレスに宛てたワシリー・ネベンジャ国連大使名の二月二四日付書簡でこの演説を紹介し、国連憲章第五一条に基づく自衛権の行使を行ったと通知している。自衛権の行使であれば宣戦布告は不要とみなされるからだ。[5]

プーチンは、なぜ先制攻撃に踏み切ったのかについても説明している。第二次世界大戦中の一九四一年六月二二日未明、独ソ不可侵条約を破って電撃侵攻してきたナチス・ドイツ軍に不意を衝かれたソ連軍は緒戦で多大な人的損失を被り、最終的には勝利したものの、当時の全人口の七分の一にも相当する二七〇〇万人の犠牲者を出した。冒頭で紹介したプーチンの祖父母や両親も戦火に巻き込まれた。プーチンはこの史実に触れ、「戦争を先延ばしにするため侵略者にこびへつらう試みは失敗し、国民に多大な犠牲を強いた。二度とこのような過ちを犯すことは許されない」と述べた。たとえ「先に手を出した」と非難を浴びようとも相手に攻撃されるまで座して待つことはできない、という意味だ。

プーチンはこの開戦演説で、ウクライナへの攻撃を「特別軍事作戦」と位置付けた。この言葉には「これは全面的な戦争ではなく、プロの軍人によって短期間に終わる特殊な作戦だ」というニュアンスが込められていた。いわば「対テロ特殊作戦」に近い意味合いだ。

拒否された「NATO入り」

NATOについてプーチンはカールソンとのインタビューで、二〇〇〇年の大統領就任直後に当時の米大統領ビル・クリントンに対し「ロシアのNATO加盟は可能か」と打診したが断られたという話をした。

プーチンはこれまでも、このエピソードに何度か触れてきた。カールソンへの説明によると、最初クリントンは「それは面白い」と前向きな反応をしたが、しばらくして同行者らと協議したあと、プーチンに「やっぱりダメだ」と回答してきたという。東西冷戦中、社会主義のソ連を封じ込めるためにつくられた欧米の軍事同盟であるＮＡＴＯは創設の段階から一貫して反ソ連＝ロシアの同盟だ。だがソ連の崩壊で、社会主義諸国陣営で構成した「ワルシャワ条約機構」も解体し、ソ連崩壊による社会的混乱に陥ったロシアはＮＡＴＯに対抗する力を失っていた。そのＮＡＴＯにロシア自身が加盟してしまえば、欧米側からの軍事的脅威を中和できる。第二次世界大戦でナチス政権下のドイツに潜入し祖国のための情報収集や破壊工作を行ったスパイに憧れてＫＧＢに志願したプーチンらしい、一挙に形成の逆転を狙う大技だったといえるかもしれない。

だがＮＡＴＯ側にしてみれば、冷戦終結とソ連の崩壊で既に存在意義を失いつつあると言われていた状況下でさらにロシアを加盟国として受け入れることは組織の換骨奪胎に等しい。クリントンの拒否回答は、ある意味当然だった。

ロシアのＮＡＴＯ加盟は実現しなかったものの、二〇〇二年にはイタリア・ローマで開かれたＮＡＴＯ特別首脳会議で「ＮＡＴＯロシア理事会」の創設が決まり、冷戦時代以来欧州を舞台ににらみ合いを続けてきたＮＡＴＯ諸国とロシアはテロ対策など安全保障分野で協力する関係となった。この時、ホスト役として理事会の創設実現に尽力したのが当時のイタリア首相シルビオ・ベルルスコーニだ。

開けっぴろげな性格で、たたき上げのビジネスマンとして自前の政党「フォルツァ・イタリア」（頑張れイタリア）を立ち上げ、二〇〇〇年代初頭のイタリア政界で一世を風靡したベルルスコーニは庶民出身のプーチンとウマが合い、強い友情で結ばれたが、ＮＡＴＯとロシアの協力を推し進めたことが二人の信頼醸成に大きく作用したことは疑いの余地がない。ベルルスコーニは

クリミアを訪れたベルルスコーニと共に（2015年9月19日）

二〇一五年、ロシアが編入して国際的非難を浴びていたクリミア半島を訪れ、ノーネクタイでプーチンと休暇を過ごした。二〇二三年六月にベルルスコーニが八六歳で死去した際、プーチンは弔電で「現代イタリア史の傑出した人物で、私の大切な真の友人」と称えた。

もう一人、プーチンが信頼関係を築いた欧州の政治家が、一九九五〜二〇〇七年にフランス大統領を務め二〇一九年に亡くなったジャック・シラクだった。

プーチンは二〇二三年六月の「サンクトペテルブルク経済フォーラム」で、二人の間で交わされた会話を次のように披露している。

「シラクは博識で、本物の教養人だった。私は彼に「なぜ米国の指導者たちはあれほど攻撃的で長期的視野がないのか」と尋ねたことがある。彼はなんとロシア語でこう答えた。「教養がないからだ」と」

会場は笑いと大拍手に包まれた。シラクもベルルスコーニも、大戦で欧州大陸が被った悲惨な結果を、身をもって経験した世代だ。プーチンにとって、ロシアとの正常な関係づくりを重視する欧州の政治家は貴重な友人だった。

ウクライナのNATO加盟を「レッドラインの侵犯」だとする理由としてプーチンは二〇二一年六月、国営テレビの取材に「現代の極超音速ミサイル発射装置がハリコフに置かれればミサイルは五分でモスクワに届いてしまう」と説明し、その後も何度か同じ発言を繰り返した。だが旧ソ連諸国のうちエストニア、ラトヴィア、リトアニアは二〇〇四年にNATOに加盟している。ロシア第二の都市サンクトペテルブルクとは目と鼻の先だ。バルト三国のNATO加盟はやむを得ないがウクライナは容認できない、と考える最大の理由はやはり、ウクライナが古代ロシア発祥の地であり、九八八年（もしくは九八九年）にキエフ大公ウラジーミルの治世でキリスト教を受容した地だという歴史的、文化的関係の深さのためだろう。そこに「反ロシアの拠点」がつくられることをロシアは座視していられなかった、ということだ。

「武器供与やめれば戦争は終わる」

カールソンとの会見で歴史問題と並んでプーチンが強調したのが「ロシアは停戦の用意がある。欧米はウクライナへの武器供与をやめよ」という要求だった。

なぜ停戦交渉をしないのかとの質問にプーチンは「欧米に説得されたウクライナの大統領が、自分が勝つまでロシアとの交渉を禁じたのだ」とし「もし本当に軍事行動を止めたいのなら米国が兵器供与をやめれば、数週間ですべてが終わり交渉に入ることができる。ウクライナ現政権は米国の衛星国にすぎない。交渉の席に着くようウクライナを説得してほしい。ゼレンスキー政権が交渉を拒むのは米国政府の指示でそうしているのだ。これが正しくなかったと米国が考えるなら、改めればいい。われわれは交渉に賛成だ」と強調した。

二〇二二年九月のロシアによるウクライナ東部・南部四州の併合を認めて停戦するのは「ＮＡＴＯ側にとってあまりに屈辱的だとは思わないか」との質問には「面目が立つようなやり方を考えればいい。その気さえあれば選択肢はいろいろある。ロシアを戦場で完全に敗北させろといまだに叫んでいる人がいるが、それはあり得ない。そのことが欧米の指導者たちにもようやく理解されたようだ。ならば、この先どうするかを考えればいい」と答えた。

ウクライナ支援を続けるバイデンには「作戦開始前に、「ウクライナに入れ込んでロシアをないがしろにしたあなたは重大な歴史的過ちを犯した」と伝えた」「ロシアが国益のため最後まで戦うとわかったからには、話し合いで決着するほうがいいと思わないか」とも話したプーチンは、明らかにカールソンの背後にいる前米大統領トランプとその支持層を意識していた。この「米国によるウクライナの説得」は、二〇二四年一一月の米大統領選で二度目の当選を果たしたトランプが翌一二月に訪問先のパリでゼレンスキーと会談したあと、現実のものとなる。

「必ず和解できる」

このインタビューの締めくくりにプーチンは、前線でロシア軍に包囲されたウクライナ兵らが

「諦めろ。そこを出れば生きられる。降伏せよ！」と促された時、ウクライナ人であるにもかかわらず上手なロシア語で「ロシア人は降伏などしない！」と叫んで全滅するまで戦ったという話をし、「彼らは今も自分をロシア人だと考えている。いま起きているのはある意味で内戦だ。欧米はこの戦いでロシアの一部を永久に引き離したと思っているが、違っている。時間はかかっても必ず和解できる」と述べた。ロシア人とウクライナ人は同じ一つの民族だと見るプーチンは、開戦から二年がたち双方に多数の死傷者が出たことが明らかなこの時点でも、両国民の将来の和解を念頭に置いていた。だが、楽観的にすぎると言わざるを得ない。

二〇二四年六月、侵攻後約二年半のキーウを訪れた際、ロシア人ではないことが明らかな筆者に対してもロシア語で話すことを拒み、わざと英語かウクライナ語を使う人が少なくなかった。ロシア系住民の比率が比較的高いキーウでは、侵攻以前ならロシア語を話さない人に出会ったこともも、ロシア語の会話自体を拒否されたこともなかった。

「市長は、ロシア語は使いません。インタビューにはウクライナ語で応じます」。ロシア軍部隊が撤退したあとに住民大量虐殺が明らかになったキーウ郊外のブチャ市を訪れた時、市の国際問題担当官はそう前置きしてきた。「でも市長はロシア語の質問はわかりますよね？」と念を押した私に彼女は無表情に答えた。「ここでは誰もロシア語なんか話したくないんです。誰も」

侵攻直後に戦車や装甲車の残骸があふれて「死の通り」と呼ばれた街路でも二年以上が過ぎて復興が進み、惨状の痕跡を見つけることは困難になっていた。だが市長のアナトリー・フェドルクは、約一カ月の占領の間に住民約五〇〇人が殺害されたと述べ、「二年たっても、ロシアに対する市民の敵意と憎しみは変わらない。この街で起きたことを忘れることも、彼らを許すこともできない」と話した。

将来の和解は可能だと思うかとの質問には「ウクライナとロシアが一緒になることはあり得ない。ロシアは地上に残った最後の帝国だが、ウクライナは文明的な民主国家だ」と強調した。戦闘が続く東部や南部から約一万二〇〇〇人の避難民を市で受け入れたフェドルクは、ブチャ市は侵攻を二度と許さない強靱な町づくりを目指すとし、「私たちは変わった。自分の家や独立、国を守る決意は一層強まった。軍と共に、勝つまで戦い続ける」と述べた。

二〇一九年の大統領選でゼレンスキーの当選を選挙対策本部長として支え、二〇二一年に袂《たもと》を分かって政権与党を去った前ウクライナ最高会議議長ドミトリー・ラズムコフも、ロシアとの関係正常化には悲観的だ。ロシア軍によるエネルギー関連施設攻撃の影響で停電したままのキーウの事務所でインタビューに応じたラズムコフは、戦況を好転させられないゼレンスキー政権の戦争指導に疑問を投げかけ「汚職対策に真剣に取り組まないと国民の支持は維持できない」と批判する一方で、ロシアとの和解については「私には一〇歳と七歳の子どもがいるが、ブチャやイルピンにロシア人が来てウクライナ人を殺したということは理解している。少なくとも今後三〜四世代、人々の心にその記憶が残っている間は、関係改善など不可能だ」と述べた。[6]

政界の若手ホープであるラズムコフは、戦争終結後に実施される見込みの大統領選に立候補する意欲を示し、政権側候補の有力な対抗馬になる可能性がある人物だ。だが仮にゼレンスキー政権が交代した場合でも、ロシアとの和解を指向する政権ができるとは想像しがたい。ロシアの侵攻がウクライナ国民の独立の決意を一層固めさせたことは間違いない。

「合議の決定」装う

侵攻直前の二〇二二年二月二一日、プーチンは非常任メンバーも加えた拡大安全保障会議をクレムリンで主宰した。毎週金曜日に開かれる安保会議は、議長を務める大統領が主要議題と最初の報告者を指名する冒頭の十数秒だけを国営テレビで見せるのが通例だ。ところがこの日は、ロシアへの統合を求めて独立宣言したウクライナ東部の親ロ派「ルガンスク人民共和国」と「ドネツク人民共和国」を独立国家として承認するかどうかという極めて重大な議題であるにもかかわらず、約一時間半の議論のすべてがテレビで放映された。[7]

ロシアがこの二地域を国家承認することは、両地域に高度な自治権を付与して独立を思いとどまらせるために締結された国際協定「ミンスク合意」が最終的に破綻し、ロシアが現地に派兵してウクライナ軍と交戦状態に入ることを意味した。

クレムリンの大広間で、プーチンはほかの参加者と離れて反対側に座っていた。当時はまだ新型コロナウイルスの感染拡大が続いており、大統領と同席する者は少なくとも十数メートル離れて座ることになっていた。それでもこの異様な光景は、プーチンが上下両院議長や首相らと比しても超然とした存在であることを示しているように見えた。

二〇人を超す出席者が順番に指名されて意見を述べたが、二つの「人民共和国」独立承認に明確に反対した者はいなかった。

クレムリンの大広間で行われた安全保障会議（2022年2月21日）

最初に指名されたラヴロフは二〇〇四年の政権二期目から二〇年も外相を務め、プーチンの信頼が厚い。前年一二月にロシアが欧米側に提案したNATO不拡大を確約する条約締結交渉について「困難だが、一定の前進はあった」とした上で、「今週二四日にブリンケン米国務長官とジュネーブで会談することで合意した」と報告した。前月二一日にもジュネーブでブリンケンと会談し「ウクライナを攻撃するつもりはない」と明言していたラヴロフは、その後も侵攻直前まで攻撃計画はないと言い続けた。内外の新聞記者から「嘘はつかない人」と評価されてきたラヴロフの度重なる否定も、「全面攻撃はない」との見方を支える重要な要素だった。結果的には、米ロ外相会談が予定されていた二四日に、ロシアはウクライナに侵攻する。

奇妙な会議だった。プーチンの右腕で、軍を統括する立場の国防相ショイグは、ウクライナ軍がドンバス周辺に五万九三〇〇人の兵員や三四五両の戦車、二一六〇両の装甲車などを配置していると説明した上で「ドンバス（ルガンスク、ドネツク両州）の住民は八年間、（ウクライナ軍の攻撃を受け）地下壕での生活を強いられてきた。一方、ウクライナの政権は毎日、欧米から最新の兵器を受け取っている。ほかに選択肢はない。もちろん独立を承認すべきだ」と明確に賛意を示した。ほかの出席者も「ゼレンスキー政権に交渉で紛争を解決する気はない」（下院議長ヴャチェスラフ・ヴォロジン）、「ルガンスク、ドネツクの住民は、自分たちの生きる権利を保障してくれるのはロシアしかないと何年も望みをかけてきた。その期待に答えるべきだ」（連邦保安局長官アレクサンドル・ボルトニコフ）などと、口々に独立承認に賛成した。

「ミンスク合意」履行の実務を担当していた大統領府副長官ドミトリー・コザクは、交渉はまったく進展していないと述べ「ゼレンスキー政権には紛争を話し合いで解決する気などない。彼らにはミンスク合意を履行するつもりはないし、ドンバスは彼らにとって必要ないのだ」と報告した。プーチンが何度か「つまり、ウクライナの政権はミンスク合意を順守する気も、二つの「人民共和国」と直接話し合うつもりもないということだな」と念を押すと、コザクは次のように尋ねた。「ウラジーミル・ウラジーミロヴィチ（プーチンに対する敬称＝筆者注）、ドンバスを統合するかしないか、欧米との交渉を今後どうするかなどの質問に私はお答えしたいのですが、今ですか、それともあとにしましょうか？」

プーチンはコザクの話をさえぎった。「今は交渉に関するあなたの発言と評価にとどめておこう。あなたの意見を聞いて、われわれは交渉には何の見通しもないことを理解した」。ドンバスの親ロ派「ルガンスク人民共和国」と「ドネツク人民共和国」がウクライナからの独立とロシアへの統合を求めていることは周知であるのに、プーチンはまるで、この会議でその話が出ることを嫌っているかのようだった。

この会議の前から、米国や欧州連合（ＥＵ）はロシアがウクライナ国境に多数の軍部隊を配置し侵攻の機会をうかがっていると指摘して攻撃を思いとどまるよう警告するなど、ロシアとウクライナ、欧米の間の緊張は最大限にまで高まっていた。こうした中での安全保障会議で、ドンバスの親ロ派の独立承認に反対することはほとんど不可能だったに違いない。モスクワの大学「高等経済学院」欧州国際問題研究センターの所長ワシリー・カーシンは「ロシア指導部の団結を示すためのデモンストレーション」だったと指摘する。つまりは芝居である。だが、役者の全員が筋書きを知らされていたわけではなかった。

連邦保安局（ＦＳＢ）長官も務めた対欧米最強硬派で、プーチンの側近中の側近である安全保障会議書記ニコライ・パトルシェフは、「外相が説明したように、米国は首脳会談を提案してきているが、結局は時間稼ぎにすぎない」と断じ、「米国との首脳会談に応じ、ロシアがドンバスの市民を支援せざるを得ないことを説明して交渉で問題を解決するため、彼らに二～三日の猶予を与えるのが適当だと思う。だが、相手は決して同意しないだろう。唯一の解決策は独立の承認だ」と、持って回った言い方をした。

そのあとに指名された諜報機関、対外情報局（ＳＶＲ）の長官セルゲイ・ナルイシキンはマイクの前に歩み出て、ゼレンスキー政権には「平和より自分たちの権力維持のほうが大事なのだ」

と批判する一方、「私もニコライ・プラトノヴィチ（パトルシェフ）が述べられたように、欧米側に最後のチャンスを与えるべきではないかと考えます。そうならなかった場合には、本日われわれが話している決定をするほかありません」と答えた。いらだった表情で聞いていたプーチンは「『そうならなかった場合』とはどういう意味か。交渉の開始か、両「人民共和国」の承認か。はっきり言ってほしい」と尋ねた。「承認の提案を支持します」と答えたナルイシキンにプーチンはさらに「『（将来）支持する』のか『（いま）支持している』のか。はっきりしなさい」とたたみかけた。「支持しています」「イエスかノーか、明確に言いなさい」というやりとりのあと、動揺した様子のナルイシキンは「私は最終的には、ルガンスク人民共和国とドネツク人民共和国のロシア編入を認めるべきだと思います」と言った。

プーチンは苦笑しながら「そんな話はしていない。今は両地域の独立を支持するのか、しないのかを話し合っているのだ」と会話の軌道修正を図った。ようやく気付いたナルイシキンが「はい、私は独立を支持しています」と答えたのを受けてプーチンは「わかった。着席してよろしい」と述べ、内相ウラジーミル・コロコリツェフを次の発言者に指名した。

ナルイシキンはプーチンやパトルシェフと同様に情報機関出身で、かつて大統領府長官も務めたプーチンの側近の一人だ。自分と親しい者をわざと大勢の目の前で叱責して会議の緊張感を演出する手をプーチンはよく使う。だがこの会議では、ナルイシキンが二つの親ロ派の編入にまで言及する勇み足をしたのが目を引いた。独立承認か否かを討議するところにとどめるというのがプーチンの意図だったのに、動揺したナルイシキンはそれを逸脱して、両「人民共和国」のロシアへの編入を支持すると言ってしまった。クリミア半島の編入と同様、最終的にはロシアの版図に組み入れるというシナリオがプーチン政権幹部の間ではこの時から既定路線と考えられていたことを示している。

後述するように、パトルシェフは全面侵攻の計画を事前に知っていた数少ない人物の一人とされており、ウクライナや欧米側に最後のチャンスを与えるように装いながら、結局は独立承認で「ミンスク合意」を破談にするよう進言した。他方、ナルイシキンは、「二四日にブリンケンと会う」と報告したラヴロフと同様、全面攻撃が数日後に迫っていることを知らされないまま会議に出席したとみていい。

「意見は聞いた。きょう結論を出す」と会議を締めくくったプーチンはこの直後にテレビ放映された国民向け演説で「ウクライナがロシアへの攻撃を準備している」と主張、「ルガンスク人民共和国」と「ドネツク人民共和国」の独立承認を表明し、現地にロシア軍を派遣して平和維持に当たるよう国防省に命じた。その後、クレムリンで待機していた「ルガンスク人民共和国」トップのレオニード・パセチニクと「ドネツク人民共和国」のトップ、デニス・プシーリンの二人と会い、ロシアが両「人民共和国」に軍事基地を設置できると規定した「友好相互援助条約」にその場で署名した。

条約は翌二二日、上下両院でスピード批准された。上院は二二日にロシア軍の国外派遣を承認、派兵の手続きは終わった。大統領がスイッチを入れるだけで、休眠していた「戦争マシン」がうなりを上げて回り出す——。当時のロシア社会はそんな雰囲気だった。

少人数で決めた侵攻

ウクライナ全面侵攻の計画を事前に知っていた人物がプーチン以外にどのくらいいたのか。英紙『タイムズ』は二〇二二年一一月、ロシア消息筋の話として、パトルシェフとショイグ、それにFSB長官ボルトニコフが二〇二一年夏ごろ、ウクライナへの先制攻撃の方針を基本決定したと報じた。プーチンが二〇二二年一〇月七日で七〇歳になることを考慮し、これ以上待てないと考えたとされる。治安機関出身のパトルシェフとボルトニコフは積極的で、ショイグは全面攻撃をためらう場面もあったという。

一方、ロシア独立系のインターネットメディアは、攻撃に積極的だった人物としてほかに、プーチンと個人的に親しい「ロシア銀行」大株主ユーリー・コワリチュクの名を挙げている。また、ショイグもロシア軍の実力を過信して短期決戦に自信を示していたという報道もある。いずれも匿名の「消息筋」の証言に依拠しており、どれが真実かを見極めるのは難しい。

ロシアは侵攻に踏み切った二月二四日に、まずウクライナ各地の空軍関係施設などをミサイルなどで一斉に叩き、首都キーウ近郊に空挺部隊を降下させてホストメリ空港を掌握、地上からキーウに迫った。首都の間近に精鋭部隊を投入すれば大統領ゼレンスキーが国外に逃れるか、あるいはウクライナ国内の親ロシア勢力が蜂起して政権を奪取すると予想し、そのあとに部隊を容易にキーウに入れて、対ロ関係正常化を図る事実上の傀儡《かいらい》政権を樹立する、との目論見だった。

だが現実には、ゼレンスキーは出国を促した米国の勧めを拒んでキーウにとどまり、国民に抵抗を呼びかけた。ウクライナ軍からも、またウクライナ国民の間からも、ロシアの侵攻を歓迎し支援するような動きはまったくみられなかった。それどころかキーウ近郊やハリコフ州の前線では、米国がウクライナ軍に供与した携帯型対戦車ミサイル「ジャヴェリン」などによってロシア軍の戦車や装甲車両が次々に破壊された。ハリコフ州内で撮影されたという当時ＳＮＳで出回った映像には、幹線道路の片側に、大破して無残な姿で並んだ戦車や装甲車の長い列が映っていた。キーウから約三〇キロメートルのホストメリ空港ではウクライナ軍の手で滑走路が破壊され、ここを橋頭堡として派遣部隊の増強を考えていたロシア側の計画は失敗した。短期決戦でウクライナ情勢を転換しようとしたクレムリンの思惑は完全に外れた。

二〇一九年四月の決選投票で大統領に当選したゼレンスキーの支持率は、二〇二二年初めには二〇パーセント程度にまで下がっていた。その半年ほど前の二〇二一年一〇月には、選対本部長としてゼレンスキーの大統領選勝利を支え、政権発足後には三六歳の若さで最高会議議長に就任した前出のラズムコフがゼレンスキーと対立し、与党「国民の奉仕者」の一部も賛成に回って解任されるなど、政権基盤は盤石とはいえない状況になっていた。キーウ在住のジャーナリストは「俳優出身のゼレンスキーは官僚主義への批判や汚職対策の公約などで当初は大衆的な人気があったが、政策がたびたび変わるなどポピュリスト的な対応が目立ち、インテリ層からは支持されていなかった。プーチン政権はこれを見て侵攻に踏み切ったのだろうが、隣国から侵略を受ければ国を守るために国民は当然、政権の下に結集する。それは平時の支持・不支持とは別の話だ。侵攻は逆にゼレンスキーの人気を押し上げる形になった」と指摘する[8]。

実際、ウクライナの独立系シンクタンク、キーウ国際社会学研究所（ＫＩＩＳ）によると、ゼレンスキーを大統領として「信頼する」との回答は侵攻前の二〇二二年二月には三七パーセントだったのに対し、侵攻開始から三カ月後の二〇二二年五月の調査では九〇パーセントに跳ね上がった。[9]

プーチンは侵攻二日目の二月二五日、「ウクライナの軍人らに呼びかける。武器を捨てて家族の元に帰れ。犯罪的な指導者の命令に従わないでほしい。奴ら（ゼレンスキー政権メンバーを指す＝筆者注）抜きでなら、もっと建設的な話し合いができる」と訴えたが、これに呼応したウクライナ軍の動きはみられなかった。プーチン政権はゼレンスキーやウクライナ国民を完全にみくびっていた。前出のカーシンは、現代ウクライナ研究の不足がロシアの計算違いの原因だと指摘した。「ウクライナ人とロシア人は同じ一つの民族だ」という言葉の裏には、いまさら調べなくとも相手のことはよくわかっている、という慢心が潜んでいた。

欧米が制裁

ロシアのウクライナ侵攻を非難した先進七カ国（G7）は直ちに制裁に踏み切った。米国、英国、カナダと欧州連合（EU）は二月二五日、プーチンやラヴロフ、ショイグ、ロシア軍の参謀総長ワレリー・ゲラシモフらに制裁を科すと発表し、在外資産を凍結した。二六日には米国とEUがロシアの主な金融機関を国際決済ネットワーク「国際銀行間通信協会（SWIFT）」から排除すると発表、二七日には日本も同調した。これによりロシアの大手銀行は軒並み米ドルやユーロによる決済ができなくなった。ロシア国内ではスーパーや飲食店などで普通に使われていた

ＶＩＳＡ、マスターカードなどの欧米系クレジットカードが一切使えなくなった。モスクワなど都市部では、外貨預金を引き出そうとする市民が銀行の前に長い列を作った。ＥＵは二七日、ロシアの航空機に対し領空を閉鎖すると発表、米国も同様の措置を取り、ロシアと欧米を結ぶ直行便の運航は途絶えた。

ＳＷＩＦＴからの排除を受けてロシア通貨ルーブルの対ドルレートは急落し、前の週の一ドル＝八三ルーブル前後から二八日には過去最安値の一ドル＝一一〇ルーブルに下落した。これに対応してロシア中央銀行は二八日の理事会で主要政策金利を九・五パーセントからほぼ二倍に引き上げて過去最高の二〇パーセントとしたが、下落は止まらず、三月上旬には一時一ドル＝一五〇ルーブルと、侵攻前の約半分に落ち込んだ。

三月二日のニューヨーク原油先物相場は急騰し、指標となる米国産標準油種（ＷＴＩ）の四月渡しが一時、二〇一一年五月以来約一一年ぶりの高値水準となる一バレル＝一一二ドル台半ばをつけた。欧州系格付け会社のフィッチ・レーティングスは同じ日、ロシアの外貨建て長期債務格付けを従来の「ＢＢＢ」から六段階引き下げ、投機的水準に当たる「シングルＢ」とした。八日にはさらに「シングルＣ」に引き下げ、「デフォルト（債務不履行）が差し迫っている」と指摘した。米格付け会社のムーディーズ・インベスターズ・サービスも六日にロシア国債を下から二番目の「Ｃａ」に格下げした。

バイデンは八日、ロシア産原油や液化天然ガス（ＬＮＧ）、石炭などの輸入を即日禁止した。英政府はロシア産の石油製品などの輸入を二〇二二年末までに段階的になくすと発表した。ＥＵ

欧州委員会も「二〇三〇年よりかなり前に」ロシア産の化石燃料への依存から脱却する計画を公表した。二〇二一年に米国は国内需要の約八パーセントに当たる一日当たり約七〇万バレルの原油と石油製品をロシアから輸入し、英国は石油需要の八パーセント、EUは石油輸入の二六パーセントをロシアに依存していた。制裁は、収入の多くをエネルギー輸出に頼るロシア経済への打撃を狙ったものだった。プーチンの報道官ドミトリー・ペスコフは「米国は経済上の宣戦布告をした」と反発した。

欧米ブランドの撤退

経済分野での「ロシア排除」は制裁にとどまらなかった。米ハンバーガーチェン大手マクドナルドは三月八日、ロシアで展開する約八五〇店すべてを一時閉鎖すると表明し、五月一六日には事業を売却して完全に撤退すると発表した。フランチャイズ形式で一三〇店舗を運営していた米コーヒーチェーン大手スターバックスも五月二三日に完全撤退を発表、米飲料大手コカ・コーラはロシア事業停止を表明するなど、庶民にすっかりなじんでいた欧米系飲食店やブランドが相次いでロシア市場から引き揚げていった。

財務相アントン・シルアノフは三月一三日、国営テレビで、ロシアが保有する金やユーロなどの外貨準備は約六四〇〇億ドルのうち約三〇〇〇億ドル（当時の為替ルートで約三五兆円）が欧米の制裁で事実上凍結されていると述べた。一四日の声明では、ロシアが国債利払いの義務を果たせないとの指摘は「現実を反映していない。返済に十分な資産があるが、中央銀行の海外資産が事実上凍結されているだけだ」とし、「欧米諸国は意図的にロシアに対しデフォルト宣告をしようとしている」と批判した。

ロシアは支払い期限を迎えたドル建て国債の償還と利払いを何度か外貨で実施したが、四月六日にはドル建て国債の償還と利払い計六億四九二〇万ドルを自国通貨ルーブルで行ったと発表した。六月二六日には複数の欧米メディアが、ロシアは五月末に期限を迎えたドルとユーロ建ての国債の利払いができずデフォルトに陥ったと報じた。ペスコフは「同意できない」と述べ、デフォルトの受け入れを拒否した。

日米欧の制裁にロシアは報復した。三月七日、対ロ制裁を科した米国、英国、EU加盟国、日本、カナダ、オーストラリア、シンガポール、台湾などを「非友好国」に指定しリストを公表した。指定された国・地域の企業などから投資を受ける事業の契約にはロシア政府の許可が必要になるほか、政府や企業などロシアの債務者は、「非友好国」の債権者に対してはルーブルによる債務返済が可能とした。

三月一〇日には首相のミハイル・ミシュスチンが、外国企業が理由なくロシアでの事業をやめて会社を閉鎖した場合、外部の管財人に事業を継続させ雇用と生産を維持する法案を準備していると表明した。閣僚会議でプーチンは「外国との協力は拒まない」と述べて事業継続を望む投資家の保護を指示する一方、事業をやめる外国企業については管財人管理を経て希望者に経営権を引き渡し、生産に支障が出ないようにするよう指示した。「正当な理由なく」撤退する外国企業は事実上国有化する、との脅しに近かった。プーチンは同月二三日、「非友好国」への天然ガス輸出代金はルーブルで支払わせるよう政府に命じた。二五日にはロシア中央銀行が「非友好国」の投資家らに対し、資本の移転や有価証券売却の制限を導入したと発表した。ロシア経済は欧米市場から急速に切り離されていった。

「反戦の声」封じ込め

侵攻後、表面上はロシア社会に大きな変化はみられなかった。だが突然始まった戦争に、一般市民は明らかに動揺していた。侵攻開始直後から、野党支持者がたびたび集会を開いてきたモスクワ中心部のプーシキン広場などでは一〇〇〇人規模の反戦デモが行われたが、いずれも警官隊に解散させられた。その後、広場周辺には警察車両と鉄柵が配置され、機動隊が常時見張るようになった。それでも各地で反戦デモが散発的に行われ、治安組織による不当な身柄拘束などを告発する人権団体「ＯＶＤインフォ」の集計によると五月末までの約三カ月間でデモに参加して拘束された人は一万五〇〇〇人を超えた。徴兵事務所が火炎瓶で放火される事件もモスクワ州、ヴォロネジ、オムスク、ボルゴグラードなど各地で相次いだ。

こうした国民の反発を政権側は徹底して抑え込んだ。

プーチンは三月四日、「ロシア軍の行動について虚偽の情報を拡散させ信用を失墜させる行為」を刑法犯とし、最長で懲役一五年に処すことができる刑法改正に署名した。英ＢＢＣ放送や米ＣＮＮテレビ、ブルームバーグ通信などは記者が拘束される懸念があるとしてロシアでの活動を一時中止すると発表した。インターネットを監視するロシア通信情報技術監督庁は同じ日、フェイスブックへのアクセス遮断を決定、「ツイッター」（のちに「X」と改名）へのアクセスも制限された。

ロシア法務省は侵攻後、毎週金曜日に、外国政府やNGOから資金提供を受けて活動する個人や組織を「外国のエージェント」に指定するようになった。「外国のエージェント」とは、外国にカネで雇われて他国の利益になる意見を広めたり、ロシアに否定的な情報を流したりする工作に加担する人物や組織を指し、ロシアでは「スパイ」とほぼ同じ意味になる。政権に批判的な人物や組織を「外国のエージェント」のリストに入れることは侵攻開始前から行われてきたが、侵攻開始後は指定が定例化し、新規指定が大幅に増えた。

同月二八日には、プーチン政権に批判的な報道を続けて二〇二一年のノーベル平和賞を受賞したドミトリー・ムラトフが編集長を務める独立系紙『ノーヴァヤ・ガゼータ』が、監督当局の警告を理由に発行停止を表明した。ムラトフは四月、列車内で何者かに赤い塗料をかけられ目を負傷し、二〇二三年九月には「外国のエージェント」指定を受けた。

「歌舞音曲」の中止

侵攻開始直後から、ロシアのテレビの放送内容は一変した。ソ連中央テレビの後継放送局で、プーチン政権の意向を最も直接に反映していると評される政府系テレビ「第一チャンネル」では、スターリン時代に副首相として第二次世界大戦中の独ソ戦を指導したヴャチェスラフ・モロトフの孫で、「統一」などが統合して二〇〇一年に創設されたプーチン政権与党「統一ロシア」の下院議員ヴャチェスラフ・ニコノフと、米国在住歴が長い保守派ジャーナリスト、ドミトリー・サイムスが司会を務める政治討論番組『ボリシャヤ・イグラー』（英語で「グレート・ゲーム」）が毎日、しかも一日に何度か特別番組として放送されるようになり、自局の記者や軍事評論家らを出演させて戦況や外交の動きを伝えた。

自身が司会を務める際、ニコノフは必ず、「われわれは正しい、勝利はわれわれのものだ」という「決め台詞」で番組を締めくくった。これは一九四一年六月に「独ソ不可侵条約」を破ってソ連に電撃侵攻してきたナチス・ドイツ軍の襲来を受けて茫然自失に陥った最高指導者ヨシフ・スターリンに代わって、副首相だったモロトフが国民に徹底抗戦を呼びかけた演説の言葉として有名だ。国営テレビ、民間テレビ「NTV」と並んでロシアの三大テレビ局と称される「第一チャンネル」の最高経営責任者（CEO）は、プーチン支持で知られるテレビプロデューサーのコンスタンチン・エルンストが務める。政権は侵攻直後から、ウクライナ侵攻を独ソ戦になぞらえて国民の支持を取り付ける考えだった。

侵攻に関する報道特別番組が一日中放送される一方、プライムタイムの連続ドラマや歌番組、コメディアンや俳優が司会を務めてゲストを呼ぶトーク番組は一切放映されなくなった。戦時下の「歌舞音曲」中止だ。内容が時局にふさわしくないという判断に加え、これらの番組の常連だった多くの芸能人や文化人らが、侵攻に反対するリベラルなインテリ層だったことが背景にある。

「第一チャンネル」の週末のバラエティー番組『今日の夜に』で長年ホスト役を務めていたコメディアンで人気司会者のマクシム・ガルキンは侵攻直後に、二重国籍を持つイスラエルに出国した。その後「ウクライナをミサイルで攻撃し犠牲者が出てもロシアでは多くの人が「われわれはやっていない」と言っている」とするビデオメッセージを公表し、交流サイト（SNS）で大きな反響を呼んだ。「第一チャンネル」は五月二日にガルキンの降板を発表した。その後、ガルキンはイスラエルを拠点に活動し、ロシアのテレビには出演していない。

ガルキンは、ソ連時代からロシアの歌謡界を牽引してきた国民的歌手アーラ・プガチョワの夫でもある。プガチョワも侵攻に反対を表明してロシアを出国、ガルキンや、代理出産で生まれたといわれる子どもたちと国外で暮らす。ガルキンは、多くのロシア人が住むイスラエルで芸能活動を続けるかたわら、SNSなどで戦争反対を訴え、侵攻を批判し続けた。ロシア法務省は二〇二二年九月にガルキンを「外国のエージェント」に指定した。

日本では歌手の加藤登紀子がカバーした『百万本のバラ』など数々のヒット曲で知られ、二〇一四年にプーチンから「祖国功労勲章」を授与されたこともある「歌謡界の女王」プガチョワへの圧力は当初は控えめだったが、プガチョワがガルキンの「スパイ」指定に反論し「夫は祖国の繁栄と平和な生活、言論の自由を願う誠実な愛国者だ。幻影のような目的のために若者たちが死ぬようなことは、もうやめてほしいと望んでいるだけだ」という声明を出したあたりから風向きが変わった。

交戦が長引き、ロシア軍が東部ハリコフから敗走するなど戦況が悪化した二〇二二年九月ごろから、大衆紙ではプガチョワ夫妻がモスクワ郊外に持つ豪邸などをやり玉に挙げて「ロシア国民の支持のおかげで巨万の富を築きながら、ウクライナとの交戦中に外国に逃げて祖国を非難するのは裏切りだ」「金持ちは外国に逃げられるから何でも言える」との批判が目立ち始めた。

その後はプガチョワに対しても政権支持の議員やタレント、評論家たちが容赦ない非難を浴びせるようになった。プガチョワは二〇二三年一一月一一日、「自分は高齢になり、やるべきことはやった。私の歌はファンの間で響き続ける」と完全引退を示唆し、「幸せは金銭では買えない。自由こそが財産だ。光が闇に、正義が悪に勝つまで見届ける」とインスタグラムに投稿した。夫妻はイスラエルやラトヴィアに住んでいると伝えられる。男性優位のロシア社会で自身の力だけを頼りに成功を収めたプガチョワは五度の結婚など奔放な私生活でも知られ、「自立した女性」の代表格とみられてきたが、戦時下のロシアはこの現代的な生き方を許容しなかった。

プガチョワはその後も発言を続けている。二〇二四年七月、キーウの小児病院がロシアのミサイル攻撃で被害を受けたあと、インスタグラムに負傷した子どもの写真と合わせて「神は忍耐強いが、我慢にも限度がある」と投稿した。

代わってスターダムにのし上がったのが、侵攻五カ月後の二〇二二年七月に愛国的な流行歌『俺はロシア人』をリリースしたシンガー・ソングライターのSHAMAN（シャマン）だ。本名はヤロスラフ・ドロノフだが、英語の大文字でつづった芸名を名乗り、革ジャンに金髪の出立ちでステージに立つ。侵攻を理由にロシアが世界中の非難を浴び、ロシア人歌手や音楽家が排斥される中、「ただ愛して、息がしたいだけ　ほかに何もいらない／俺はロシア人だ　最後まで行く／俺はロシア人だ　俺の血は親父の血だ／俺はロシア人だ　世界にはおあいにくだが　俺はロシア人で幸運だ」という歌詞が若い世代の共感を呼んだ。同じ年の一一月に政府系「全ロシア世

『俺はロシア人』を歌ってスターになった歌手シャマンのポスター（2023年9月、モスクワ）

論調査センター」が公表した人気歌手ランキングでシャマンは二位に入り、二〇二三年と二〇二四年は続けて一位となった。本人はタス通信とのインタビューで政権との関係を否定し、「ただ自分の気持ちを歌っただけ」と答えている。

インテリ、財界人も侵攻反対

侵攻に反対する声は文化人の間からも上がった。侵攻開始二日後の二〇二二年二月二六日、俳優や音楽家、劇場関係者らが侵攻に反対する声明を発表、国立ボリショイ劇場の総支配人ウラジーミル・ウリンや指揮者ウラジーミル・スピバコフ、『二人の駅』などソ連時代の数々の名作映画に出演した俳優オレク・バシラシヴィリらが署名していた。

声明の内容は「二〇世紀はあまりにも多くの悲しみと苦しみを人類にもたらした。大祖国戦争（第二次世界大戦）従軍者の子や孫であるわれわれは新たな戦争や人的犠牲を望まない。二一世紀は希望と公開性、人と人とが対話する時代、愛の世紀であるべきだ。軍事行動をやめて部隊を撤収し交渉の席に着くよう、また最も貴い人間の命を守るように呼びかける」とのアピールで、特に反政府的な内容ではなかった。

だが保守派は一斉にウリンを批判し、その後予定されていたボリショイの演目からは侵攻に反対した若手演出家らの作品が外されて別のクラシックな演目に差し替えられた。

この時は保守派と妥協し地位を保ったウリンだったが、政権側の不満は解消されなかった。二〇二三年一二月、プーチンと親しく、サンクトペテルブルクのマリインスキー劇場で芸術総監督を務める世界的指揮者ワレリー・ゲルギエフがボリショイ劇場の総支配人を兼務することが発表され、契約期間をまだ残していたウリンは「自身の希望で」職を退いたと発表された。当初「私は今も十分に多忙だ」と兼務に否定的だったゲルギエフは結局、政権の求めを受け入れた。

欧米とのビジネスを抱える財界では、侵攻反対の声が文化界以上に強かった。隣国に侵攻すればロシア・ビジネスへの制裁強化は避けられなかったためだ。

ロンドンに住み、「ロシアで最も富裕な人物の一人」とされる金融大手アルファ銀行の創業者ミハイル・フリードマンは侵攻開始翌日の二月二五日、関連会社社員へのメッセージで侵攻への反対を明確に表明した。この中でフリードマンは、両親がウクライナ人で自身も一七歳までウクライナで暮らし、ロシアで事業を始めた自分は両国民をよく知っているとし、「この軍事紛争は双方にとって悲劇だ。戦争は問題の解決にならない。多くの人命が失われ、何百年も兄弟だった両国民に多大な破壊をもたらすことになる。流血を終わらせるべきだ」と心情を明かした。アルミニウム製造大手ルサールのCEOで「アルミ王」と呼ばれるオレク・デリパスカもフリードマンに続いて「平和が非常に大切だ。停戦交渉を即刻始めなければならない」と通信アプリ「テレグラム」に投稿した。五月二三日には「核戦争の恐れが現実になっている」と警鐘を鳴らした。

インターネット主体の取引で若者を中心とする顧客の獲得に成功したチンコフ銀行の創業者オレク・チンコフは同年四月にインスタグラムで「この狂った戦争の受益者などいない。罪のない市民や兵士たちが死んでいる」と批判した。侵攻開始以前から病気療養のためロシア国外に滞在していたチンコフはその後、同銀行を売却した。

政府系メディアからも批判

反戦の声はメディアの中からも上がった。三月一四日、ロシアの政府系テレビ「第一チャンネル」でソ連時代から放送が続けられている午後九時の主要ニュース番組『ヴレーミャ（時代）』の生放送中に、同局女性社員マリーナ・オフシャンニコワが、ニュースを読んでいたベテランの女性キャスター、エカテリーナ・アンドレーエワの背後で反戦メッセージが大書された紙を掲げた。オフシャンニコワは取り押さえられ、警察で取り調べを受けた。

オフシャンニコワは同局の番組編集者で、掲げた紙にはまず英語で「NO WAR」と、続いてロシア語で「戦争をやめてください。プロパガンダを信じないでください。あなた方は嘘を伝えられている」などと書かれていた。「第一チャンネル」は約五秒後に別の映像に切り替え、その後は何もなかったかのように番組を続けた。

オフシャンニコワは拘束後にSNSで公表された事前収録の動画で「この狂気を止められるのは私たちの力だけだ。集会に行ってください。何も恐れることはありません。彼らは全員を牢獄に入れることはできないのだから」と訴えていた。生放送でのメッセージ発信を狙った計画的な行動だった。

この中でオフシャンニコワは、父がウクライナ人、母はロシア人だが、両親は互いを敵だと考えたことなど一度もないと説明し「今ウクライナで起きていることは犯罪であり、ロシアは侵略国だ。責任はたった一人の人物、ウラジーミル・プーチンにある。ロシアはこの兄弟殺しを即刻やめなければならない」と訴えた。モスクワのオスタンキノ地区裁判所は一五日、オフシャンニコワに三万ルーブル（当時の為替レートで約三万三〇〇〇円）の罰金を言い渡して釈放した。

オフシャンニコワの行為に対してはフェイスブック上で「よくやった。彼女は英雄だ」「感動した」「マリーナ、私たちがついている」などと反戦の表明を支持するメッセージが多数書き込まれたが、中には「（リベラル層による）いつもの愚行」という批判もみられた。

同月二二日には、「第一チャンネル」のパリ特派員だった女性記者ジャンナ・アガラコワがパリにある非政府組織「国境なき記者団」の本部で記者会見してロシアの侵攻に反対を表明、プーチン政権のプロパガンダに加担する仕事を「これ以上続けることはできない」と述べ、辞職したことを明らかにした。アガラコワは『ヴレーミャ』のキャスターを務めたこともある著名記者だった。

パリやブリュッセルを拠点に活動していたロシアの民間テレビ「NTV」のベテラン記者ワジム・グルスケルも、ウクライナ侵攻開始後に辞職した。グルスケルは、ソ連崩壊後にメディアが言論の自由を謳歌したエリツィン時代、政権批判も含めた自由な報道姿勢で人気を集めたニュース番組『セボードニャ(今日)』で、メインキャスターのエヴゲニー・キセリョフとコンビを組んだスター記者だった。「健康状態」が理由とされているが、アガラコワと同じく侵攻に反対しての退職とみられている。

ロシア各地では、最初の反戦・抗議デモが抑え込まれたあとは目立った反政権の動きはみられなくなった。侵攻直後は銀行から預金を引き出す人が一部で行列を作ったが、経済の大きな混乱が起きなかったため沈静化した。最初の一～二週間は買いだめでスーパーの棚から砂糖がなくなったが、小麦粉やパン、パスタや肉類、卵、野菜などの基本的な食料品は、値上がりはしたものの品薄にはならなかった。

モスクワ中心部のレストランやカフェは侵攻後も繁盛し続けた。客の間からは「自分には関係ない」「そう長くはないだろう」との声が聞かれた。

その一方で、ウクライナに親戚がいるモスクワ在住の六〇代の女性は侵攻直後、筆者に小声で「どうしてこんなことになったのか。向こうには友達も知り合いもたくさんいるのに」と嘆いて涙を拭った。大学生の長男がいる五〇代の主婦は「息子が徴兵されないかが心配。何のための戦争なのか、まったく理解できない。一日も早く終わってほしい」と表情を曇らせた。モスクワの公園のベンチには「戦争反対」の落書きが現れた。非公式な席なら、戦争に反対する声は決して少なくなかった。

テレビは毎日、ロシア国防省報道官イーゴリ・コナシェンコフの戦況に関するビデオ声明を放送した。地図を見せながらロシア軍の前日の戦果と、ウクライナ軍がどれほどの兵員と兵器を失ったかを説明する内容だが、自身も陸軍にいた経験がある年金生活の男性は侵攻開始から約一カ月後、「国防省の説明が本当なら敵軍にはもう武器がなくなって、とっくに負けているはずだがね」と苦笑した。多くの市民はテレビより、インターネットやスマートフォンを駆使した非公式情報で戦況の実態を知ろうとする軍事ブロガーやフリーの戦争記者たちの情報に依拠していた。

交渉横目に交戦

ロシアの侵攻を非難し国民に徹底抗戦を呼びかけたゼレンスキーはその半面、ウクライナの「中立化」についてロシア側と交渉することは拒まないと表明した。ロシア大統領報道官ペスコフは二〇二二年の二月二五日、ゼレンスキーの表明を「前向き」ととらえ、NATO加盟断念を意味する中立化や、ウクライナ領内にNATOの兵器を配備しないことなどが交渉開始の前提条件になると述べた。両軍が激しい戦闘を続ける一方、両国指導部の間では当初から停戦の可能性が模索されていた。

隣国ベラルーシの大統領アレクサンドル・ルカシェンコはこの日にプーチンと電話会談し、停戦交渉をベラルーシ国内で仲介すると提案した。プーチンは、いったん交渉に同意したウクライナ側が、NATO加盟国ポーランドの首都ワルシャワを交渉地として要求したあとで連絡が取れなくなり、「連絡不能の間にウクライナ軍は各都市の市街地に兵器を移動させた」と述べ、ウクライナは交渉に応じる姿勢を見せて時間を稼ぎ、都市の住民を人間の盾にしたと批判した。ペスコフは翌二六日、ウクライナが交渉を最終的に拒否したため作戦を再開したと述べた。ゼレンスキーは同日夜「国を解放するまで戦い続ける」と表明したが、二七日にはベラルーシとウクライナの国境地帯で停戦交渉を行うことで合意したと発表した。

ロシアとウクライナの代表団は二月二八日、ベラルーシ南東部ゴメリで侵攻後初の停戦交渉を行った。ロシア側では教育相も務めた大統領補佐官ウラジーミル・メジンスキーが代表団を率い、ウクライナ側代表団は最高会議で政権与党「国民の奉仕者」の会派を率いる議員ダヴィド・アラハミヤや国防相オレクシー・レズニコフ、大統領府長官顧問ミハイロ・ポドリャクらで構成されていた。交渉は約五時間続いたが具体的進展はなかった。プーチンは同じ日にフランス大統領マクロンと電話会談し、問題解決には二〇一四年に編入したクリミア半島がロシア領であることの承認や、ウクライナの非軍事化、中立化が条件だと主張した。ロシア側は停戦交渉で同様の要求を突きつけたとみられる。

交渉中も両軍の交戦は続き、東部ハリコフ州内には二七日にロシア軍の戦車など軍用車両が侵入した。プーチンは同日、NATO側から攻撃的な発言が続いているとして、「戦略核兵器の部隊を高度警戒態勢に置く」よう国防相ショイグと参謀総長ゲラシモフに命じた。ウクライナや欧米との軍事的緊張はさらに高まった。

ロシアとウクライナは三月三日と七日にもベラルーシ領内の保養地「ベロヴェージの森」で停戦交渉に臨んだが合意に達しなかった。メジンスキーは、ロシア側は七日の交渉でそれまでの協議を基に停戦合意文書案を提示し暫定合意の署名を求めたがウクライナ代表団が応じず、「期待は裏切られた」と失望感を示した。双方の協議はこのあと、オンライン形式に移行した。

ペスコフは七日に報じられたロイター通信とのインタビューで、ウクライナが憲法を改正してNATOに加盟しない意思を明記し、ロシアのクリミア半島領有とウクライナ東部ドンバスの「ルガンスク人民共和国」「ドネツク人民共和国」の独立を認めれば「軍事作戦はすぐにでも止まる」と述べた。ここからもロシアは当初から、侵攻後の短期間でウクライナにロシアの条件をのませて停戦を強いることが可能だとみていたことがわかる。

一方、ゼレンスキー政権与党は八日に発表した声明で、NATOは今後一五年間ウクライナの加盟を認めないだろうとの悲観的見通しを示し、クリミアやドンバス二州の主権は放棄できないとする一方で、①加盟実現まで米国やトルコなどの周辺国がウクライナの安全を保証する②ロシアがウクライナ国家の存続を認め、軍事的脅威を与えないと文書で確約する――ことなどを提案した。事実上、米国などとの二国間協定によって安全保障が確保できればNATO早期加盟は断念してもよい、という妥協の意思の表明だった。

妥結しかけていた停戦交渉

　ウクライナとロシアの停戦交渉はトルコのイスタンブールで三月二九日に再開された。これに先立つ二七日、ゼレンスキーはプーチン政権に批判的な報道姿勢で知られる『ノーヴァヤ・ガゼータ』などロシアの複数のメディアとオンライン形式で会見し、周辺国による安全の保証を条件にNATO加盟を断念する「中立化」を受け入れ、核武装も否定する用意があると述べていた。クリミア半島や、独立を要求している東部ドンバスの二州（「ルガンスク人民共和国」と「ドネツク人民共和国」）の武力による奪回はしないとの意思を合意文書に盛り込む考えも示唆し、ロシア軍が撤退した上でロシアを含む周辺国などと条約を結んで自国の安全保障を確保し、国民投票で中立化の是非を問うと述べてもいた。

　実際、トルコが仲介したイスタンブールでの交渉で双方は「ウクライナの恒久的中立と安全の保証に関する条約」案文をまとめていた。二〇二四年四月の外交誌『フォーリン・アフェアーズ』や同年六月一五日付の米紙『ニューヨーク・タイムズ』電子版によると、条約の根幹部分は、ウクライナがいかなる軍事同盟にも加盟せず自国領内に外国の軍事基地や兵器などを持たない形で恒久的中立を維持する代わりに、米国、英国、フランス、中国、ロシアなどがウクライナの安全を保証する、という内容だった。

　ロシアはこの条約で、ウクライナが保有できる兵員をわずか八万五〇〇〇人、戦車を三四二両に抑えるよう要求し、総兵員数二五万人、戦車八〇〇両の保有を主張するウクライナ側と対立した。ロシアはさらに、核兵器や化学兵器など大量破壊兵器の保有を禁じ、ミサイルの飛行距離も四〇キロメートルに制限しようとした（ウクライナ側の要求は二八〇キロメートル）。ロシアは、停戦したあとのウクライナには最低限の武装しか認めず、ロシア領内への攻撃ができないよう求めた。事実上、「武装解除」に近い内容だった。

ロシア側の譲歩は、二〇一四年にロシアが編入したクリミア半島の帰属問題については今後一〇～一五年間かけて協議する、という部分だった。それまでロシアはクリミアを「ロシアの不可分の領土」として帰属問題の検討を「問題外」と退けてきたが、協議には応じる姿勢を初めて示した。

『フォーリン・アフェアーズ』によると、三月二九日に双方の代表団が協議し持ち帰った条約案の抜粋であるコミュニケは基本的にウクライナ側が作成し、ロシア側がこれを受け入れた。ロシアはこの日の協議内容を踏まえ、「善意の証しとして」キーウ周辺に展開している部隊を撤収させると表明、実際にキーウ包囲の構えを見せていたロシア軍部隊は同月末までに首都近郊から撤退した。プーチンもその後、キーウ近郊からの部隊撤収は交渉による早期停戦を目指すロシアの善意だったと繰り返し強調した。

だが同誌は、この撤退を「ウクライナの抵抗を過小評価したロシアが強いられた敗北」だったと指摘する。ウクライナ軍の予想外の抵抗に遭い、短期決戦に失敗したロシア軍は各地で戦車や装甲車を米国製「ジャヴェリン」や「スティンガー」などの携帯型ミサイルで大量に破壊され、苦境に陥っていた。ロシアは、交渉の早期進展をウクライナ側に促すほど停戦を急いでいたというのが実態のようだ。

キーウ近郊のブチャやイルピンなどで多数の一般市民の遺体が見つかるのはロシア軍撤退直後の三月末から四月初めである。ウクライナ側はロシア軍による虐殺だとして態度を硬化させた。当時は、この虐殺事件発覚が停戦交渉破談の主な理由だとみられていた。だが実際には、ブチャでの大量殺人が判明したあとも停戦交渉はオンライン形式で続けられていた。双方は四月一五日付の和平条約案文を交換し検討するところまでいっている。

プーチンは二〇二三年六月一七日にサンクトペテルブルクで主宰したアフリカ諸国首脳らとの会合で「ロシアは停戦交渉を拒否したことはない」と強調、その証拠だとしてこの条約案文を掲げて見せている。「イスタンブールで両国代表団は和平条約案に仮調印するところまでいっていたが、欧米がウクライナ側を説得し戦闘を続けるよう促した。この介入がなければ紛争はとっくに終結していた」と主張した。

実際、当時の英国首相ボリス・ジョンソンは二〇二二年四月九日にキーウを訪問してゼレンスキーと会談している。この時ジョンソンは、ロシアとの話し合いによる決着は「プーチンの勝利となり、汚らわしい。彼は次の攻撃を準備するだろう」と述べ、軍事的支援を約束した上で翻意を促したとされている。

また、停戦交渉でウクライナ代表団を率いていたアラハミヤはウクライナのテレビ「1+1」との二〇二三年一一月のインタビューで、「イスタンブールから戻るとジョンソンがキーウに来て、「われわれはロシアとの合意には署名しない。戦い続けよう」と述べた」と明かしている。

だが、イスタンブール交渉が破綻した最大の原因は、ウクライナに対する攻撃が行われた場合の周辺国の軍事介入の決定は「ロシアを含む「すべての」安全保証国が一致して認めた場合」に限る、という条項を含めるようロシア側が要求したことだったという。これを認めれば、将来ウクライナが再びロシアに攻撃された場合でも、ロシアが拒否すればほかの安全保証国も軍事介入できないことになる。ウクライナ側はこの要求を拒否し、停戦交渉の継続に関心を失った。

一方、ロシア軍も前線で予想外の抵抗に遭い、想定を超える損害に動揺していた。『ニューヨーク・タイムズ』によると、二月二八日の最初の停戦交渉でウクライナ国防相レズニコフが「既にロシア軍の三〇〇〇人を殺害した」と述べると、ロシア側団長のメジンスキーが驚いた表情で国防次官アレクサンドル・フォミンのほうを向いた。フォミンは「いいえ、人的被害は八〇人です」と答えたという。最後に交わされた和平合意案からは、ロシアがウクライナに当初突きつけた案にあった「ドンバス二州の放棄とクリミア半島におけるロシアの主権容認」などの要求は消えていた。当初は数日間でのゼレンスキー政権の体制転換を狙ったロシアだったが、その目論見が失敗し、開戦から一カ月で交渉による停戦へと方針の変更を強いられたことになる。

軍事力、国力ともロシアに劣るウクライナ側も単独での長期戦は困難だ。イスタンブールでロシア側とまとめたコミュニケの内容について、ウクライナ側は米国側と事前に相談していなかったという。米国が他の国連安全保障理事会常任理事国と並んでウクライナの安全を保証する義務を負うという内容が含まれているにもかかわらず、である。仮にこの条約案がロシアとウクライナの間でまとまったとしても、米国が安易に署名できるようなものではなかった。のちにもっぱら米国からの軍事支援に頼ることになるウクライナだが、この時点ではまだ、独自にロシアと対峙する構えであったようだ。

停戦交渉が決裂したあとゼレンスキーは、プーチンがロシア大統領である間はロシアとの交渉を禁じるとの大統領令を出し、外交的手段による早期停戦の機運は失われた。

第2章

長引く交戦、四州併合

プーチン、「働く女性」に問い詰められる

「なぜ軍事作戦が始まったのですか。本当に避けられなかったのでしょうか」
「戒厳令が出されるのですか」

侵攻開始から一〇日目の二〇二二年三月五日、プーチンはモスクワ郊外で国を代表する航空会社アエロフロートの女性パイロットや客室乗務員らとの会合に臨んだ。ロシアで最も重要な祝日の一つとされている三月八日の「国際女性デー」を祝う行事だった。

男性はこの日、職場の同僚女性や母親ら家族の女性に花やプレゼントを贈って祝うのが年中行事で、侵攻作戦が続く中でもプーチンは「女性の日」を祝う習慣を守った。だが、女性たちに囲まれて華やかなはずの会合で、プーチンはウクライナ侵攻について質問攻めに遭った。

冒頭、侵攻作戦について型通りの説明をし「何か質問はありますか？　それともただお茶を飲みましょうか」と述べたプーチンに、マリヤ・コトワと自己紹介した女性パイロットは「私たちはもちろん、頭ではあなたを支持していますけれど」と慎重に言葉を選びながら「それでも、女性の気持ちとしては私たちの親類や親しい人々、ウクライナに残っている人たちのことが心配でなりません。どうして「特別軍事作戦」は始まり、どんな形で終わるのでしょうか」と尋ねた。次に質問した副操縦士も「戒厳令が出されると皆がうわさしています。本当に戒厳令が出て、徴兵された者も前線に赴くのでしょうか」と深刻な表情で聞いた。

最初の質問にプーチンは、ＮＡＴＯの東方拡大がロシアの軍事的脅威になることや、ウクライナの核武装が許容できないなど、従来の説明を繰り返した。二人目の質問に対しては「戒厳令を

アエロフロート社で女性従業員たちと会合したプーチン（2022年3月5日）

出す予定はない。前線にプロの軍人以外を送ることは考えていない」と明言した上で、次のように明かした。

「ドンバス地域の親ロ派部隊をウクライナ側との境界で支えることもできた。だがその場合は、相手側への欧米の兵器や弾薬の供与が際限なく続くだろう。参謀本部と国防省は別の道を選んだ。まずウクライナ側の軍事インフラや武器弾薬庫、航空機、防空システムなどを一斉に叩く。この作業は事実上終わった。わが軍の兵士たちは平和な住民の命を守るために黙々とこの仕事を進めている。これこそ正しいやり方だ」

「残念ながら相手は武装したならず者で、戦うことを拒否した自軍の兵士を射殺することさえ厭わない民族主義者、ネオナチだ。繰り返すが、徴兵された者をこの作戦に投入することはない。わが軍は参謀本部が決定した計画に従って予定通りに作戦を進めており、問題を解決するだろう。私はそのことを一秒たりとも疑ったことはない」

これが侵攻初期段階でのプーチンの説明だった。しかし実際の戦場ではロシア軍がウクライナ軍の激しい抵抗に遭い、各地で進軍を阻まれていた。

マリウポリ制圧に三カ月

二〇二二年三月末までにキーウの攻略を断念したロシアは南部ザポロジエ、ヘルソン両州で急速に進軍するとともに、東部ドンバス地域のルガンスク、ドネツク両州でもウクライナ軍と激戦を続けた。ドネツク州南部ではソ連時代から製鉄の町として知られたマリウポリに地上軍が迫り、「アゾフスターリ製鉄所」を拠点に交戦を続けたウクライナ内務省系の軍事組織「アゾフ連隊」の掃討作戦に入った。ロシア軍は街全体に激しい爆撃を加え、市の中心部は廃墟と化した。ウクライナ国防省は五月一七日、製鉄所から二六〇人を超す兵士が退避したと発表。ロシア国防相ショイグは同二〇日にクレムリンでプーチンに会い、マリウポリ制圧完了を報告した。

アゾフスターリ製鉄所はウクライナ最大の新興財閥リナト・アフメトフが経営し、ソ連時代以来の重工業地帯として知られたドンバスの象徴的存在だった。二〇一四年以来、親ロ派部隊との戦闘の舞台になってきたため製鉄所敷地内には地下通路が迷路のように張り巡らされ、反ロシアの武装集団が軍事拠点として利用していた。長期間包囲されて補給を絶たれたアゾフ連隊のメンバーは五月中旬に投降を決定する。プーチンは「地下通路内にロシア軍を突入させる必要はない。

ハエが出てこないように包囲していれば構わない」と指示した。

ロシアにとってマリウポリ制圧の意義は、二〇一四年に編入したクリミア半島とロシア本土南部を結ぶ「陸の回廊」を確保することにあった。ロシアによる編入以後、クリミアはウクライナ側から水の供給を止められ、生活や農業に必要な水資源の不足に見舞われてきた。

クリミアとロシア本土を結ぶ陸上交通の手段はこれまで、同年三月のクリミア編入宣言の翌日にプーチンが建設を指示し、自動車道が二〇一八年に、鉄道路が二〇一九年に完成した半島東部とロシア南部クラスノダール地方を結ぶ全長約一九キロメートルの「クリミア大橋」しかなかった。ロシアが二〇二二年二月の侵攻直後にウクライナ南部ザポロジエ、ヘルソン両州の制圧を目指したのは、クリミア大橋と並んでロシア本土とクリミアを陸路でつなぎ、人と物の流れを正常化することがクリミア実効支配の確保と現地の発展に不可欠だとの認識にほかならない。マリウポリの制圧は、ロシア南部からクリミア北部に到達する主要な陸路を確保するために必要だった。ウクライナ側がマリウポリの守備にこだわった理由もここにある。

だが作戦には時間がかかりすぎた。ロシアは侵攻開始直後からマリウポリ攻略に着手しており、制圧に三カ月費やしたことになる。この間、ロシア軍は全域制圧を目指すドネツク州内で北部と南部の二手に戦力を割かれ、北部での前進を大きく阻害された。

プーチンに忠誠を誓い、マリウポリにも部隊を派遣していたロシア南部チェチェン共和国首長ラムザン・カディロフは五月一八日、若者向けのフォーラムにオンラインで参加した際、「（侵攻の）最初の段階で少し不備があった」と発言した。プーチンら政権幹部らが「作戦は計画通りに進んでいる」と繰り返す中、異例の率直な指摘だった。カディロフは、大統領就任前のプーチンがチェチェン独立派武装勢力掃討のために行った第二次チェチェン進攻のあと、独立派から寝返ってロシア連邦政府側につきチェチェン大統領になったアフマト・カディロフの息子だ。父アフマトが独立派の爆弾テロで二〇〇四年五月に暗殺されたあとの二〇〇七年四月、プーチン政権の後押しでチェチェン共和国トップの座に就いたラムザンは共和国の治安を安定させた半面、反対派への容赦ない弾圧や、影響下にある治安部隊の人権侵害について国際的な批判を浴びている。

ウクライナ側は各地で戦果を挙げていた。四月一四日には、ロシア黒海艦隊旗艦のミサイル巡洋艦「モスクワ」がウクライナの巡航ミサイル「ネプチューン」により撃沈された。約四三〇人の乗組員のうち四〇人が死亡、二七人が行方不明になったとされる。ロシア海軍の旗艦が戦時中に撃沈されたのは日露戦争中の一九〇五年、日本海海戦でバルチック艦隊が日本の連合艦隊に撃滅されて以来だった。

侵攻を巡っては、プーチンを支持する隣国ベラルーシの大統領ルカシェンコも五月の外国メディアとの会見で「これほど長引くとは思わなかった。私は停滞していると思う」と述べるなど、侵攻開始から三カ月で、作戦の不備を指摘する声が公然と出始めた。

戦況停滞の理由

マリウポリが制圧されたころから、戦況は膠着状態に陥っていく。ロシア軍は、親ロ派がもともとほぼ全域を支配下に置いて「ルガンスク人民共和国」を自称していた東部ルガンスク州こそ二〇二二年七月三日に全域制圧を宣言したが、同じ東部のドネツク州では北西部に陣取るウクライナ軍の精鋭部隊に前進を阻まれ、一進一退の攻防が続いた。

戦況膠着の主な原因は、ウクライナの最大の支援国である米国が紛争のエスカレートを懸念し、ゼレンスキー政権に対して供与した長距離兵器をロシア領内への攻撃に使うのを禁じたことと、戦死者の増大を恐れるロシア指導部が地上軍の前進に慎重で、精密誘導ミサイルや無人機を多用したことにある。

侵攻開始直後からロシアの全面的な空爆を受けたウクライナ側は、ゼレンスキーや外相のクレバがNATO側にウクライナ上空での飛行禁止区域の設定を求めた。だがNATOは三月四日にブリュッセルの本部で開いた緊急外相会合で、飛行禁止区域設定はせずウクライナへの部隊の派遣もしないことで一致した。

NATOが飛行禁止区域を設定した場合、ロシア空軍機がウクライナの領空内に侵入しないようNATO軍機が警戒飛行をし、それでも侵入を試みた場合には撃墜する必要が生じる。NATO事務総長イエンス・ストルテンベルグは会合終了後の記者会見で「そんなことをすれば欧州で本格的な戦争が起き、より多くの国が巻き込まれて多くの人々が苦しむことになる」と説明した。米国務長官ブリンケンは「戦争がウクライナを越えて波及しないようにする責任がある」と述べ、飛行禁止区域設定に否定的な考えを示した。ウクライナからの支援要請に対する明確な拒否回答だった。

ゼレンスキーは同じ日、「NATOはウクライナへのさらなる空爆を許した。今後亡くなる人たちはＮＡＴＯの弱さの犠牲者だ」と強い調子で批判した。ゼレンスキーは同一五日にカナダ議会でオンライン演説した際と一六日の米議会でのオンライン演説でも飛行禁止区域の設定を改めて要求、飛行禁止区域が無理なら強力な航空機や高性能の地対空ミサイルを供与してほしいと訴えた。

バイデン米政権の立場は、ロシアの核保有を意識し、侵略行為は許せないがロシアの核使用による第三次世界大戦は避けなければならない、というものだった。「ＮＡＴＯ加盟国は防衛するが、ウクライナには派兵しない」という原則もはっきりしていた。ウクライナはＮＡＴＯ非加盟国なので、ある意味当然だが、圧倒的な空軍力を持つロシアの空爆で連日犠牲が拡大するウクライナにとっては「見殺しにするのか」という思いだっただろう。

米政府は二〇二二年五月末、ウクライナに高機動ロケット砲システム「ハイマース」を供与すると明らかにした。ウクライナは長距離ロケットシステムの供与を求めていたが、米大統領バイデンは射程三〇〇キロメートルの多連装ロケットシステムの供与には消極的で、ハイマースで使用できる弾頭も射程の短い八〇キロメートル用で対応した。米政府高官は記者団に、ハイマースをロシア領内への攻撃に使わないことはウクライナ側も「確約している」と述べた。

ウクライナはその後も米国製Ｆ16戦闘機の供与などを求めるが、米国がようやく重い腰を上げてＮＡＴＯ加盟国によるＦ16供与を容認したのは二〇二三年五月のＧ７広島サミットの直前だった。ウクライナ空軍パイロットがＮＡＴＯ諸国で訓練を受け、最初のＦ16がウクライナに到着したのは二〇二四年七月末だ。

米国は飛行禁止区域の設定だけでなく、当初はハイマースなどの長距離砲や地対地ミサイル「ATACMS」をクリミア半島以外のロシア領内への攻撃に使うことも認めなかった。それどころか、ロシアとの緊張激化を懸念し、米国の武器を用いたロシア領内への攻撃を「レッドライン」とすら位置付けていた。ロシアによるウクライナ東部ハリコフ州内への攻勢強化を受けてバイデン政権が、米供与の兵器による国境地帯への攻撃に使用することを容認するのは、プーチンがロシア西部地域への越境攻撃を防ぐためにハリコフ州内での緩衝地帯設置の可能性に言及し、ロシア軍が大規模攻撃に転じた二〇二四年五月になってからだ。侵攻開始から既に二年三カ月が過ぎていた。

一方のロシアも、当初の「短期決戦」の目論見が外れたあとは目ぼしい戦果を上げられなくなった。ウクライナ軍の抗戦で大量の戦車や装甲車、多数の兵員を失った上、キーウ周辺からの撤退後は目標が明確に示されない状況が続き、軍の士気は上がらなかった。

この時期のロシア軍の動向についてモスクワの軍事専門家は「組織が縦割りで現場の指揮官に作戦上の権限が与えられておらず、部隊同士の横の連携がまったく取れていない。どこまで進めば勝利だという明確な目標が示されていないため、現場の部隊にとっては非常に困難な状況が生まれている」と指摘した。

二〇二二年の秋以降に戦況が膠着状態に陥ったあとは、ロシア、ウクライナ両軍が共に無人機を操作する兵士を前線に大量動員し、爆弾を積んだ小型の無人機を飛ばして相手の兵器を破壊したり、塹壕《ざんごう》の兵員一人一人を殺傷したりする戦い方が主流になった。第二次世界大戦中の独ソ戦で転機となった「クルスクの戦い」やスターリングラード攻防戦のような戦車同士の大規模なぶつかり合いはない。地上軍を進めなければ戦場の「面」を確保することはできず、勝敗は容易に決しない。

もう一つの要素は、ロシア指導部の政治・外交的配慮である。ロシアの軍事専門家や保守強硬派の間では、ウクライナの政権中枢を狙ったミサイル攻撃や、欧米供与の戦車や長距離砲などを前線に運ぶウクライナの鉄道網を破壊すべきだとの意見が繰り返し示された。だがロシア軍はそのような手段を取らなかった。NATO加盟国ポーランドの首都ワルシャワとキーウを結ぶ鉄道線はロシア軍に破壊されず、キーウを訪問する外国の要人らはほとんどこの鉄道を使ってウクライナ入りした。ロシア軍の精密誘導ミサイルがウクライナ大統領府周辺や、人口が密集するキーウ中心部に撃ち込まれることもなかった。戦時下の首都では多くの商店やレストラン、カフェなどが繁盛し、市民は表向き普通の生活を続けた。

「自衛の戦争」をしているとの立場を取るロシアは、「攻撃目標は軍事関連インフラで、民間施設や一般市民は狙っていない」と主張した。実際にはロシアのミサイル攻撃によりウクライナの各地で住宅や病院などが被害を受け、一般市民も多数が死傷していたが、プーチンをはじめとするロシア側要人は「軍事施設以外は攻撃しない」と言い続けた。

この裏には、プーチン自身が侵攻開始前から「ロシア人とウクライナ人は同じ民族」と強調していた両国民の関係の深さがある。

ソ連時代には一つの国だったウクライナに家族や親類、知人、友人がいるロシア人は非常に多い。その中でウクライナの一般市民を無差別に攻撃すれば批判が噴出しかねない。市民に多数の犠牲者が出ればウクライナ国民の間に抜きがたい反ロシア感情が残り、プーチンが「一体」だと唱えるウクライナ人とロシア人との将来の和解はほとんど不可能になるという懸念もあった。プーチン政権はあくまで、現在のウクライナの政権は過激な民族主義に傾倒した「ネオナチ」であり、「特別軍事作戦」に踏み切った理由はネオナチとの戦いだというシナリオを演じ続ける必要があった。

ウクライナへの侵攻がトルコや中国、インドなどロシアの伝統的友好国からも決して歓迎されていないことはロシアにも当初からわかっていた。欧米との長期的な対立が避けられないロシアとしては、これらの親ロシア的な非欧米諸国の理解と支持を取り付ける必要があり、一般市民に多数の犠牲を出すような大都市中心部への空爆は避けなければならなかった。

ドネツク州南部マリウポリを三カ月かけて制圧したロシア軍はその後、兵員不足や兵器、弾薬の不足などもあって目立った前進ができなくなる。プーチン政権は停戦交渉の再開を要求し続けるが、欧米の軍事支援を頼みにするゼレンスキーは交渉を事実上拒否し、戦況が膠着したまま戦争が続くことになった。戦闘長期化に伴い、政治的な思惑によって「手加減」する戦い方にはロシアの保守派の間から「こんな受け身の戦い方では勝てない」との不満の声が噴出し、批判はもっぱら国防相ショイグと参謀総長ゲラシモフに向けられた。

ヘルソン州でウクライナ反撃

ロシア軍はウクライナ東部ルガンスク、ドネツク両州でウクライナ軍と激戦を続ける一方で、南部ザポロジエ、ヘルソン両州内では比較的容易に支配地を広げた。ウクライナ軍の主力が東部の防衛に集中していたためだ。ロシアは二〇二二年三月一五日にヘルソン州の全域制圧を宣言し、同四月にはザポロジエ州全体の約七〇パーセントを支配下に置いた。

そうした中、米国が五月になってウクライナに供与を決めた高機動ロケット砲システム「ハイマース」は、クリミア半島とつながる南部ヘルソン州での反撃で威力を発揮した。七月、州内を流れるドニエプル川に架かる「アントノフ大橋」がハイマースで破壊され、ロシア軍は戦略の見直しを迫られた。

ヘルソン州は、ドニエプル川によって州全体の約四分の一に当たる西岸地域と残り約四分の三に当たる東岸地域に分けられる。アントノフ大橋は、そのドニエプル川の河口に近い西岸に位置する人口三〇万人の州都ヘルソンの郊外と、クリミア半島につながる東岸地域を結ぶ全長約一・四キロメートルの橋で、西岸と東岸をつなぐ貴重な交通インフラだった。州都を占領したロシア軍部隊は、この橋を渡ってクリミアから進軍した。橋は重要な補給路だった。

この橋が七月二〇日、ハイマースによって攻撃され一部が損壊した。攻撃はその後も続き、同二七日には通行不能になった。ゼレンスキーはロシア軍の補給路を遮断するため橋を攻撃したと発表し「すべての領土を取り戻す」と決意を示した。

六月以降、ロシア軍はヘルソン州と、七割を制圧したザポロジエ州の防衛に多くの兵員を割かれることになり、その分だけ東部ハリコフ州などで部隊が手薄になった。ウクライナ軍は九月からハリコフ州で本格的反攻に転じ、ロシア軍を押し戻し始める。交通の要衝イジュムなどではウクライナ国旗が掲げられ、市民がウクライナの部隊を歓迎する姿がみられた。米シンクタンク「戦争研究所」は、ロシア軍が統制の取れていない形で敗走していると指摘した。ロシア国防省も九月一〇日、イジュムとハリコフ州バラクレヤに展開していたロシア軍部隊をドネツク州方面に再配置すると発表し、ハリコフからの撤退を事実上認めた。同一四日にはゼレンスキーがイジュムを訪問し、奪回を誇示した。

短期決戦に失敗したロシア軍は約半年にわたって東部や南部で支配地域を広げた結果、長大な戦線の防衛を強いられ、ウクライナ軍にかなりの占領地を奪回された。九月二〇～二一日にロシア側が突然、実効支配するウクライナ東部の二つの「人民共和国」（ルガンスク、ドネツク両州）と南部ザポロジエ、ヘルソン両州で九月末までにロシアへの編入の是非を問う住民投票を行うと表明したのは、この時点での「戦果」を確保し四州の編入を既成事実化するためだった。

四州「駆け込み」併合

「ルガンスク人民共和国」トップのレオニード・パセチニクは治安機関出身で、二〇一四年一〇月に同人民共和国の「国家安全保障相」に任命された。二〇一七年一一月二四日、健康を理由に辞職したイーゴリ・プロトニツキーに代わって「人民共和国」トップ代行となり、約一年後に「議会」で正式にトップに選出された。

「ドネツク人民共和国」のトップであるデニス・プシーリンは二〇一四年にドネツク州内で始まった親ロシア派の独立運動に参加し、親ロ派が宣言した人民共和国発足に参画して議員になり、二〇一五年九月に議長に選ばれた。二〇一八年一一月、「人民共和国」トップだったアレクサンドル・ザハルチェンコの暗殺に伴う選挙で当選し後任になった。

ヘルソン州のロシア側行政府トップにはウラジーミル・サリドが選ばれた。ヘルソン市議や市長、親ロシア政党「地域党」の最高会議議員などを歴任し、二〇二二年四月二六日にヘルソン州のロシア側臨時政府である「軍民行政府」トップに任命された。

ザポロジエ州では、元軍人のエヴゲニー・バリツキーがロシア側行政府トップに据えられた。軍航空大学校を卒業して軍務に就いたあと、民間企業で幹部を務めた。ザポロジエ州議会議員やウクライナ最高会議議員を務めたあと、ロシアによる侵攻開始後の二〇二二年二月末にザポロジエ州「軍民行政府」設置に参画、同五月に行政府トップに任命された。

これら四地域では二〇二二年夏以降、将来のロシア編入を視野に入れた住民投票を九月一一日のロシア統一地方選に合わせて実施する準備が進められていたが、いずれの地域でも交戦が続いており、戦時下に投票ができるのか疑問の声もあった。ルガンスク州とヘルソン州はほぼ全域がロシアに制圧されていたが、ロシア側支配地域はドネツク州で約六〇パーセント、ザポロジエ州で七〇パーセント程度にとどまっていた。戦闘で選挙人名簿が失われた地域も多く、住民の意思表示を正確に反映する投票が実施できる状況ではなかった。

プーチン政権与党「統一ロシア」で党務を取り仕切るロシア上院第一副議長アンドレイ・トゥ

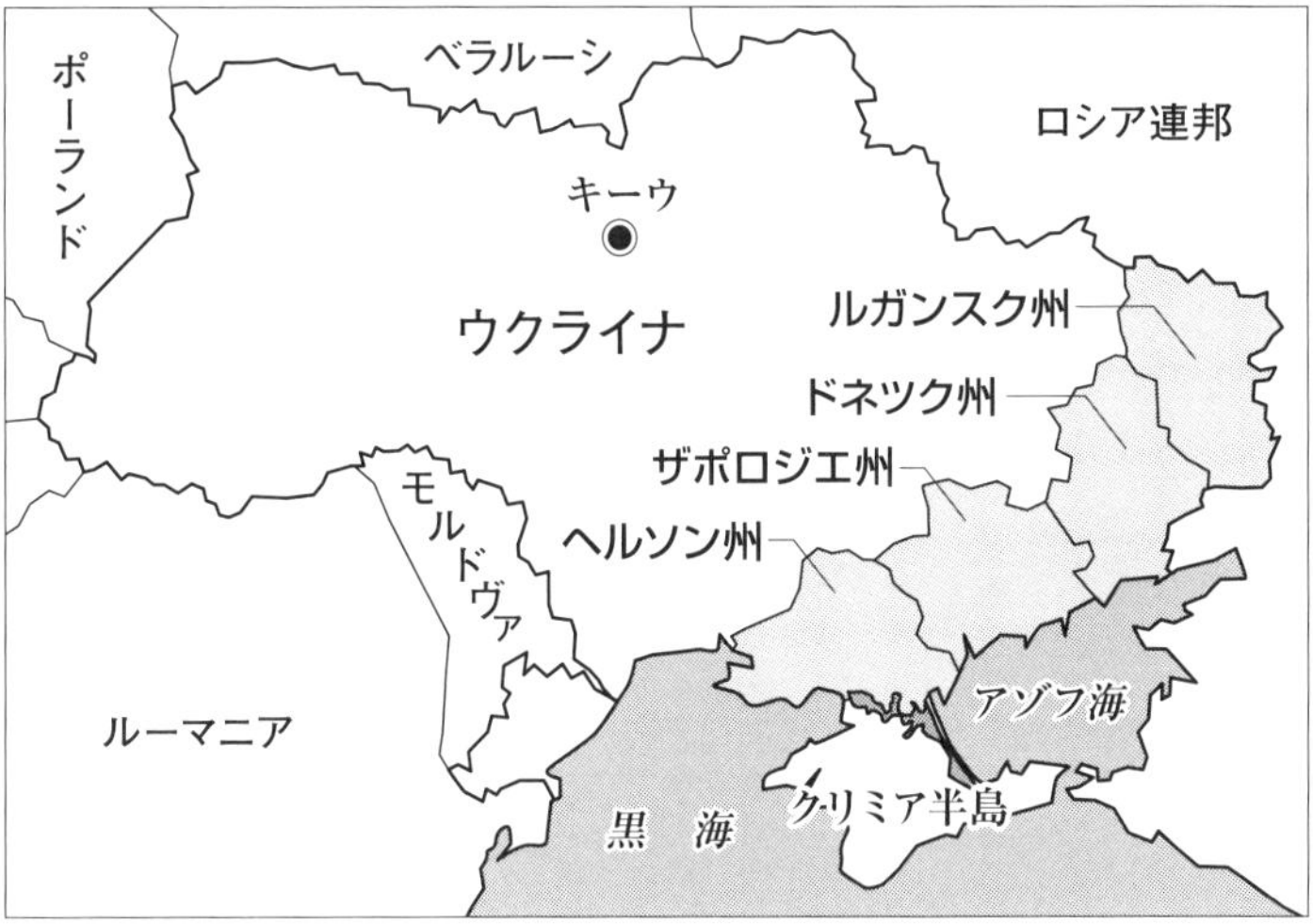

ロシアが併合を宣言した四州

ルチャクは九月七日、四地域での住民投票はロシアの「民族統一の日」である一一月四日に実施すべきだと述べた。当時はハリコフ州でロシア軍を潰走させたウクライナ軍が四地域でも攻勢に出ていて、住民投票の九月実施は断念されたとみられていた。

だが九月二〇日、四地域のロシア側行政府は、ロシア編入の是非を問う住民投票を同月二三～二七日に実施すると一斉に発表した。翌二一日にはプーチンが国営テレビを通じて演説し、軍務経験のある予備役に限定した動員を行うと表明した。制圧した四地域での住民投票については「安全な実施のため最善を尽くす」と述べて容認し、二〇一四年に編入したクリミア半島やロシアの西部地域も攻撃を受けているとして「領土の保全が脅かされれば、国を守るためあらゆる手段を講じる」と述べた。この経緯からはプーチンが突然、住民投票実施を決断したことがうかがわれる。公示の三日後に実施する住民投票など「付け焼き刃」というほかない。戦況の急速な悪化をみて、ロシアに編入して四地域を自国の「核の傘」の下に置き、防衛のためにはどんな手でも使えるようにする狙いがあった。

プーチンが住民投票を是認した演説で動員を命じたことは象徴的だ。同じ日に国防相ショイグは国営テレビで、動員対象は三〇万人規模で学生や徴集兵は除かれることや、侵攻後のロシア軍の死者が五九三七人になったことなどを明らかにし、侵攻開始後の二〇二二年三月に国防省が発表した「死者一三五一人」から人数を更新した。戦死者数を発表したのは、動員が不可欠だと説明し国民の理解を得るためだった。ロシアは追い込まれていた。ロシア軍が侵攻作戦の戦死者数を公表するのはこれが最後になる。

ウクライナや欧米諸国が非難する中、住民投票は強行された。ロシアのテレビは、街頭に臨時で設置された投票箱に住民らが笑顔で投票する様子を繰り返し放送した。その一方で、選挙管理委員会の係員を名乗る人物が武装したロシア兵に伴われ、投票箱を持って戸別訪問する姿が各地でみられた。ロシアは、兵士の同行は投票の安全確保のためだと説明したが、オンラインなどで取材に応じた住民らは、武器で脅しながらロシア編入への賛成投票を強要するやり方だと批判した。五日間もの投票期日は、二〇二一年の新型コロナウイルス感染拡大中に行われたロシア下院選で設定された三日間に比べても格段に長い。不正防止策なども国際基準を満たせるものではなく、現地住民の民意を正しく反映できるとは思えなかった。

タス通信によると、四地域のロシア側行政府の選挙管理委員会は二七日夜にそれぞれ、編入への支持がルガンスク州で九八・四二パーセント、ドネツク州で九九・二三パーセント、ヘルソン州で八七・〇五パーセント、ザポロジエ州で九三・一一パーセントだったと発表した。四地域のロシア側行政府トップ四人は「圧倒的多数の住民がロシアへの編入に賛成した」などと述べ、近くモスクワに赴き編入を要請すると異口同音に表明した。

「永遠にロシア人になった」

プーチンは二〇二二年の九月三〇日、モスクワのクレムリンで四州編入のセレモニーを開き、四州住民は「永遠にロシア人になった」と宣言した。プーチンの演説は、欧米との決別宣言とすらいえる激越なものだった。

冒頭でプーチンは、住民投票で示された意思は明白であり、国連憲章にも明記された民族自決権の行使だと述べて、うわべを繕っただけの投票を正当化した。ソ連時代末期に主権宣言をしたロシア、ベラルーシ、ウクライナの当時の三首脳がソ連消滅と独立国家共同体（ＣＩＳ）創設を決めた一九九一年の「ベロヴェージ合意」は国民の意思に反して指導部が勝手に結んだものだったと断じ、ソ連を再建するつもりはないが「自らの文化や信条、伝統、言語により自分をロシアの一部だと考える人々の決意よりも強いものはない」と述べて、ソ連崩壊で突然「外国人」にされたロシア系住民がロシアへの再統合を望むなら、それを阻むことはできないとの立場を明確にした。

「直ちに戦闘をやめ、交渉の席に着くようウクライナの政権に呼びかける。何度も繰り返してきたようにわれわれは交渉に応じる用意はあるが、ドネツク、ルガンスク、ザポロジエ、ヘルソンの住民の選択は既に行われた。われわれはそれを裏切らない。ウクライナはその選択を尊重する以外にない。それしか平和への道はない」と述べたプーチンは、「われわれは持てるすべての力と手段を行使してわが国の領土と国民の安全な生活を守る。破壊された都市を、住宅を、学校、病院、劇場、博物館を再建し、社会保障と教育を再興してみせる」と述べ、四州をウクライナに引き渡すことは将来的にも絶対にないとの決意を示した。

その上でプーチンは「ソ連の崩壊後、欧米はわれわれを永久に彼らの命令に従わせると決めた。一九九一年に、彼らはロシアがこの打撃から立ち直れず、自力で発展することはできなくなると期待した。それはほとんど成功しかけていた。われわれは空腹と寒さで絶望的な、恐ろしい一九九〇年代を覚えている。だがロシアは再び立ち上がり、世界で名誉ある地位を占めるに至った。欧米は「新植民地主義」（ネオ・コロニアリズム）のシステムを維持するためにロシアを叩く新たな機会を探し続けてきた。われわれを奴隷にしてしまいたいのだ」と対決姿勢をあらわにした。

さらに、冷戦終結後も続いたNATOの東方拡大を「汚らしい詐欺」となじり、「ロシアは数千年続いてきた偉大な国だ。（欧米が決めた）偽りのルールに従って生きたりはしない。欧米の覇権の崩壊は不可逆的なプロセスだ。こんにち、主権と自由、創造性と公正のため、われわれの社会は団結しなければならない。われわれの価値観は人間愛と慈悲、同情の心だ」として、ロシア革命に抗して追放先で客死した宗教哲学者イワン・イリインの言葉を引用し「ロシア人の精神は私の精神であり、その運命は私の運命だ。ロシアの苦しみを私は悲しみ、その繁栄は私の喜びである」と演説を締めくくった。[1]
　四地域をロシア連邦に統合する合意、すなわちウクライナ四州のロシアへの併合条約は、その場で調印された。二〇一四年のクリミア編入の際の手際の良さと比べると、皮相的で形ばかりの手続きだった。クレムリンの「ゲオルギーの間」に集められた聴衆の拍手も、八年前のクリミア編入時のはじけるような喜びの拍手とは違い、「これからどうなるのか」という不安を感じさせる、どこか冷ややかなものだった。
　ロシア憲法裁判所は一〇月二日、併合条約を合憲と判断し関係法案を下院に提出した。下院は同三日に法案を審議、上院も同四日に必要な法的手続きを終えた。プーチンは併合条約の批准書と関連法案に署名し、四地域のロシア側行政府トップ全員を、ロシア連邦を構成する地方行政体の首長代行や知事代行に任命した。条約は五日に公布されて発効し、併合手続きは完了した。

動員令の波紋

　ロシア軍部隊がウクライナ東部ハリコフ州からの撤退を余儀なくされた二〇二二年秋は、ロシアが軍事的に最も追い込まれた時期だった。

　九月八日にはモスクワ市南西部の区議らが、プーチンや政権幹部らが不寛容で攻撃的な発言を続けて「国を事実上、冷戦時代の状況に陥れた」などと指摘し、大統領の辞任を要求するアピールを発表した。統一地方選挙を前に、同月で任期が切れる複数の区議が出したものだった。ロシア紙『コメルサント』によると、プーチンの出身地サンクトペテルブルク中心部の区議も九月七日、侵攻開始により「軍人を犠牲にした」として国家反逆罪でプーチンの弾劾を下院に求めるアピールを公表した。言論が統制されているロシアで、議員による大統領批判は極めて異例だ。侵攻作戦が半年を超え、社会には市民の強い不満と危機感が充満し始めていた。

「戦争には社会の力と資源の最大限の動員が求められる。社会の団結と、優先課題の明確化が必要だ。作戦は自分で停止できるが、戦争はそうはいかない。勝つか負けるかだ。ドンバスで勝利できるか否かに、わが国の生き残りがかかっている」。プーチン政権を批判するものの政策に本質的な違いはなく「体制内野党」と称されるロシア共産党の委員長ゲンナジー・ジュガーノフは同月一三日、下院でこう述べて、政権側に国民総動員を求めた。前日の一二日には、与党「統一ロシア」所属でクリミア選出の下院議員ミハイル・シェレメトが「総動員令をかけなければ目的達成は不可能だ」と述べるなど、総動員令を求める声が高まり始めていた。

戦況悪化を受け、国防相ショイグを更迭し、侵攻に精鋭部隊を参加させているチェチェン共和国の首長カディロフを国防相に任命するよう求める声まで出始めた。

プーチンは同一六日、中国とロシア、旧ソ連・中央アジア諸国などでつくる上海協力機構（SCO）首脳会議が開かれたウズベキスタン・サマルカンドでの記者会見で「ウクライナ軍は反撃しているが、ロシア軍は当初の計画通りドンバス地域の解放を進めている。作戦を見直すことは考えていない」と述べ、平静を装った。「軍はすべての兵員を前線に投入しているわけではない。志願した契約軍人だけだ」とし、兵員数には余裕があるとの見方まで示唆した。だが、その五日後には三〇万人規模の動員令を出すに至る。

動員令は社会に深刻な動揺を引き起こした。二一日にモスクワなど各地で動員に反対するデモが行われ、一三〇〇人以上が拘束された。デモは二四日にもモスクワやサンクトペテルブルクなど各地で行われ、人権団体「ＯＶＤインフォ」によると三四以上の都市で八〇〇人以上が拘束された。ダゲスタン共和国では二五日、動員に抗議するデモ隊が国道を封鎖した。息子や夫の動員に反発する女性も多く加わった。「戦争反対」を叫ぶデモを警官隊は威嚇射撃で解散させようとし、拘束される者も出た。

ロシア・東シベリアのイルクーツク州では二六日、軍の動員を担当する徴兵事務所の職員に二五歳の男が銃撃、重傷を負わせた。独立系メディア『メドゥーザ』によると、動員令が出た九月二一日以降、サンクトペテルブルクや西部ニジニーノヴゴロドなど一六カ所で軍の徴兵事務所や行政府などへの放火や発砲があった。

出国ラッシュ

プーチンが動員を発表した直後から、アルメニア、ジョージア（グルジア）、カザフスタンなど旧ソ連諸国や、トルコなどへのロシア人の大量出国が始まった。カザフスタンなど陸続きの周辺国へは、人々が国境の検問所前に乗用車で長い列を作った。アルメニアやトルコへ向かう航空券は奪い合いになり価格が急騰した。オンラインで外国からでも仕事が続けられるインターネット関連企業の社員やＩＴ技術者などが多かった。出国者の正確な数は不明だが、七〇万人とも一〇〇万人ともいわれている。九月末になると、軍の要請を受けた国境警備隊が動員対象になる予備役の出国を禁じる措置を取り始めたが、それでも「ロシア脱出」の波は続いた。

モスクワの企業に勤める三〇代の男性は、「自分の大学時代の友人らはこの時までにほとんどがロシアを出国した」と話した。インターネットを通じて連絡を取ると、カザフスタンに出国した親友は「もうロシアには戻らない」と話したという。自身もプーチンの四州併合演説をテレビで見て「もういい加減にしてほしい」と感じたが、妻や同居する年配の親族がいて、自分は出国できない。出勤に地下鉄を使うと、駅の入り口に警官が立っていて徴兵事務所に連行されると聞いたので「しばらくの間タクシーで出勤することにした」と不安そうに話した。

モスクワ郊外に住む五〇代の女性は、大学に通う一人息子が動員されないか気がかりだと話した。「いったい、プーチンは何を手に入れたらこの戦争をやめるのか、まったくわからない。もし一般市民まで動員し始めたら、もう誰も政権を支持しないでしょう」。怒りのにじんだ表情でそう語った。[2]

部分動員令が出たあとの数週間、それまでは侵攻開始後も賑わっていたモスクワの飲食店は客の数が大幅に減った。動員されるのを恐れた若い男性らが外出を控えたためだ。本来、動員の対象は軍務経験のある予備役だけのはずだが、町中で若い男性が手当たり次第に連行され召集令状が渡されているという不満の声が独立系メディアやSNSへの投稿の形で広がった。高齢の男性に召集令状が届いたとか、学校を出て予定通りに一年間の徴兵に応じた者が政権側の説明に反してウクライナの前線に送られ戦死した、などの指摘も出始めた。召集された兵士が「何の訓練もないまま前線に投入された」「受け取った銃は錆びついていた」などとSNSで告発する動きも相次いだ。

重要インフラの被害相次ぐ

九月二六日には、ロシア産の天然ガスをドイツに送るバルト海の海底パイプライン「ノルドストリーム」と、並行して建設された未稼働の「ノルドストリーム２」で爆発があり、大規模なガス漏れが発生した。計四本のパイプのうち三本が破断、稼働が止まった。ロシアは欧米の支援を受けたウクライナ側の破壊工作だと指摘、一方のウクライナや欧米は「ロシアの自作自演」だと主張した。

欧米メディアはその後、パイプライン破損はウクライナが主導した破壊工作だった可能性が高いと報じている。二〇二三年一一月、ドイツ有力誌『シュピーゲル』などは、ウクライナ軍の特殊部隊に所属していた大佐が破壊計画の調整役として中心的役割を担ったと伝えた。二〇二四年八月にはドイツのメディアが、ドイツ検察当局が爆発物を仕掛けた疑いでウクライナ人の男の逮捕状を取っていたことがわかったと報じた。同じ月、『ウォールストリート・ジャーナル』も、ウクライナ軍総司令官だったワレリー・ザルジニーが計画を主導し、大統領のゼレンスキーも当初は承認していたと書いた。エネルギー輸出でロシアがドイツなどから外貨を獲得する関係を断ち切るのが目的で、米中央情報局（ＣＩＡ）が計画を察知してゼレンスキーが中止を命じたが、軍の独断で計画は実行されたという。

一〇月八日には、クリミア半島とロシア南部クラスノダール地方を結ぶ「クリミア大橋」が一部破壊され、通行不能になった。走行中のトラックが大爆発して自動車道や並行する鉄道部分が損傷、ロシア側はウクライナによるテロ行為と非難した。ウクライナは当初「ロシアの自作自演」と決めつけて関与を否定したが、ＫＧＢの後進組織であるウクライナ保安局（ＳＢＵ）の長官ワシリー・マリュクが二〇二三年八月になって、自身の関与を認めた。

マリュクによると建築用資材に包まれた二一トンの爆発物を大型トラックに運ばせ、橋を走行中に爆発させたという。爆発は二つの橋脚のほぼ中間地点で起き、片側車線が崩落。作戦を知らなかった大型トラックの運転手や、通りかかった乗用車のロシア人夫婦ら少なくとも三人が死亡した。

動員令の不人気に加えて重要インフラが相次いで破壊され、「特別軍事作戦」に向けるロシア国民の視線は厳しいものになっていた。外遊先の旧ソ連カザフスタンで一〇月一四日に記者会見したプーチンには同行記者団から、「動員は予備役だけと言っていたのに、軍務経験のない者が前線で死亡したのはなぜなのか」「部分動員の規模は三〇万人と国防相は言ったが、本当なのか」など、いつになく厳しい質問が浴びせられた。

プーチンは「これ以上の動員をする予定はない。近い将来に追加動員する必要性は感じない」と明言し、動員はあと二～三週間で終わると明らかにした。条件を満たさない者が動員されたことについては調査を約束した。

『コメルサント』で長年プーチンを取材し詳細な記事を書き続けている名物記者アンドレイ・コレスニコフはこの日、「ウラジーミル・ウラジーミロヴィチ、（侵攻を）後悔していませんか」

と質問した。

プーチンは即座に「していない」と言い、「いま起きていることが愉快でないことは確かだ。だが私は必要な決定を正しいタイミングで行った。いつかはしなければならない決定で、もし後回しにすれば結果がもっと悪くなっていたことは明らかだ」と答えた。コレスニコフは翌日の紙面で、大統領は「いつもの強気の彼とは違って見えた」と書いた[3]。

このころが、プーチンが侵攻開始後に最も弱気になっていた時期といえるかもしれない。プーチンは同二〇日、自らモスクワ南東リャザン州の軍演習場を訪れて、動員された兵士らの訓練状況を視察した。軍幹部は大統領の前で、最新の装備が豊富に用意されていることを強調した。ショイグは一〇月二八日にモスクワ郊外の大統領公邸でプーチンに会い、部分動員を終了したと報告した。

兵員不足に悩む政権は、国民の不満解消に努める一方で、締め付けを強化した。プーチンは部分動員令に署名した三日後の九月二四日、戦時下や、動員令が出ている中での兵役の忌避や投降、命令不服従に対する厳罰化のための刑法改正案に署名し発効させた。改正法は、自発的な投降に対する刑罰を懲役三~一〇年と規定し、兵役忌避は、動員令下や戦時には平時より厳罰化する。命令不服従は懲役二~三年、不服従が重大な結果を招いた場合は懲役五~一〇年に処せられることになった。

二〇二二年秋の部分動員のあと、プーチン政権は追加の動員をしていない。その後プーチン政権は、高額の給与を約束して志願兵を募り、契約軍人だけで兵員を補充するやり方に移行する。

その一方で大統領府は、将来の本格的な大規模動員を効率的に有無を言わせず実施できる法的基盤も整えた。部分動員の混乱から約半年後の二〇二三年四月一一日、下院は兵役の召集令状を紙の文書だけでなくインターネットでも本人に通知できるようにし、召集された者の出国を禁止する法改正案を可決した。第二次世界大戦以後は戦時に一般市民を召集したことがなかったロシアでは、召集事務は各地の古い徴兵事務所に任され、多くの場合は徴兵用名簿も古い紙のもので、データはコンピューターに保存されておらず、紙に印字した召集令状を本人に手渡す必要があった。二〇二二年の侵攻直後と九〜一〇月の動員で明るみに出た多くの事務手続き上の不備を是正することと並び、国民の大半がパソコンやスマートフォンを持つようになったインターネット時代に対応して、多くの市民が登録しインターネット経由で各種の行政サービスを受けている政府の統一システム「ゴス・ウスルーギ（国家サービス）」を通じた電子召集令状も有効とみなされるようにした。紙の令状を受け取らないことによる「応召拒否」を防ぐのが狙いだった。

各地の徴兵事務所に保管されている徴兵用名簿をコンピューターに記録して全国統一名簿を作成し、メールなどで電子令状の着信を受けた者は、令状を受領したものとみなして出国を禁じる。一定期間内に徴兵事務所への出頭を義務付け、拒否した場合は自動車の運転、不動産取引などを禁じる内容だ。政権与党「統一ロシア」所属の下院国防委員長アンドレイ・カルタポロフは「兵役という神聖な義務に応じた人と、拒否した者を同列に扱うのは公正とはいえない」と説明し、動員条件を満たしていない人が召集される行政ミスも防げると述べた。一一日の下院本会議での審議はわずか数時間。時間が足りないとの一部議員の反対を押し切って議長ヴォロジンが議事進行を急ぎ、法案は賛成多数で可決された。翌一二日には上院も通過して改正法はスピード成立し、一四日にはプーチンが署名してあっさり発効した。

ヘルソン州西岸の放棄

前線では九月末の四州併合強行のあともロシア軍の苦境が続いた。一〇月上旬には東部ドネツク州の要衝リマンをウクライナ側に奪還され、南部のザポロジエ、ヘルソン両州でも一部の支配地域を失い、ショイグの責任を問う声がさらに高まった。そうした中、二〇一七～一九年にシリアでの軍事作戦で戦功を上げたロシア航空宇宙軍総司令官セルゲイ・スロヴィキン（上級大将）がウクライナ侵攻作戦の統括司令官に任命された。スロヴィキンは、内戦下のシリアにロシアが軍事介入し親ロシアのアサド政権を軍事支援した作戦の指揮を執り、敵への容赦ない攻撃で「ハルマゲドン将軍」の異名を取った軍人だ。

スロヴィキンは同一八日、任命後に応じた国営テレビのインタビューで、ウクライナ軍が攻勢をかけている南部ヘルソン州は容易ならない状況にあると率直に認めた。

州内を大河ドニエプルが流れるヘルソン州では、州都ヘルソンがある西岸地域と、州全体の四分の三程度に当たる東岸地域を結ぶ主要な交通路だったヘルソン市郊外のアントノフ大橋が破壊され、ロシア側は米国供与の「ハイマース」を使ったウクライナ軍の攻撃だと指摘していた。同州ロシア側行政府トップのサリドは、ドニエプル川をせき止めて造られたカホフカ水力発電所のダムをウクライナ軍が破壊してヘルソン市がある下流域を水没させようとしていると述べ、西岸地域の一部からの住民退避を決定したと表明していた。

スロヴィキンは国営テレビに、ウクライナ軍の反撃で州内では食料の輸送や水道、電気の供給に困難が生じていると述べ、「ダムをミサイル攻撃するとの情報がある」として一部住民の退避決定を支持し、ロシア軍が市民の安全を保証すると強調した。その後、フェリーなどを使った住民約六万人の東岸への組織的退避が行われた。ヘルソン市など西岸地域に陣取っていた三万人以上のロシア軍部隊は一一月一一日までに東岸に撤退、ロシアは州全体の約四分の一に当たる西岸地域を放棄した。ゼレンスキーは一一月一四日にヘルソン入りして軍を激励し、「戦争の「終わりの始まり」だ」と歓迎した。

アントノフ大橋が破壊された状況で西岸にウクライナ軍が大攻勢をかければヘルソン市に駐留するロシア軍部隊はクリミア方面への退路を失い、全滅する恐れがあった。スロヴィキンの任務はまず、西岸からのロシア系住民と部隊の撤退を混乱なく実行することだった。

スロヴィキンはさらに、州全体の約七割を制圧している隣のザポロジエ州内を中心にして前線に強固な防衛ラインを築き、ウクライナ軍の攻勢を食い止めた。塹壕に加えて「竜の歯」と呼ばれるコンクリート製の戦車止めが二重三重に並べられ、場所によっては幅数キロメートルにも及んだ。のちにこの防衛ラインは「スロヴィキン・ライン」と呼ばれるようになり、前線の戦況はその後、長期にわたる膠着状態に陥っていく。

ヘルソン州西岸からの撤退は、戦況悪化を受けた防御固めであり、軍事的観点からは合理的だったが、制圧地の放棄は九月のハリコフ州からの全面撤退に次ぐ失点であり、保守強硬派の軍批判が激化する原因ともなった。

プーチンは一〇月一九日にオンラインで安全保障会議を招集し、併合を宣言した東部ルガンスク、ドネツク両州と南部ザポロジエ、ヘルソン両州に二〇日から戒厳令を導入すると表明した。このほか四州に隣接するクリミア半島と南部のクラスノダール地方、西部ベルゴロド、クルスクなどウクライナ国境の各州に、戒厳令に次ぐ「中位対応態勢」が、首都モスクワを含む中央連邦管区と南部連邦管区に「高位準備態勢」が導入された。侵攻を「特別軍事作戦」と位置付けて戦争であることを認めず、侵攻開始直後に「戒厳令を出す考えはない」と述べていたプーチンは、戦況の不利と国民の不満の高まりを受けて本物の戦争を戦っている現実を事実上認めざるを得なくなった。軍出身の下院国防委員長カルタポロフまでが、戦況を好転させるには「嘘をつくのをやめることだ」と述べ、戦果を大々的に発表するばかりで都合の悪い事実は隠す軍や政権の対応に苦言を呈した。

一二月五日にはモスクワ南東のリャザン州にあるジャギレヴォ空軍基地と南部サラトフ州のエンゲルス空軍基地が無人機攻撃を受け、ジャギレヴォでは燃料を積んだ車が爆発し三人が死亡した。これらの基地は核搭載が可能なツポレフ160やツポレフ95など、ロシアの主力長距離戦略爆撃機の出撃拠点だ。エンゲルス基地ではツポレフ95が二機損傷した。

一方ゼレンスキーは、侵攻後初めての外遊として米ワシントンを一二月二一日に訪問しバイデンと会談、「主権や領土で妥協しない」と決意を述べた。米上下両院合同会議でも演説して「ウクライナは絶対に勝利する」と述べ、支援継続を要請した。バイデンは米軍の主力地対空ミサイル「パトリオット」の供与決定を伝達した。

この年の一二月二一日に開かれたロシア国防省の拡大幹部会議でショイグは、推定九〇万人の総兵員数を一五〇万人に増やす必要があると述べた。また、ロシアと国境を接する北欧のフィンランドとその隣国スウェーデンが同年五月に相次いでNATO加盟申請を表明したことに対抗し、ロシア北西部での大規模な軍再編を計画しているとも報告した。

大みそかに兵士を激励

同三一日、プーチンはウクライナ侵攻作戦の拠点になっている南部ロストフ・ナ・ドヌーにある南部軍管区司令部を訪れてスロヴィキンや兵士らに勲章を授与し「ロシアはすべてを引き渡すか、戦うかというところまで追い詰められた。だが降参するわけにはいかない。前進あるのみだ」と軍関係者を激励した。

プーチンは大統領に就任する前の二〇〇〇年一月一日に、チェチェン共和国の独立派武装勢力掃討作戦の前線を電撃訪問して兵士に勲章を授与したことがある。年末年始の兵士激励はこれに次ぐもので、強い危機感が見て取れた。プーチンは司令部で、新年を迎える直前にテレビ放映される国民向けメッセージを収録した。

新年メッセージは例年、大統領府があるモスクワのクレムリンを背景に収録されてきた。直後にクレムリンの時計が一二時を打ち、ロシア国民は各家庭でごちそうを並べたテーブルを囲み、シャンパンの栓を抜いて新しい年の始まりを祝うのが慣わしだ。その直前に放送される大統領の新年メッセージは過ぎゆく年を振り返り、新年への希望を示す内容であることが多い。だがこの年は、普段とまったく違った。

司令部で面会した迷彩服の軍人らがずらりと背景に映り込む中でプーチンは「真の主権国家になるための困難な決定をした年だった。勇気やヒロイズムと、裏切りや臆病とが明確に区別され、近しい人への愛や祖国への献身以上に強い力はないことがはっきりした」とし「欧米はウクライナを利用して、ロシアの崩壊を狙う制裁で本物の戦争を仕掛けてきた。いまロシアは歴史的転換点に立たされており、主権と独立、将来の安全保障はすべて、われわれの力と意思にかかっている」と述べて、軍事支援を続ける欧米との対決姿勢を鮮明にした。

九月に併合を宣言したウクライナ東部・南部四州を「ロシアの歴史的領土」と位置付け、「重要なのはロシアの運命だ。祖国の防衛は、先人と未来の世代に対する神聖な義務だ。愛する唯一の祖国ロシアの未来のため、われわれは勝利する」と締めくくったスピーチは過去最長の九分間に及び、停戦交渉などにはまったく触れず、笑顔もほとんど見せなかった。侵攻を「特別軍事作戦」と呼ぶプーチンが侵攻開始の年を振り返って述べたのは、勝つために政権への総力結集を求める呼びかけだった。

この演説がモスクワなどロシアの中心部で放映されていたまさにその時、交戦が続くウクライナ東部ドネツク州マケエフカでは、ロシア軍が拠点としていた専門学校がミサイル攻撃され、新年の食卓を囲んでいた兵士八九人が死亡した。ロシア国防省によると米国供与のハイマース六発が撃ち込まれ、うち四発が命中して建物は全壊した。侵攻作戦開始後、ロシア側が一度の攻撃で受けた最大級の人的損害だった。

タス通信は、多くの兵士が新年に故郷の家族らと連絡しようと携帯電話を使ったためウクライナ側に探知されたと報じた。「なぜ大勢の兵士を一カ所に住まわせたのか」との批判に加え、この大きな犠牲に何の反応もしなかったプーチンの対応が「おかしい」との疑問の声も上がった。多くのロシア国民にとって二〇二二年は、戦争を続ける政権への不満と、先行きへの大いなる不安と共に幕を閉じた。

侵攻開始から丸一年を前にした翌二〇二三年二月二〇日には米大統領バイデンが侵攻後初めてキーウを訪問し、ゼレンスキーに支援継続を約束した。一方のプーチンは翌二一日にモスクワで行った侵攻後初の連邦議会に対する年次報告演説で「ロシアに戦場で勝つことはできない」と述べ、米国との間に唯一残された核軍縮合意「新戦略兵器削減条約（新ＳＴＡＲＴ）」の履行を停止すると表明して、ウクライナを支援する米国との対決姿勢をさらに強めた。[4]

「勝ちにいかない」戦争

侵攻開始の一年目、ロシアで不満の声が上がったのは、戦況膠着による戦争の長期化と合わせ、プーチン政権が「敵に塩を送る」かのような対応を続け、「本気で勝つ気があるのか」との疑問が広がったためだ。そのうちの一つが、二〇二二年七月にロシアとウクライナがトルコと国連の仲介で結んだ、黒海を通じてのウクライナ産穀物の輸出再開に関する合意だ。

クリミア半島が位置し、ウクライナ南部ヘルソン州やオデッサ州が面する黒海では侵攻の初期から制海権を巡ってロシア、ウクライナ両軍がせめぎ合い、ロシアは黒海艦隊や航空機で黒海を事実上封鎖した。ウクライナも有数の港湾都市であるオデッサ防衛のために機雷を敷設し、船舶の自由な航行はできなくなった。一方、二〇二〇年には世界五位の小麦輸出国だったウクライナからの穀物の輸出はもっぱら黒海から貨物船で行われており、黒海の封鎖による輸出の停止で世界の穀物価格が高騰し、中東やアフリカなどウクライナやロシア産の小麦に大きく依存する国々では食料危機への懸念が高まった。これを回避するため、トルコ大統領レジェップ・タイップ・エルドアンが国連と共に仲立ちとなり、武器を積んでいないことが確認されれば穀物を積んだ民間船舶の安全な航行を両軍が保証することで四者が合意した。

エルドアンには、二〇二二年三月末に合意寸前までいった停戦交渉の再開につなげたい思惑があった。ロシアにとっても、中東やアフリカなどロシアに友好的な国々が多い地域で食料不足が起き「ロシアは食料を武器に使っている」との国際的批判が高まることは得策ではなかった。だが、穀物輸出は農業大国ウクライナの主要な外貨獲得源で、ゼレンスキー政権にとっては戦費に回せる貴重な資金となる。ロシア保守派の間からは「敵を利するだけ」「戦争のやり方が中途半端だ」との批判の声が上がった。

ロシアはまた、ウクライナ領内を通るパイプラインによる欧州向けの天然ガス輸出を、ウクライナとの契約が切れる二〇二四年末まで続けた。日量約四二〇〇万立方メートルの天然ガスをハンガリーなどに輸出することで、ロシアは戦争の相手国ウクライナに年間一〇億ドル前後の通過料を払っていた。

さらに、ウクライナを軍事支援する米国との対立が激化してからも、ロシアは米国に原発の燃料となる低濃縮ウランの輸出を続けた。ロシアが輸出する低濃縮ウランは米原発用の約二割を占め、ロシアはバイデン政権がロシアのウラン輸入を二〇二四年五月に禁じるまで年間約一〇億ドルの代金を受け取っていた。共産党のジュガーノフは「敵国に燃料を売る必要はない」と中止を求めたが、ロシアが自分の側から輸出を止めることはなかった。

ロシアを刺激すれば核兵器が使われかねないとして、ウクライナに長距離兵器を供与してもロシア領内への攻撃に使うことを認めなかった米国と同様、プーチン政権の側にも、交戦がエスカレートして欧米を巻き込んだ全面戦争にならないように状況を制御したいとの意図が働いていた。互いに核超大国である米ロの政権が持つこの感覚が、クレムリンの好戦的なプロパガンダにあおられたロシア「好戦派」の目には理解できない対応と映った。

外食産業で財をなし、自身が創設した民間軍事会社（ＰＭＣ）「ワグネル」を侵攻作戦に参加させる異色の企業家エヴゲニー・プリゴジンが国防相ショイグらを「無能」と批判してにわかに脚光を浴び始めるのは、こうした状況の中だった。

第3章

「反乱」を乗り切る

侵攻二年目の二〇二三年は戦争の潮目が変わった年だった。ロシアには緒戦の失敗が重くのしかかり、国内では総動員令による早期決着を声高に唱える好戦派が台頭、プーチン支持と不支持の立場から政権を揺さぶった。国防相ショイグと軍を批判する民間軍事会社「ワグネル」の反乱はプーチン政権最大の危機だったが、ベラルーシ大統領ルカシェンコの助けを得て反乱を足掛け二日で抑え込んだプーチンはウクライナの「大規模反転攻勢」撃退にも成功して危機を乗り切り、長期戦への備えを固めて優位に立った。年末には翌二〇二四年三月の次期大統領選で通算五選を目指すと正式表明し、戦時下での政権継続の基盤を固めてゆく。

「ワグネル」の台頭

前年の大みそかに多数のロシア兵が死亡したことを受け、ロシア国内では事実上の国民総動員を求める意見が二〇二三年の新年早々から公然と出始める。一月二日、「ロシア兵士の未亡人」を名乗る団体が、勝利のためには男性全員の動員が必要だとするアピールを出し、徴兵の年齢に達している男性の出国を禁じるようプーチンに求めた。

軍出身の下院議員で国防委員会所属のヴィクトル・ソボレフ（共産党）は同一一日、ニュースサイト「NSN」で「若者全員に最低六カ月の軍事教練を義務付けなければ北大西洋条約機構（NATO）との全面戦争は戦えない」とし、国民皆兵制導入を提唱した。政権与党「統一ロシア」の下院議員アレクサンドル・トルマチョフは翌一二日、「数百万の若者を家族や職場から引き離すのは容易なことではない。一回だけの半年間の教練より、毎年二一日間の訓練を受けさせるほうが現実的だ」と通信アプリに投稿した。

こうした雰囲気の中、「ワグネル」の部隊がウクライナの前線で戦い、士気の上がらないロシア軍を尻目に戦果を上げていると主張するエヴゲニー・プリゴジンが注目を集めるようになっていた。一月一一日には、前年末から激戦が続いていたドネツク州の要衝ソレダルを「誰の助けも借りず」ワグネル単独で制圧したと表明し、戦闘服を着た自身がソレダルの地下室で戦闘員らに囲まれている写真まで公開した。[1]

ロシア下院で共産党に次ぐ議席を持つ左派系「公正ロシア・正義のために」の党首セルゲイ・ミロノフは一七日の本会議で「ワグネルはソレダルの解放に成功した。ロシア軍は彼らから大いに学ぶべきだ」と述べ、法律上は容認されていないワグネルを合法化するよう提案した。

プリゴジンの発言は次第に大胆になっていく。二四日には下院議長ヴォロジンに宛てて、ワグネルのようにボランティア兵としてウクライナで戦っている戦闘員も正規軍の兵士と同様に扱い、過去の犯罪歴を公開したり中傷したりすることを刑法で禁じるよう要求した。

一月三一日には、ロシア下院の安全保障・汚職対策委員長ワシリー・ピスカリョフに宛てて次のような書簡を送っている。

「尊敬するワシリー・イワノヴィチ（ピスカリョフ＝筆者注）！　いま「特別軍事作戦」の現場では「ワグネル」やロシア軍部隊、動員兵や志願兵が厳しい戦闘を行っております。

しかるに多くの高級官僚たちや議員らは何事も起きていないかのように外国の保養地に休暇に行き、その中にはウクライナを資金や武器供与で支援する非友好国のリゾートが含まれている有様です。これはロシア国家の評判をおとしめ、国の安全保障を危険にさらす行為です。彼らとその親戚が国の問題に関心を持たず、自身の羽振りの良さを見せつけていることが、祖国のために進んで戦っている人々を憤らせています。ウクライナとの軍事作戦継続中は、ロシアの官僚や議員とその家族たちに外国での休暇旅行を禁止する法律の制定を検討くださるよう、お願いする次第です。　Ｅ・Ｖ・プリゴジン」

それまで無名に近かったプリゴジンが存在感を高めたのは、戦況の膠着で軍や国防省への批判や不満がロシア社会に高まった二〇二二年秋以降だ。剃り上げた頭部に鋭い目つきのプリゴジンが刑務所を回り、自身の私兵であるワグネルの戦闘員を募集しているという指摘がＳＮＳで拡散していた。ロシアのメディアは、侵攻作戦への参加を条件に出所した受刑者らの犯罪歴などを報じ、従軍と引き換えにした重大犯罪者の釈放を批判的に報じていた。プリゴジンはヴォロジンに「命がけで国益と国民の命を守っているのに、一部のメディアは彼らを二級の人間として扱っている」と不満をぶちまけた。

プリゴジンは二〇二二年一〇月、作戦指導の不手際でウクライナ東部の要衝リマンを奪還されたとして中央軍管区（本部エカテリンブルク）司令官アレクサンドル・ラピンを批判し「こいつら全員、機関銃持たせて裸足で前線に送れ」とＳＮＳに投稿していた。ところがラピンは一一月、戦時下にもかかわらず三週間の休暇を取得したと報じられた。年末年始には、議員や官僚が欧州や中南米の有名リゾートで飲食を楽しむ様子を自撮りした映像が出回り、庶民をあきれさせていた。外国での休暇禁止を求めたプリゴジンの書簡はこれを受けたものだ。

ワグネルは、外食産業で成功したプリゴジンが資金提供して二〇一四年五月に創設された。クリミア半島がロシアに編入されたあと、同年四月から始まったウクライナからの独立を求めるドンバス地域の親ロ派の戦いを支援するためだった。

ロシアでは「傭兵業」に当たる民間軍事会社の活動が刑法で禁じられている。大量の武器を持つ戦闘集団の存在を軍以外にも容認すれば国家による武力の独占が崩れ、クーデターが起きかねないからだ。だが、米国によるイラク戦争のあとに同国で警備会社として米側の要人警護に当たり、二〇〇七年にバグダッドの広場でイラク人十数人を殺害する事件を起こしたことで知られるPMC「ブラックウォーター」を念頭に、ロシアでもPMCを合法化して活用するべきだという議論が二〇一〇年代前半からあった。ワグネルはいわばロシア版「ブラックウォーター」だった。

プーチンと若いころから親交があったプリゴジンは、ロシアが公然と正規軍を派遣できない地域や場面で国益保持のため秘密裏に軍事力を行使する「影の軍隊」の創設者兼オーナーとして、黒子の役割を果たしていた。だが正規軍が苦境に陥ったウクライナへの侵攻作戦にワグネルを参加させたことで発言力を高め、SNSを通じた検閲なしの情報発信で一躍「庶民の英雄」となる。

プリゴジンは一九六一年六月一日、プーチンと同じレニングラード(現サンクトペテルブルク)で生まれた。父親を早く亡くし、病院勤めの母の女手一つで育てられた。大学は中退して荒れた生活を送り、強盗などで逮捕され九年間の服役も経験した。出所後の一九九〇年にホットドッグ売りを始め、月に一〇〇〇ドルを稼いだ。その後はスーパーやワインバー、レストラン経営などに手を広げた。一九九六年にケータリングの会社「コンコルド」を設立、翌年には汽船を改造した水上レストラン「ニュー・アイランド」をオープンした。二〇〇二年五月、大統領就任から二年後のプーチンが、当時の米大統領ジョージ・W・ブッシュ夫妻をこのレストランに招いて食事をするほど、サンクトペテルブルクでは評判の高級店だった。ちなみにプーチンは二〇〇六年にも、プリゴジンの所有する別のレストランで妻ローラを伴ったブッシュと一緒に食事している。プーチンはプリゴジンの店のひいきの客だった。大統領が来店する際は必ず自分で給仕したことから「プーチンのシェフ」と呼ばれた。[2]

プーチンとの知己はプリゴジンのビジネス拡大に役立った。「コンコルド」はモスクワにもビジネスを広げ、ロシア連邦政府庁舎や、ロシア軍関連施設での食堂や給食事業を請け負い、大統領府のケータリングも担当するようになった。グループの中核企業コンコルドは急速な成長を遂げ、二〇一五年に六四億ルーブル（約九五億円）だった推定資産は、二〇一九年には二倍以上の一四六億ルーブルに達した。

だが、たたき上げの「大統領の料理人」には、民間軍事会社総帥としての秘められた別の顔があった。二〇一四年にウクライナ東部ドンバスの親ロ派が独立とロシアへの編入を要求し始めると、ドンバスのロシア系住民を支援する傭兵部隊創設に私財を投じる。軍出身のドミトリー・ウトキンが内戦下のシリアで率いたスラヴ系部隊を基に作られたのがワグネルだ。部隊名は、ウトキンが軍人としてのコードネームにしていたもので、ナチス・ドイツの指導者アドルフ・ヒトラーが好んだ作曲家リヒャルト・ワーグナーのロシア語読みだ。プリゴジンは自分の部隊をしばしば「ムジカントゥイ（音楽家たち）」と隠語で呼んだ。軍事面の指導者ウトキンは民族主義的思想の持ち主で、ナチスの信奉者だったとされている。

ワグネルはドンバスだけでなく、二〇一五年にプーチンが踏み切った内戦下のシリアへの軍事介入にも加わった。プリゴジンはこの時、ロシア軍の航空部隊を率いていた「ハルマゲドン将軍」スロヴィキンと知り合う。ワグネルはさらに中南米、アフリカなどにも部隊を派遣した。

二〇一四年から実戦の経験を積んできたワグネルは「戦争のプロ」だ。「兄弟国」ウクライナへの攻撃の理由がのみ込めず、何が作戦の目的なのかも明示されずに士気が上がらない正規軍と違って、ワグネルの方が大きな戦果を上げることもあった。半面、むやみに突撃を繰り返す戦法は人命軽視だとの批判の声も絶えなかった。

「軍の兵士は逃げてばかりいる」「参謀本部は民間のワグネルに頼りすぎだ」「軍はワグネルにわざと弾薬を渡そうとしない」と毒舌を繰り返し、戦果を強調するプリゴジンとロシア軍との関係は最初から険悪だった。モスクワの軍事専門家は「作戦計画に従わず勝手に動く部隊が味方の側にいることは、正規軍の指揮官にとって迷惑でしかない。たとえ彼らが戦闘に優れているとしてもだ」と指摘した。

侵攻で短期決戦に失敗したロシア軍が急速に兵員不足に陥る中、ワグネルは続々と受刑者を勧誘して前線に送り込んだ。従軍の見返りとしての減刑を批判する声にプリゴジンは「だったら、代わりにあんた方の子弟が戦場に行くことになる」と反論し、黙らせた。

闇から表へ

ロシア軍がハリコフ州からの敗走などで苦境に陥った二〇二二年九月、プリゴジンは、それまで否定し続けてきた自身とワグネルの関係を初めて認めた。中東やアフリカでのワグネルの活動が活発化するのに伴い、ロシアでは非合法の傭兵部隊が誰に属するのか、臆測が出ていた。リベラルな報道で知られた民間ラジオ局「モスクワのこだま」の編集長アレクセイ・ヴェネディクトフはワグネルの創設者がプリゴジンだと二〇二〇年に最初に報じた一人だったが、プリゴジンはこれを否定し続け、誤報だとして訴訟まで起こし勝訴していた。そのプリゴジンが、自身がワグネルの創設者でオーナーだと名乗り出たのは、軍の失態に対する厳しい世論が高まる中、それまでの日陰の存在から表舞台へと活動を公然化するチャンスとみたからだ。

二〇二二年一一月には、サンクトペテルブルクに近代的な高層ビル「ワグネル・センター」をオープンさせた。部隊のＰＲや隊員の訓練などに使う拠点だ。ワグネルはもう、自分の存在を隠そうとはしなかった。

プリゴジンは同月七日には、自身の傘下にある組織が過去に米国の選挙に干渉してきたと公言した。八日投票の米国の中間選挙に干渉しているのは事実かとの記者の質問に「われわれは干渉してきたし、干渉しているし、今後も干渉する」と答えた。

バイデン米政権は二〇二三年一月二〇日、ワグネルを「国際犯罪組織」に指定すると発表し、二六日に関連する六個人・一二団体を制裁対象に加えた。米国家安全保障会議（ＮＳＣ）の戦略広報調整官ジョン・カービーは、ワグネルが「残虐行為と人権侵害を続けている」と非難した。

ワグネル部隊の前進と共に、国防相ショイグと参謀総長ゲラシモフに対するプリゴジンの悪口雑言も高まっていった。

「われわれの兵士が前線で戦っている時に、軍の高官たちはきれいなオフィスで快適に過ごしている」「軍はワグネルが戦果を挙げるのを嫌い、意図的に弾薬をよこさない」――。歯に衣着せぬ軍批判の一方、プリゴジンは戦死したワグネル隊員の遺族に弔慰金や感謝状を渡し、遺体の埋葬にも立ち会った。自身も迷彩服に防弾チョッキを身に着けて前線近くで隊員たちを激励・慰労するなど、若いころに服役を経験したプリゴジンは元受刑者の戦闘員らに特別な愛着を示した。プリゴジンの要求を受けてロシア上下両院は二〇二三年三月、非正規軍の戦闘員に対する虚偽情報の拡散や信用失墜行為を犯罪とし、最高で懲役一五年を科す刑法改正を可決した。

恵まれた境遇のエリートや高級官僚への強い反感と、「自分こそ愛国者だ」という強烈な自負、社会的公正への希求が、プリゴジンを「影の軍隊」ワグネルの活動にのめり込ませた。ワグネルがドネツク州の激戦地バフムト（ロシア名アルチョモフスク）を攻略していた二〇二三年三月にはテレグラムへの投稿で、近いうちにバフムト制圧を終え、そのあとはワグネルを「社会的公正を実現するための軍」に改編すると表明、全国で人材を集めるとも述べた。

だがウクライナ軍の粘り強い反撃に遭い、攻略は一向に進まない。四月の終わりになってもロシアはバフムトを制圧できていなかった。参謀本部の作戦指揮に従わず、独自に動き続けるワグネルは局地的な戦闘に勝つことはあっても、戦略的な成功を収めることはできなかった。当初目標にしていた五月九日の対ドイツ戦勝記念日までのバフムト制圧が難しくなった五月四日の投稿でプリゴジンは、迷彩服姿の遺体がいくつも並べられた前で撮影した映像で軍の非協力をなじり、「弾薬さえあれば犠牲は五分の一で済んだはずだ。ショイグ！　ゲラシモフ！　弾薬はどこだ！」と怒りの形相で罵倒した。五日には大統領宛ての公開書簡で、戦勝記念日の翌日に当たる一〇日にワグネルはバフムト周辺の陣地を正規軍に引き渡して撤退すると一方的に宣言する。

大企業幹部や官僚へのストレートな批判を投稿するテレグラムのフォロワーは一〇〇万人超もいた。本来なら軍批判は刑法違反だが、プーチンとの親交があるため治安組織も手が出せない。自意識を肥大化させたプリゴジンは制御不能になっていた。

「正義の行進」

六月一〇日、国防省は前線で戦うすべての義勇兵に、七月一日までに軍と正式契約するよう命じた。ロシア議会では、服役囚が志願兵として軍に入ることを合法化するべきだとの議論が出始めていた。兵員の補充で国家がワグネルのお株を奪うやり方だった。ワグネルを正規軍に吸収する意図をかぎ取ったプリゴジンは六月二三日夜、ロストフ・ナ・ドヌーにある侵攻作戦の拠点、南部軍管区司令部の建物を包囲し、国防省に反旗を翻した。

プリゴジンは二四日未明からテレグラムに次々と音声メッセージを投稿し、自身の正しさを強調した。「ワグネルはアフリカや中東で活動したが、（政府は）カネが尽きるとその地域を放棄した。ウクライナでも戦ったが、弾薬も武器も与えられなかった」「これ以上、汚職と欺瞞《ぎまん》、官僚主義がはびこるのを許さない」「軍は、祖国を守るために戦っているワグネルの部隊を攻撃してきた。ワグネルを滅ぼそうとしている。国防省とショイグこそ、ロシア人を大量殺戮《さつりく》している張本人だ。ショイグは逃げた。われわれは市民や子どもを殺したりしない。われわれはモスクワに向かう。これは武力反乱ではない。正義のための行進だ。軍の兵士に呼びかける。われわれの前進を阻まないでほしい。まず軍に、そして社会に、公正を取り戻す」

昼すぎに投稿した映像では、防弾チョッキに「ЧВК ВАГНЕР」というワグネルの記章を身に着けたプリゴジンが「いま朝の七時半だ。われわれはロストフの司令部を支配下に置いている。施設も空港も、すべて臨戦状態にあり正常に機能している。われわれは戦闘行為を一切邪魔していない。……われわれがここ（司令部）に来たことで、新事実がさらに明らかになった。これまでに広大な領土が失われ、多数の兵士が戦死した。上層部に報告されている数の三～四倍だ。参謀総長はここから逃げた」などと、国防省の指導部を改めて非難した。

司令部周辺の街頭には戦車や装甲車が展開し、自動小銃を抱えた兵士らが歩き回った。ただ、司令部付近を移動するプリゴジンの車に地元住民が駆け寄って握手を求めたり、スマートフォンで一緒に自撮りしたりして、軍事クーデターという雰囲気とは程遠かった。プリゴジン本人も満面の笑みを浮かべて握手に応じるなど、緊張感を欠いていた。

高級官僚や富裕層は自分の子弟を戦場に送らず、「影の存在」であるワグネルに汚れ役を押し付けて、戦時下でもいい暮らしを続けている――。エリートを批判し、国防省の無難な発表と違って検閲なしの戦況情報を発信し続けるプリゴジンは、官僚主義に日々悩まされ、侵攻長期化で自分や家族が動員される懸念に怯え、経済悪化や将来の生活に不安を抱える庶民の共感を呼んでいた。反乱収束後の世論調査では、四六パーセントがプリゴジンの批判に「根拠がある」と回答した。

米シンクタンク「戦争研究所」によると、この時ワグネルの部隊はモスクワまで三三〇キロメートルの地点に迫った。車列には戦車や装甲車、移動式防空システム「パンフィリ」などの兵器四〇〜五〇両が含まれ、兵員は約四〇〇〇人との情報もあった。英国防省は、部隊がロストフ州の北方ヴォロネジ州に入ったと分析した。プリゴジン本人は、モスクワまで二〇〇キロメートルの地点まで迫ったと主張した。実際、ヴォロネジ州を通過してリペツク州（モスクワから四〇〇キロメートル程度）まで至ったとみられる。

『コメルサント』によると、進軍の途中、ワグネルはイワノヴォ州内の基地に所属するロシア軍の空中指揮通信機イリューシン22をヴォロネジ州の上空で対空ミサイルにより撃墜し、乗員一〇人が死亡した[3]。また攻撃ヘリコプターK52も二機撃墜され、パイロット二人を死亡させた。モスクワ市は部隊到着に伴う混乱に備え、本来は月曜日の二六日を急きょ休日とした。内戦の危機は現実のものだった。

プーチン、「裏切り」と糾弾

沈黙を守っていたプーチンは、モスクワ時間の二四日午前一〇時ごろ緊急にテレビ演説し、ワグネルの行動を「犯罪的な冒険主義であり、武装反乱だ」と糾弾した。「ロシアが国の未来と安全保障、独立のために最も厳しい戦いを続けている時、国を分裂させる行動は国民への裏切りであり、国と国民の背中にナイフを突き立てるようなものだ。われわれは裏切りに直面している。裏切りの道を選んだ者、武装反乱を準備した者は処罰され、法と国民の前に責任を負う」とも明言した。プーチンは終始険しい表情で「裏切り」の言葉を何度も繰り返し、プリゴジンの氏名に言及することもなかった。[4]

ショイグ、ゲラシモフとの面会や二人の罷免を要求する一方でプーチンへの批判は控えていたプリゴジンは、演説を聞いて「大統領は大きな間違いを犯した」と述べ、モスクワへの進軍はロシア軍側から大きな反撃を受けることなく数時間にわたって続いた。

事態収拾のきっかけを作ったのは、ロシアと安全保障面などで関係を深めるベラルーシの大統領ルカシェンコだった。「サーシャ（ルカシェンコのこと＝筆者注）、無理だよ。彼は電話に出ようともしない」というプーチンの嘆きを聞いたルカシェンコは二四日にプリゴジンの携帯電話に電話し、プーチンはショイグとゲラシモフの解任要求に応じないと説得した。興奮して軍への不満を口にするプリゴジンに「このままモスクワ進軍を続ければ虫けらのようにつぶされるだけだ」と諭し、ベラルーシに来れば身の安全を保証すると約束して進軍を断念させた。反乱は中途半端に終わり、プリゴジンは所在不明になった。

プーチンは反乱収束後の二六日に再びテレビ演説し「首謀者は国と国民を裏切った」と改めて非難する一方、「ワグネルの大半は愛国者だ」として、進軍を中止し軍との本格交戦を回避したことを評価した。ワグネル部隊員はロシア軍への編入や退役、ベラルーシ行きなどを自分で選べると述べ、参加者の処罰を明言した二四日の演説から態度を軟化させた。[5]

ウクライナ軍は六月初めから、欧米に供与されたドイツ製の「レオパルト２」など最新型の戦車を前線に投入した大規模反転攻勢を始めており、ロシア軍にはワグネル部隊と交戦している余裕はなかった。ロシア人同士の本格的な流血に発展すれば、侵攻長期化と作戦の不首尾に不満を抱く軍内部や保守強硬派から政権批判が一気に噴き出す恐れがあった。プーチンは処罰より、事態の早期正常化を優先した。

「プリゴジンの反乱」は、二〇〇〇年の大統領就任以来、自身を支える有力者らの利害を調整し各勢力の微妙なバランスを取りながら権力を維持してきたプーチンの政権運営が破綻しかねない状況に直面したという意味で、二〇年以上続いてきたプーチン政権の最大の危機の一つだった。「本物の愛国者」を自任するプリゴジンにはプーチン個人への批判や不満はなかった。プリゴジンの批判がもっぱら向けられたのがショイグだったことは偶然ではない。プーチン政権の発足以来ほとんど一貫して閣僚を務め、プーチンとの個人的な親密ぶりで知られるショイグへの批判は、プーチンを取り巻く側近たちの間で激化した忠誠心の争いという側面があった。プーチンは若いころからの知り合いで、しかも前線で戦果を上げている「影の軍隊」の総帥の専横と暴発を制御できなかった。戦時下に国防省最高幹部二人の解任を要求し、ロシア兵一〇人以上の犠牲まで生んだ反乱軍の首謀者を処断できなかったプーチンに対しては、「優柔不断」との批判が広がった。

ロシア紙『ネザヴィーシマヤ・ガゼータ』（独立新聞）は編集長と政治部長連名の六月二五日付の長文の論説記事で「反乱の「試み」ではなく、本物の反乱だったこの事件は、今後長期間にわたってロシア社会に大きな影響を残すだろう。国の指導層は、なぜロシアが内戦の一歩手前にまで至ったのかを熟考する必要がある」と政権側に猛省を促し、国の安定を確保したいなら国家に頼らない民間の事業者を増やし、中間層を発展させて官僚主義からの脱却を図るべきだと提言した。自由な言論活動が取り締まられているロシアでは異例の、直接的な政権批判だった。

プリゴジンが「無能」呼ばわりしてきたショイグとゲラシモフは、反乱収束後も地位を保った。だが反乱を契機に、軍指導部への軍人らの批判は拡大した。『コメルサント』は七月一三日、侵攻に加わるロシア南部軍管区第五八軍の司令官イワン・ポポフがゲラシモフに兵の疲弊を訴え、前線部隊の交代を直訴した直後に解任されたと報じた。多くの死傷者が出ている現状と問題点を大統領に直接報告する意思を示した結果だった。

反乱収束直後には、二〇二三年一月から侵攻作戦の統括副司令官になり、プリゴジンがロシア軍内で高く評価してきた「ハルマゲドン将軍」スロヴィキンの動静が不明になった。その後に解任が明らかになる。ワグネルの反乱計画を事前に知っていながら適切に対応しなかった責任を問われた。軍内部には、国防省の作戦指導や官僚主義、汚職を批判するプリゴジンへの共鳴が確実に広がっていた。

正規軍並み

「われわれ皆が知っておく必要がある。ワグネルの事業はすべて国家予算で賄われていた。（今年）五月までの一年間で八六二億六二〇〇万ルーブル（約一三六〇億円）だ」

プーチンは反乱収束後の六月二七日、ワグネルの部隊と交戦した軍関係者らをクレムリンに招いて慰労した際、国が事実上ワグネルの戦費を賄っていた実態を暴露した。またワグネルの親会社コンコルドも軍との給食契約で年間八〇〇億ルーブルを稼いでいたと述べて、汚職がないか、予算の使途を徹底的に調べる意向も示唆した。[6]

国営テレビは七月二日放映の特集番組で、ワグネルとコンコルドが過去に受け取ってきた国家予算はそれぞれ八五八〇億ルーブルと八四五〇億ルーブルだったと報じた。総兵員数約二万五〇〇〇人、スホイ24戦闘爆撃機や戦車、対空ミサイルなど正規軍顔負けの装備を可能にしていたのは巨額の財政支出だった。それまでは「法的観点からみればワグネルという法人は存在しない」などと言って非合法の民間軍事会社と国との関係についての記者団の質問をはぐらかしていたプーチンだったが、予想外の反乱に遭い、庶民に人気のプリゴジンの実像は「税金を食い物にしてきた成り金」にすぎないというイメージづくりに転じた。それは半面、友人が作った「影の軍隊」に巨額の国費をつぎ込み、内戦下のシリアに派遣したりアフリカ諸国で現地の政権と軍事顧問契約を結ばせたりして国益追求に利用してきた実態を自ら認めることでもあった。

「飼い犬に手を噛まれた」プーチンは、反乱収束から五日後の六月二九日に、プリゴジン本人を含むワグネル幹部ら三五人をクレムリンに招いて三時間以上も会談した。この席でプーチンは、「セドイ（白髪）」のコードネームで知られ、ワグネルの部隊を現場で指揮してきた内務省出身の大佐アンドレイ・トロシェフを新しい指導者にして「全員一緒に軍務を続けてはどうか」と提案した。ロシアのメディアによると、ほぼ全員が無言でうなずく中、一番前に座っていたプリゴジンだけが「うちの連中はそんな話に同意しない」と拒否した。プリゴジンを排除した上でワグネルを利用し続けようとした画策は失敗に終わる。

突然の死

その後ワグネルはベラルーシ政府と契約を結び、軍の教練に従事することが決まった。いったんベラルーシ入りしたプリゴジンの動静はしばらく不明となったが、反乱から丸二カ月後の八月二三日、搭乗機の墜落でウトキンと共に唐突に世を去った。モスクワからサンクトペテルブルクに向かっていたワグネル所有の小型ジェット機がモスクワ北西のトヴェリ州内で墜落し、乗っていた一〇人全員が死亡した。二七日にはＤＮＡ鑑定で全員の遺体がプリゴジン、ウトキンら搭乗名簿の一〇人と一致したと発表された。プリゴジンは六二年の数奇な生涯を終えた。

墜落の際には現場付近で爆発音が二度聞こえ、機体は翼を失った状態で白い煙を上げながらほぼ垂直に落下し大破した。尾翼部分は墜落現場から約三・五キロメートル離れた場所で見つかり、上空で爆発が起きた可能性が指摘された。

コンコルドの報道部が沈黙を続ける中、関係者が管理するテレグラム「プリゴジン２０２３」は、「情報機関や国はまた、本当の敵ではなく世直しを求める者を滅ぼした」と投稿した。米紙『ウォールストリート・ジャーナル』電子版は二四日、墜落は暗殺だったと報じた。複数の米当局者が同紙に、米政府は初期の分析として機内に仕掛けられた爆発物が作動した可能性があるとみていると語ったという。米国防総省報道官も同じ日の記者会見で「プリゴジンは殺された可能性が高い」と述べた。一方、ロシア大統領報道官ペスコフは「まったくの偽りだ」と政権関与説

搭乗機墜落で死亡したプリゴジンらワグネルのメンバーを追悼してモスクワの街頭に置かれた花束（2023年8月）

を一蹴した。

搭乗機墜落が報じられた直後から、モスクワやサンクトペテルブルク、中部エカテリンブルクなどロシア各地で、プリゴジンの肖像写真を掲げて花を手向ける市民の列ができた。

モスクワでは中心部の「赤の広場」に近い教会前の歩道にプリゴジンやウトキンらの写真が掲げられ、人々は「ありがとう」「ロシアの英雄」「戦士よ、永遠に」などと書かれたメモや横断幕を置いて弔意を示した。花束を置いた若い男性は「彼は間違いなく英雄だ」と言い切った。

プリゴジンの遺体は八月二九日に故郷サンクトペテルブルク市内で、ウトキンは三一日にモスクワ郊外で墓地に葬られた。プリゴジンの墓にはのちに立派な記念像が建てられ、人々の献花が絶えない。

ロシアの通信社が衝撃的なプリゴジンの搭乗機墜落を速報していたのと同じころ、プーチンは西部クルスク州で、第二次世界大戦中に当時のソ連軍とナチス・ドイツ軍の戦車同士が衝突し、ソ連にとって反転攻勢の転機になった一九四三年の「クルスクの戦い」八〇周年記念行事に出席していた。「クルスクの戦いに参加した英雄を私たちは忘れない」と称えながらプーチンは「こんにち、前線ではわが戦士たちが決然と戦っている。祖国への献身と軍務への誓いが、「特別軍事作戦」の参加者すべてを結束させる」と訓示し、ウクライナ軍の戦車隊を撃退した軍人たちに勲章を授与した。夜のテレビニュースは行事の様子を繰り返し伝えた。

翌二四日、ワグネルが戦った「ドネツク人民共和国」のトップ、プシーリンとの会談でプーチンはプリゴジンの遺族に哀悼の意を表し、「一九九〇年代の初めから知り合いだった。過酷な運命に見舞われ重大な過ちもあったが、才能ある優秀な実業家だった」と述べ、DNA鑑定の結果も出ていない段階で「死亡」を断言し事態の幕引きを図った。二五日には、侵攻に加わるすべての義勇兵に、国家に献身し司令官の命令に服するとの誓約を義務付ける大統領令に署名した。ワグネルなどPMCの戦闘員を完全に国の支配下に置く動きだった。

「プリゴジンの反乱」とほぼ軌を一にしてロシア軍の侵攻作戦を公然と批判した人物がもう一人いた。ロシア連邦保安局（FSB）元大佐のイーゴリ・ストレルコフである。

反プーチンの「スナイパー」

街路のあちこちに花が咲き、モスクワが若い緑に覆われた二〇二三年五月一二日。報道陣は集合場所に指定された郊外の地下鉄駅前から突然バスに乗せられた。説明を求めても「まだ行き先は言えない」。バスは一五分ほどかけて、大きな自然公園脇に建つ古いホテルに到着した。記者会見の場所はいくつか用意し、最終段階でここに決まったという。二〇一四年にウクライナからの独立を宣言した親ロ派「ドネツク人民共和国」の「国防相」を務めたストレルコフが、仲間と共に新たな組織を立ち上げたとの発表が行われる予定だった。入り口で金属探知機を通り、所持品を入念にチェックされて、ようやく会見場に通された。

一九七〇年一二月一七日にモスクワで軍人の家庭に生まれたストレルコフの本名はイーゴリ・ギルキンという。「ストレルコフ」はロシア語で「スナイパー」を意味する。軍人としてのコードネームだ。ソ連崩壊後、旧ソ連モルドヴァからの独立を求めた「沿ドニエストル共和国」や旧ユーゴスラヴィアのボスニア・ヘルツェゴヴィナなどで義勇兵として戦い、チェチェンで独立派武装勢力の掃討作戦にも参加したという根っからの軍人ストレルコフは、ロシアがクリミア半島を編入した二〇一四年に「ドネツク人民共和国」軍事部門を率い、ウクライナ軍と戦った。この時ウクライナ東部への軍事介入を見送ったプーチンに強い不満を示していた。同じ年の七月にドネツク上空で起き二九八人が死亡したマレーシア航空機撃墜事件では殺人罪に問われ、二〇二二年にオランダの裁判所から本人不在のまま終身刑を言い渡された。ウクライナの親ロ派やロシアの保守強硬派の間では英雄視されている。

記者会見にはドネツク州で親ロ派が「知事」に担ぎ上げ「ドネツク人民知事」と呼ばれたパーヴェル・グバリョフや、極左民族主義的な主張でプーチン政権と対立した詩人エドアルド・リモノフが結成した政党「別のロシア」の幹部ミハイル・アクセリらが出席し、同年三月一七日に政治団体「怒れる愛国者クラブ」を結成したと発表した。

冒頭、グバリョフは「今、ロシアにとって必要なのは戦争に勝つことだ。ロシア政府がなすべきは社会正義の実現であり、今は持てる資力のすべてを戦勝のためにつぎ込むことこそ社会正義だ」と述べて、下院に議席を持たない小政党や民族主義的愛国勢力、軍事ブロガーらが同クラブに結集すべきだと訴えた。

トレードマークの口ひげを蓄え、低いがよく通る声のストレルコフは「この一五カ月間、戦況は停滞し「特別軍事作戦」は目的を達成できていない。それどころか、勝利は一年前より遠のいている。一年三カ月もの間、戦争に勝つために必要な手段を取らずに受動的な戦いを続け、敵への攻撃が成功していない現状は極めて危険だ。第一次世界大戦の時と同じような戦争の終わり方を繰り返してはならない」と述べ、長期化した戦争がロシア革命と内戦に帰結した一九一七年当時の状況に触れて危機感をあらわにした。

予言

侵攻作戦がうまくいっていない理由について「ウクライナとどういう関係を築くのかという国家戦略が欠けていることが、そもそもの原因だ」と指摘したストレルコフは「まず、「戦争」をしていることを政権が認め、目標を定めて、勝つためにあらゆる資力を注入する必要がある。国家の戦略がない戦争に勝てるはずがない」と述べ、侵攻を「特別軍事作戦」と呼び変えて糊塗する政権を批判した。その上で「ウクライナのゼレンスキー政権を崩壊させるしか、勝つ方法はない。だがクレムリンは何としても勝つという意思を見せず、「大切な欧米のパートナー」との妥協の道を探っていた」とし、二〇二二年八月に実現した黒海経由のウクライナ産穀物の輸出合意などを挙げて「裏切り行為だ」と非難した。

「戦争の目標が定まっていないから追加動員も遅れた。勝つためには一〇〇万人の動員が必要だ。ウクライナ全土をロシアに戻せというつもりはないが、(クリミア、ドンバスに加え)「マロロシア(小ロシア)」と「ノヴォロシア(新ロシア)」(帝政時代にロシア領となったウクライナ東南部＝筆者注)を取り戻さなければ勝利とはいえない。国防省や軍の指導部にいる無能や役立たず、泥棒どもを交代させ、NATO諸国で活動している情報部員をもっと優秀な連中と取り換えなければならない」とも強調した。戦争指導の在り方だけでなくプーチンの国家戦略の欠如や軍の汚職まん延が戦争遂行の妨げとなっているという、痛烈な政権批判だった。

ストレルコフが会見した当時、プリゴジンは既に激しい軍批判を展開し、国防省との対立は抜き差しならない状態になっていた。プリゴジンをどう評価するかとの質問にストレルコフは「最近の言動を見ていると軍事クーデターの兆候すら感じる。彼は明らかに政界進出を狙っている。だからこそ戦略的な重要拠点であるバフムト攻略にワグネルの全勢力を投入し、兵士の遺体の山を築いて自分の政治的権威を早急に高めようとしている。プリゴジンがプーチンのお気に入りであるショイグを批判するのは、取り巻きグループの内部で「ポスト・プーチン」の深刻な争いが起きている証拠だ。そのこと自体が、二〇〇〇年から続いてきた現体制が危機的状況にあることを示している」と喝破した。

実際、プリゴジンは約一カ月半後に反乱に踏み切った。だが翌日には「世直し」を断念し、ショイグとの政治闘争はあっけなく終わる。ちなみに二〇二四年五月に大統領任期通算五期目に入ったプーチンはショイグを国防相から安全保障会議書記に異動させるが、その前後からロシア国防省内ではショイグの副官だった国防次官らが汚職容疑で次々と拘束されていく。ストレルコフの会見は極めて予言的だった。

プーチン個人には忠誠を誓いながら国防省の統制に従わず国を内戦の瀬戸際に追い込んだプリゴジンと違い、ストレルコフはプーチンを「弱い指導者」と批判し、もっとウクライナに対して強硬な姿勢で臨むように要求し続けてきた保守強硬派の代表格だった。会見の終わり、次期大統領選について聞かれたストレルコフは「われわれの課題は、いま政治的大混乱に向かいつつあるロシアを崩壊から救うことだ。そのために必要と判断すれば選挙にも参加する」と述べ、立候補も辞さない考えを示した。愛国勢力から英雄視されているストレルコフが出馬すれば台風の目になる恐れがあった。

六月のワグネルの反乱後、プーチン政権は侵攻作戦に関する批判に一層厳しく対応するようになった。検察当局は七月二〇日、過去の経済事件で懲役九年の判決を受け服役している反政府活動家アレクセイ・ナワリヌイが「過激派団体を創設した」などとして訴追された新たな裁判で懲役二〇年を求刑し、裁判所は八月四日に懲役一九年を言い渡した。判決は九月二六日に確定し「プーチンの最大の政敵」と言われていたナワリヌイは従来の刑期と合わせて三〇年近く服役することになった。四七歳のナワリヌイにとっては終身刑に等しかった。

翌七月二一日にはストレルコフが「過激な言動を拡散させた」罪で連邦保安局（ＦＳＢ）に逮捕・起訴された。ストレルコフは反乱を起こしたプリゴジンの処刑を求め、ベラルーシへの亡命を認めたプーチンを非難していた。同月一八日には「取るに足らない人物が二三年間も国のトップに居座り続けて多くの国民を欺いてきたが、あと六年は耐えられない」とＳＮＳに投稿し、プーチンの大統領続投に反対を唱えた。

ウクライナ侵攻を批判してきたナワリヌイと違い、プリゴジンもストレルコフも「愛国者」を自任する戦争推進派だった。政権のやり方に異を唱える者は右派であれ左派であれ、政治的主張に関係なく取り締まる――。侵攻作戦の長期化と戦況の膠着、それに通算五選を目指す大統領選が一年以内に迫ったことに伴い、プーチン政権はあらゆる批判に神経質になっていた。

ストレルコフは一一月一八日に翌年三月の大統領選に立候補すると拘置所内から弁護士を通じて表明したが、拘置が延長されたストレルコフは中央選挙管理委員会に提出する書類に署名できず、出馬できなかった。モスクワの裁判所は二〇二四年一月二五日、ストレルコフに懲役四年の判決を言い渡した。ストレルコフは健康の悪化を訴え、侵攻作戦の前線で戦いたいとして釈放を求めたが、許可されていない。

ランニング・メイト

プリゴジンの反乱収束後、軍と国防相ショイグへの風当たりは一層強まった。軍は侵攻作戦の拠点である南部軍管区司令部をワグネルの部隊に一時占拠される大失態を演じたわけで、本来ならその責任を問われてもやむを得ないところだったが、軍最高司令官である大統領プーチンのショイグへの信頼は揺るがなかった。それは「戦争継続中の国防相交代は望ましくない」というような一般論を超えた、プーチンとショイグの盟友関係に理由があった。

セルゲイ・ショイグはソ連時代の一九五五年五月二一日、シベリアのトゥヴァ自治共和国で生まれた。父クジュゲトは地元新聞の編集長、ソ連共産党地元支部書記、同自治共和国政府第一副首相などを務めた有力者で、母アレクサンドラも同自治共和国議会の議員だった。ショイグ自身は一九七七年にクラスノヤルスク工科大学を卒業した建設技術者で、建設企業勤務を経て共産党幹部となり、ソ連時代末期の一九九〇年にモスクワでロシア共和国国家設計建設委員会副委員長に就任した。ソ連崩壊直前の一九九一年四月、災害救助などを担当するロシア非常事態省の原形である「国家救難委員会」の立ち上げに参画している。その後、ソ連崩壊の混乱の中、ロシアに接する南オセチアとグルジア（ジョージア）の民族紛争正常化を担当するロシア政府委員会のトップなども兼任し、二〇一二年五月にモスクワ州知事に就任するまで、エリツィン、プーチン政権下で一貫して非常事態相を務め続けた。

温厚な人柄と、相次ぐ災害や民族紛争に対処して陣頭指揮を取る姿がマスメディアに注目されたことから、ショイグはソ連崩壊後のロシアで国民に絶大な人気があった。一九九九年八月に当時の大統領エリツィンからロシア連邦首相に抜てきされたプーチンを支えるために政権側が一〇月に急きょ立ち上げた保守中道の新党「統一」（エジンストヴォ）の事実上のリーダーにショイグが選ばれたのは、国民的人気を当て込んだものだった。

「統一」は、多数のテロ行為に関与したとされるチェチェン独立派武装勢力の「力による封じ込め」を打ち出して一気に国民の支持を得たプーチンの人気も相まって、初挑戦した一二月一九日の下院選で七二議席を獲得し、一一三議席の共産党に次ぐ第二党に躍進した。モスクワ市長ユーリー・ルシコフや元首相エヴゲニー・プリマコフ、タタルスタン共和国大統領ミンチメル・シャイミエフらが率いて有力視された中道連合「祖国・全ロシア」（六六議席）を上回る船出だった。

首相就任間もないプーチンより知名度があり、人気も高かったショイグが翌二〇〇〇年の大統領選に立候補すれば当選できるとの声もあった。だが少数民族トゥヴァ人のショイグは野心を表に出すことなく脇役に回り、与党大躍進の余勢を駆って同年三月の大統領選で初当選したプーチンを閣僚として支えた。この「統一」が、その後のプーチン長期政権の基盤となる巨大与党「統一ロシア」の中核になる。プーチンは大統領選の前からショイグと友人になっていた。プーチンとショイグの極めて親密な関係は、こうしてプーチン政権発足前から醸成されたものだった。

軍改革を託す

同一人物の大統領連続三選を禁じていた当時の憲法に従って二〇〇八年に首相職に転じたプー

プーチン大統領とショイグ国防相（左）、ゲラシモフ参謀総長（右）との会合（2012年11月9日、クレムリン。肩書きは当時）

チンは二〇一二年の大統領復帰直後、モスクワ州知事になったばかりのショイグを国防相に抜擢する。当時、国防相のアナトリー・セルジュコフが愛人の贈収賄事件に絡んで解任される大スキャンダルに見舞われていた国防省では、プーチンが目指した装備の大幅な近代化と総兵員数の削減に守旧派が抵抗していた。プーチンは最優先課題の一つに掲げた軍改革の実現を盟友に託したのだった。

二〇一二年の大統領職復帰後、プーチンはショイグと共に休暇をシベリアのタイガで過ごすことが多くなった。昼は野山を歩き、夜はたき火を囲んで談笑する姿がテレビのニュースでたびたび報じられた。二人については、共に優等生とは言いがたい少年期を、首都モスクワからみれば「田舎」の地方都市で過ごすなどの共通点があると指摘される。二人はウマが合った。ロシアのある軍事専門家は「プーチンの取り巻きには、スパイ組織で規律の厳しい国家保安委員会（ＫＧＢ）出身者が多い。諜報機関と無縁のショイグといる時、プーチンは心の安らぎを感じるのだ」と指摘する。二〇〇〇年五月以来、二〇年以上にわたるプーチン主導の政権運営は、発足前から続いてきたショイグとの〝二人三脚〟だった。

ショイグは二〇一二年の国防相就任直後に、伝統的な作戦とサイバー攻撃、宣伝工作などを組み合わせた「ハイブリッド戦争」の手法をロシア軍に持ち込んだゲラシモフを参謀総長に引き上げ、戦略核兵器の更新や超極音速ミサイル導入など「軍のコンパクト化」を進めた。二〇二二年二月にウクライナ侵攻に踏み切ったあとも、ロシア軍は死傷者を最小限にするため無人機で敵兵の居場所を探して個別に撃破する戦い方を続け、戦況を大転換する地上軍の大攻勢や、保守強硬派が求める首都キーウへの集中爆撃などはしていない。「これでは勝てない」との批判を一身に浴びながら、ショイグはプーチンが求める「受動的な」戦争を黙々と続けた。ショイグはプーチンにとっての「ランニング・メイト」だった。ショイグ更迭を要求して反乱を起こし自滅したプリゴジンには、この人間関係が理解できていなかった。ショイグは二〇二四年五月に大統領五期目に入ったプーチンが経済官僚の第一副首相アンドレイ・ベロウソフを新たな国防相に任じるまで、国防相の地位を維持し続ける。

ウクライナの「反転攻勢」失敗

一方ウクライナは、プリゴジンが反乱を起こしたのと同じ二〇二三年六月の初旬、以前から内外に予告してきた「大規模反転攻勢」を開始した。

ショイグは同月六日、国営テレビで、ウクライナ軍が同四日から各方面で大規模攻勢を始めたと述べた。三日間でロシア軍の計七一人が死亡し二一〇人が負傷、戦車一五両などを失ったと認める一方、ウクライナ軍の計三七一五人を殺害し、戦車五二両と装甲車二〇〇台以上を破壊して、反転攻勢はいずれも撃退したと述べた。ロシア側が破壊した中にはNATO側が供与し、ウクライナが反転攻勢の切り札と位置付けていたドイツ軍の主力戦車「レオパルト」八両のほか、欧米が供与した七九の兵器が含まれると説明した。

プーチンは同九日にソチで、ウクライナの大規模反転攻勢は「間違いなく始まった。温存していた戦略的予備部隊を投入したものの、ロシア側の三倍を大きく上回る損害を出して敗退した」と語り、余裕を見せた。

ゼレンスキーも翌一〇日、反転攻勢開始を認め、ドネツク州バフムトの周辺などで地上軍がロシア側を押し返したと主張した。一方ロシアのテレビは、ウクライナ軍の戦車や装甲車が縦列になって進み、ロシアの無人機攻撃などで破壊される様子を繰り返し報じた。のちに明らかになるが、こちらのほうが当時の前線の実態を正確に表していたようだ。ウクライナはその後も南部へルソン州やザポロジエ州で前線の突破を試みるが、塹壕や戦車止めによる堅固な防衛線「スロヴィキン・ライン」に阻まれ、目立った戦果を上げることはできなかった。ウクライナは同年秋まで各方面で断続的に攻勢をかけたが、いずれも撃退された。

一般的に、敵の防衛線を突破する大規模攻勢が成功するには相手の三倍の兵力が必要とされている。欧米から戦車や装甲車の供与を受け始めたばかりのウクライナがロシア軍部隊に勝てる兵力を蓄積するには時間が短すぎた。ロシアの侵攻開始から一年以上が過ぎ、欧米の一部では「支援疲れ」が指摘されていた。領土奪還には支援の継続が必要だと欧米に訴えるウクライナは、戦況打開に十分な兵力が整う前に戦力の逐次投入を始め、はね返された。

プーチンは六月一六日のサンクトペテルブルク国際経済フォーラムで演説し、欧米の制裁を受けながらロシア経済は「今年一・五〜二パーセント程度の国内総生産（ＧＤＰ）成長率を達成できる」と自信を示し、貿易でのドルやユーロ依存からの脱却が進んでいると強調、これまでロシアの最大の貿易相手の一つだったＥＵとの関係に代わって非欧米諸国との関係を強化する姿勢を鮮明にした。同時に、侵攻開始後にロシア市場から撤退した日米欧の企業を念頭に「外国企業がロシアに戻りたいなら扉を閉ざさない」と発言した。質疑応答では、前線での核兵器使用は「必要がない。ウクライナには勝つチャンスはない」と強調した。

七月二三日、サンクトペテルブルクでプーチンと会談したベラルーシのルカシェンコが「六月に始まった反転攻勢でウクライナは二万六〇〇〇人の兵員を失ったと米情報機関が認めている」と述べると、プーチンは「それ以上だ」と応じた。九月五日には、侵攻当時からウクライナ国防相を務めてきたレズニコフが辞任した。軍で発覚した汚職に絡む更迭とみなされたが、反転攻勢の失敗も原因の一つだったとみられている。

長期戦への布石

プーチンは七月二〇日にロシア北部ムルマンスクを訪問し、ロシア領内の北極圏で複数の中核都市を整備して国防を強化するよう指示した。ムルマンスクは北極海周辺で活動する原子力潜水艦の基地になっている安全保障上の重要拠点だ。ムルマンスク州は、ロシアのウクライナ侵攻を受けてNATO加盟を申請し、三カ月前の二〇二三年四月に正式加盟したフィンランドと国境を接している。その隣のスウェーデンも、一〇日前にNATO加盟が事実上決まったばかりだった。拡大を続けるNATO側に対抗するとの明確な意思表示だった。

プーチンは同州知事や閣僚とのオンライン会議で、自然環境が厳しい北極圏の安全保障は「軍関係者が定住できるかどうかにかかっている」と指摘し、住宅やエネルギーなどのインフラを備えた中核都市建設を急ぐため、二〇三五年までの基本計画を二〇二四年一〇月初頭までに策定するように命じた。

ロシア国内では、不足する兵員を確保するための法改正も進んだ。下院は七月一四日、手術による性転換や、身分証上の性別変更を原則として禁止する法改正案を可決した。「子どもの先天性異常を解消する医療行為」などは例外的に認めるが、国立保健機関の医師による許可が必要になる。また夫婦の一方が性別を変更した場合は結婚を無効とし、性別を変更した人は養子縁組の権利を失う。

軍への動員を忌避するために民間医療機関でお金を払って証明書を受け取り、身分証の性別を女性に変える行為が侵攻開始以来急増したと指摘され、こうした動員逃れを封じ込める必要があると説明された。市民団体や一部の医師が懸念を表明したが約四〇〇人の下院議員が署名、反対を押し切った。

ロシアでは同性愛や性別変更を罪とみなすロシア正教の影響が強く、二〇一二年一二月にはＬＧＢＴなどの性的少数者や非伝統的な性的指向に関する情報拡散や「宣伝」、デモ行為などを禁じる法律が施行されていた。プーチンは侵攻開始以来、欧米で広がるＬＧＢＴ容認の動きを「ロシア的価値観の破壊」として繰り返し非難するようになっていた。法改正には兵員の確保と欧米的価値観の拡散防止という一石二鳥の意味合いがあった。プーチンは同月二四日、上院も通過した改正法に署名し発効させた。

プーチンは同じ日、ロシア軍などの予備役対象となる年齢上限を五歳引き上げる改正法にも署名した。年齢上限は二〇二八年までに段階的に引き上げられる。

食料安保強化

侵攻作戦が長期化してもプーチン政権に対するロシア国民の支持が下がらなかった理由の一つに、欧米の制裁にもかかわらず食料などの品不足が起こらなかったことが挙げられる。

侵攻直後、パンや食肉、野菜などの基本的な食料品は価格が一五～二〇パーセント程度上昇したものの、商店の棚から消えることはなく、市民が食料を買うために行列する姿は見られなかった。フランスワインや外国産の高級チーズなどは姿を消したが、時間の経過とともにワイン、ウイスキーなども入荷するようになった。対ロ制裁に加わらない非欧米を経由した輸入が再開したためだ。

政権は基本的な食料品の流通確保に神経を使った。プーチンは侵攻開始後の二〇二二年四月、「食料価格の上昇を最小限に抑える必要がある」として、穀物などの農業産品については国内供給を優先し、輸出は慎重に検討するよう政府に指示した。

プーチンは就任以来、農業生産の底上げを目指してきたが、侵攻後の制裁強化を受けて食料安全保障の強化に一層力を入れるようになった。二〇二四年三月に国内有数の農業地帯スタヴロポリ地方を視察した際には、二〇二三年の農業輸出額は自身が大統領に就任した二〇〇〇年当時の三〇倍に当たる四三五億ドルに達したと述べ、「今は輸入食料への依存は事実上ゼロだ」と自賛した。二〇二四年には協力関係を深める中国への豚肉の輸出を開始するなど、国内農業の振興で食料安保の向上と食料輸出拡大の一石二鳥を狙っている。

アフリカや中国を重視

プーチンは非欧米外交の拡大にも乗り出した。故郷のサンクトペテルブルクで二〇二三年七月二七~二八日に第二回「ロシア・アフリカ首脳会議」を開き、首脳一七人を含むアフリカ四九カ国の代表団を集めた。二〇一九年にソチで開いた第一回会議には四〇カ国以上の首脳が出席したことに比べると、参加を見合わせるよう求める欧米の働きかけの強さをうかがわせたが、逆に言えば一七カ国は独自の判断であえて首脳自身が出席したことになる。

ロシアにとってアフリカには、社会主義国として欧米の資本主義陣営と対立し、「反植民地主義」を掲げて発展途上国を積極的に支援したソ連時代以来の友好国が多い。アフリカ諸国は近年急速に発言権を強めたグローバルサウスの代表格でもあり、経済成長も著しい。またロシアとウクライナが生産する穀物に大きく依存してもいる。

ロシアとウクライナは二〇二二年七月に小麦などウクライナ産の穀物を、交戦が続く黒海を通じて安全に積み出して輸出するための「穀物合意」を結んだが、プーチンは「穀物は食料が不足している途上国には届かず、欧米企業を儲けさせているだけだ」と主張し、二〇二三年七月一七日に合意延長を拒否していた。ロシアとウクライナからの穀物輸出が滞れば中東やアフリカなどで食料危機が起き、政情不安に発展しかねないとの懸念が高まっていた。

プーチンはアフリカ首脳も出席したフォーラムでの演説で「ロシアはウクライナ産穀物を代替できる」と述べ、ロシアからマリや中央アフリカなど六カ国への穀物無償供与の準備が三～四カ月で整うと表明。「西側諸国がロシアの穀物や肥料の供給を妨害している」と欧米の制裁を批判した。アフリカ連合（AU）議長国コモロのアザリ・アスマニ大統領は「ロシアもウクライナもわれわれのパートナーだ。平和を求めるわれわれの呼びかけが聞き入れられると確信している」として両国に和平を促し、世界市場への穀物の供給促進を強く訴えた。

二八日のロシア・アフリカ首脳会議本会議でプーチンは「ウクライナ危機の解決に向けたアフリカの提案を尊重し、慎重に検討している」と応じた。コンゴ共和国大統領ドニ・サスヌゲソが「ロシアとウクライナの紛争終結を改めて呼びかける」と訴えると、プーチンは「交渉を拒否しているのはウクライナの政権だ」と述べ、ゼレンスキーと、軍事支援を続ける欧米を批判した。

さらに「和平案を示したアフリカの国際的地位は向上した」として、AUの二〇カ国・地域（G20）入りを支持し、アフリカの二三〇億ドル（約三兆二〇〇〇億円）の対ロシア債務の免除や、アフリカ諸国発展のための新たな九〇〇〇万ドル支出も表明した。首脳会議は、食料やエネルギー安全保障、教育分野などでの長期的協力や、世界の多極化を目指すことなどを確認する共同宣言を採択した。

プーチンは閉幕後に南アフリカ大統領シリル・ラマポーザらと会談し、アフリカ諸国が六月に示したウクライナ危機の和平提案を協議した。

ラマポーザは、アフリカはウクライナ危機で生じた食料価格高騰などで苦しんでいると訴え「われわれは多くの軍事紛争を経験した。紛争は話し合いで解決するしかないことを知っている」と述べて早期和平を改めて促した。共同記者会見でプーチンは欧米の制裁外交を「新植民地主義」と批判し、アフリカ諸国への有償・無償の食料支援を改めて約束、欧米の圧力を受けながら会議に参加した首脳らは「政治的意思と自立を示した」と称賛してみせた。

一〇月一八日にプーチンは中国・北京を訪問し国家主席の習近平と会談、中ロの連携強化で一致した。会談後には「共通の脅威は両国の関係を強固にする」と結束を誇示した。ウクライナへの侵攻開始後、欧米との金融・貿易上の関係が断たれたロシアにとって、中国は主要な輸出品である原油や天然ガスなどのエネルギー資源の買い手として一層重要になり、習近平はプーチンにとって最も信頼できる対話の相手となった。

欧米の制裁にもかかわらず崩壊を免れたロシア経済は、わずかとはいえ成長に転じ、国民の反発や混乱は起きなかった。二〇二三年秋ごろからは、侵攻開始直後に中断されたテレビの娯楽番組や歌番組などが復活した。欧米が最新型の戦車や長距離ミサイル、戦闘機F16の供与などを次々と表明する中で開始されたウクライナの反転攻勢を抑え込んだことで、プーチンは落ち着きと自信を取り戻した。もはやプーチンの次期大統領選への立候補を疑う見方は消え、あとは「出馬をいつ、どこで表明するか」だけだった。

第4章

「古き良き時代」への回帰

綱紀粛正の波

ウクライナへの侵攻で戦争状態に入ったロシアでは、マスメディアを通じた政権による「反欧米、愛国」キャンペーンが始まった。侵攻を「特別軍事作戦」と呼ぶプーチンの意向を受けて戦争反対を公に口にすることは禁じられ、テレビからは長期にわたって娯楽番組が消えた。侵攻に疑問を差し挟む芸能人や文化人、作家らは「非国民」として扱われ、そのうち多くが欧州諸国やイスラエルなどに出国した。侵攻長期化に伴って批判の対象は拡大していき、綱紀粛正の波が社会を覆っていった。

その典型的な例が、インターネットで豪華なライフスタイルを誇示して自己啓発セミナーの受講料や広告料を稼いでいたインフルエンサーたちの摘発だった。中でも注目を集めたのが、九億ルーブル（約一三億円）以上を脱税したとして逮捕・起訴された「マラソンの女王」ことエレーナ・ブリノフスカヤである。

一九八一年八月にロシア中部キーロフ州で獣医の父と会計士の母の間に生まれたブリノフスカヤは大学を出て会計士になったが、父のクリニックで働くかたわらテレビ広告などのビジネスに取り組むようになった。農業関連企業や不動産業を営む実業家アレクセイ・ブリノフスキーと結婚し、二〇一六年に三五歳で「ミセス・ロシア・インターナショナル」コンテストで一位になった。二〇一八年からは「願望のマラソン」と題するブログを始め、広い自宅に外車数台を持ち、外国のリゾートでの休暇や、友人らと豪華な食事やお茶を楽しむ派手な生活ぶりを公開した。成功の秘訣や人間関係の作り方などを伝授するとして自己啓発プログラムへの登録を勧誘し、参加者から一人四〇〇〇〜三〇万ルーブルの受講料を取った。インスタグラムには五三〇万人のフォロワーがいた。

二〇二二年五月には、既にウクライナ侵攻が始まっていたにもかかわらず二万五〇〇〇人収容のモスクワのスタジアムで「啓発セミナー」を開催、一枚三万ルーブルのチケットが二日で売り切れた。満員のアリーナに白いドレス姿のブリノフスカヤが登場すると会場は興奮に包まれ、ロックコンサートかファッションショーのような雰囲気だった。二〇二一年の誕生パーティーではホテルを貸し切りにして著名人を招き、一億一九〇〇万ルーブルを費やした。贅沢を見せつければ見せつけるほど、成功に憧れる人々の関心が集まった。

高額の受講料を払った参加者の中からは「成功の秘訣など何も示されなかった」「詐欺的だ」との苦情も出たが、本人は「内容を理解して成功のために努力できるかどうかは本人次第」「違法なことはしていない」と反論した。同種のブロガーがほかに何人も現れた。

だが侵攻開始後は「不謹慎」と眉をひそめる意見が高まり始めた。ブリノフスカヤは二〇二三年四月二七日に陸路でベラルーシに出国しようとして国境で拘束された。起訴内容は二〇一九年からの三年間で計九億一八〇〇万ルーブルに上る脱税やマネーロンダリング（資金洗浄）をした罪で、モスクワの裁判所は公判終了まで自宅軟禁とし、インターネットの使用を禁じた。そうした中でも自宅で友人とパーティーを開くなどしたため、二〇二四年一月には拘置所に収監された。大衆紙は、かつての「女王」が大勢の未決囚と一緒に監獄生活を強いられている様子をたびたび報じた。

夫妻は銀行口座や不動産を差し押さえられ破産した。共犯とみなされた夫アレクセイは二〇二四年四月に志願兵としてウクライナ侵攻作戦に加わり、ドネツク州で軍務に就いた。

「贅沢ブロガー」摘発のもう一つの狙いは、脱税を見逃さないというメッセージだ。

侵攻後にG7やEUは経済制裁として、域内にあるロシア中央銀行や政府関係者、オリガルヒと呼ばれる新興財閥所有の資産を凍結した。欧米との貿易を遮断された上に戦費がかさみ、ロシアは深刻な財政難に陥った。二〇二二年一二月に成立した連邦政府の二〇二三年度予算は、歳出約二九兆ルーブル、歳入が約二六兆一〇〇〇億ルーブル。侵攻長期化でかさむ国防支出や併合地の住民への社会保障費などが原因で赤字予算となった。

プーチンは二〇二三年二月二一日に行った侵攻後初の年次報告演説で欧米の対ロ制裁を改めて非難する一方、「ロシアの庶民は、ヨットや外国の屋敷を失った者を哀れんではいない」と、政権が始めた侵攻のとばっちりで制裁を受けた新興財閥らへの「金持ち批判」を展開し、大企業の経営者は海外ではなく「ロシアに投資し、国家と社会に貢献する」よう要求した。

文化人への締め付け強化

東部ハリコフ州からの敗走やヘルソン州の一部放棄など、ロシアが前線で苦境に立たされていた二〇二二年一〇月中旬、モスクワの老舗書店「ドム・クニーギ」（「本の家」）から、人気作家で日本文学研究者でもあるボリス・アクーニンや、ノーベル文学賞候補として名前が挙げられてきた女性作家リュドミラ・ウリツカヤらの作品が従来の棚から目立たない場所に移された。

ソ連グルジア共和国（現ジョージア）出身のアクーニン（本名グリゴリー・チハルチシヴィリ）は『リヴァイアサン号殺人事件』（邦訳版は沼野恭子訳、岩波書店、二〇〇七年）などの小説で知られ、作品は日本語にも多数翻訳されて、二〇〇九年に日本政府から叙勲されている。もともとプーチン政権には批判的で、ロンドンを拠点に活動しており、侵攻反対を公言していた。ウリツカヤは、ロシアと欧米との文化的相克を描いた『陽気なお葬式』（奈倉有里訳、新潮社、二〇一六年）などの作品がある社会派の作家で、政治的にはリベラルな立場だ。プーチン政権とウクライナ侵攻には批判的だった。

ロシアの出版大手ASTは二〇二三年一二月、侵攻に関する不適切な発言があったとしてアクーニンと、詩人で作家のドミトリー・ブイコフの作品出版停止を発表した。書籍販売大手「チタイ・ゴロド」も二人の作品の販売をやめ、店頭から回収した。既にロシアを離れていたアクーニンとブイコフは身分を偽った政権寄りのタレントからオンラインでインタビューを受けた際に、プーチン政権が「ネオナチ」とみなすウクライナ政権や軍を非難せず、侵攻に批判的な態度を取ったとして、SNSで「裏切り者」と批判が拡大した。ロシア金融監視庁は同年一二月一八日、アクーニンを「テロリスト・過激派」のリストに登録、銀行口座が凍結された。二〇二四年一月二六日には内務省がアクーニンを指名手配した。翌二七日には法務省がアクーニンを、三月にはウリツカヤを「外国のエージェント」に指定し、「外国の利益に奉仕する人物」のレッテルを張った。

侵攻後のロシアでは、政権と侵攻作戦への支持を公言しない芸能・文化人が正常な活動を続けることは困難になった。プーチンの大統領五選を支える推薦人団体が二〇二三年一二月一六日にモスクワで開いた発足会合には著名な映画監督ニキータ・ミハルコフのほか、ロシア・クラシック音楽界の重鎮ゲルギエフ、かつてボリショイ劇場バレエ団のトップダンサーだったニコライ・ツィスカリッゼら政権支持の文化人が多数出席した。会合では、愛国的な流行歌『俺はロシア人』で一躍スターになった若手歌手シャマンが「ロシア、神聖なる大国／ロシア、愛するわれらの国」の歌詞で始まる国歌を歌った。

長年ロシア歌謡界のスターだったプガチョワや夫でコメディアンのガルキン、ソ連時代から活動していた伝説的ロックバンド「マシーナ・ヴレーメニ」(タイムマシン)の元メンバー、アンドレイ・マカレーヴィチら、侵攻に反対した芸能界のスターは侵攻開始後にテレビの出演番組をすべて打ち切られ、ロシア国内でコンサートは開けなくなり、イスラエルなどに出国した。文化・芸能界でも、平和を訴える者は「売国奴」とみなされて事実上追放された。

「価値観」の戦争

侵攻後、プーチンが演説のたびに繰り返すようになったのが「われわれの伝統的価値観、ロシアの価値観を守らなければならない」というスローガンだ。ウクライナでは侵攻直後からロシア語の使用を嫌う風潮が広がり、各地に残されていたエカテリーナ二世やプーシキンらロシアの歴史的人物の銅像や、ロシアとの友好に関する記念碑が次々に撤去された。

欧州諸国ではチャイコフスキーらロシア人作曲家の作品の演奏やロシア映画の上映が中止され

るなど、ロシア文化排斥の動きが現れた。第二次世界大戦でナチス・ドイツと戦ったソ連兵を称える碑などもクレーンで吊り上げられて除去され、ソ連を「解放者」と位置付ける歴史観を修正する動きが広がった。ロシアから侵攻を受け多数の市民が死傷する状況の下、ウクライナ側の反応は自然なものだったが、ゼレンスキー政権を「ネオナチ」と位置付けて侵攻を正当化するロシアはこれを「ナチス・ドイツ軍に蹂躙《じゅうりん》されたウクライナを解放するために犠牲になったソ連兵とロシア人に対する冒瀆《ぼうとく》」と非難し、両国の戦いは文化や価値観など精神的な分野にまで及んだ。プーチン政権高官は欧米でのロシア文化排除を「ヒステリックなロシア・ヘイト」「ロシア人差別」などと非難した。

だがウクライナも、NATOに加盟する欧米諸国もキリスト教文化圏にあり、一〇世紀に古代ルーシのキエフ公国が正教を国教として受容したロシアと同じキリスト教文明だ。「ロシアの価値観」とは何なのか、ロシアが批判し続けるNATO側の価値観とどう違うのかは、必ずしも明確ではない。

「ロシアの価値観」の中核とは何なのかという筆者の質問に、モスクワのある大学教員は「困っている他人を見過ごしにできず、手を差し伸べようとする気持ちだと思う」と答えた。別の大学教授は「ロシア人は、物質的利益よりも精神的なもの、崇高な価値を重視する傾向がある。たとえば『祖国への献身』とか、『同胞への愛』などだ。今の政権が強調しているのはそういうことだ」と説明した。

プーチンや政権幹部らの発言を総合すると、基本的人権の保護を前提に個人の自由や主義主張、人生の選択を最大限に尊重しようとする現代の先進国で一般的な考え方と違い、個人の自由よりもコミュニティー全体の利益を重視し、個人は全体の利益のために貢献すべきだという考え方を「ロシアの価値観」と呼んでいるようだ。

プーチンはたびたび、「ロシアの価値観とは家族の価値観だ」と説明してきた。

二〇二四年一月二三日、プーチンが大統領令で二〇二四年を「家族の年」と定めたことを受け、さまざまな施策のスタートをＰＲするキックオフ・イベントがモスクワで開かれた。「よい家族」コンクールの表彰式に出席したプーチンは次のように述べた。

「ロシアは実際、大きな一つの家族だ。「たくさんの家族で構成する家族」と言ってもいい。そこでは平和的な合意の下、多様な民族が数百年にわたって暮らし、さまざまな文化や言語、生活習慣はロシアを分裂させるどころか、むしろ統合してきた。なぜならわれわれには共通の価値観があるからだ。その価値観はわれわれをもっと強くし、自信を持たせ、団結させる。われわれがまとまっていれば、どんな困難でも克服でき、どんな目標も達成できる。たくさんの子どもがいて皆で助け合う大家族では、皆さんのような素晴らしい子どもたちが育つ。

家族は人に、単純だがとても大切な真実を教えてくれる。それは父の助言や母の愛情、兄弟同士のいたわり合いに含まれているもので、人間の道徳的な方向性を形づくる。家族の価値観こそが自分や家族、ひいては祖国の運命に対する責任感を培う。子ども時代につくられた家族の価値観は両親の元から巣立ったあとも途切れず、祖国への偉大な献身や将兵たちの勇気として具現化されていく。こんにちのわが国にあって、それは「特別軍事作戦」の参加者や彼らを支えるボランティアが示す勇気である。家族の価値観こそが社会を団結させるのだ」

同じ家で暮らし血縁と愛情で結ばれた人々が団結して外敵と戦い、助け合って生きていくというプーチンの家族観は、競争原理に基づく資本主義経済の下で個人の自由と権利を尊重し、金銭的尺度で物事の価値を計りがちな欧米的価値観とは様相を異にしている。

だが、家族同士あるいは人々の支え合いに価値を見出すのは、技術革新が進み長距離交通やコミュニケーション手段が発達する以前の世界ではごく普通の考え方だった。プーチンの言う「ロシアの価値観の擁護」とは、一昔前の家父長制的価値観の維持と言っていいだろう。それはロシア正教会の教えと一致する部分が多い。

「ロシアの価値観」と「欧米の価値観」の相違について、歴史学博士でプーチンのブレーンともいわれた元下院議員ナタリヤ・ナロチニツカヤは二〇二三年六月、モスクワで筆者に対し「キリスト教の主要な意義は権力欲と物質欲の克服だ。草創期のキリスト教が持っていたこれらの価値観を現代の欧州は捨ててしまったが、ロシアは守っている。ロシアが反欧米なのではなく、欧米が離れていったのだ」と説明した。

「自由」の解釈についてナロチニツカヤは「『私は自由だ、誰も私を非難できないし、私に首輪をつけることはできない』というのと、『私は自由だ、誰を侮辱しようが低く見ようが勝手だ』というのとではまったく違う。いま欧米では、『誰を中傷し侮辱するのも自由だ』と考えるようになってしまった。どんな罪も堕落も許されるという解釈だ。一方ロシアは、家族とは男女の組み合わせであり、純潔は疑う余地のない価値だという理想を今も持ち続けている。今はポストモダニズムの革命的なイデオロギーが欧米を席巻しており、たとえばＬＧＢＴに反対すれば事実上社会から追放される。これは自由の歪曲だ。いまロシアが非欧米諸国を引きつけるのは、自由の意味を歪めた欧米の思想が伝統社会に嫌悪されているからだ」と主張した。

ナロチニツカヤは、ロシア正教とプロテスタントとの考え方の違いも指摘した。「労働を奨励し、富を神に選ばれた兆候とみなした米国や英国のプロテスタント思想は、「正しい教会に属している自分たちは他者に優越している」という高慢な思想を生んだ。一方、ロシアの文化では「私は他人より優れている」と公言することはあり得ない。自己宣伝する人は嫌われる。ソ連の学校では、本音ではピオネール（ボーイスカウト）のリーダーに選ばれたくても、自分で自分に投票するのは恥ずかしくてためらわれたものだ。

今の欧州が異論を嫌う姿はまるで共産主義のようだ。自由主義は、個人が国家や宗教など人間関係のあらゆるシステムから完全に自立しているという思想に変わってしまった」

ソ連時代の著名な歴史学者の娘でフランス語を自由に話し、国連本部で職員を務めた国際派でありながら保守的、愛国的立場でも知られるナロチニツカヤの目には、「キリスト教の古き良き伝統」を守っているロシアが善であり、個人主義を絶対視して途上国に民主主義や人権擁護を要求する欧米の態度は独善的で傲慢だと映っている。

戦争を支える正教会

キリスト教の「原初的な価値観」をロシア社会で体現する正教会は、プーチンが始めたウクラ

ロシア正教会の大本山「救世主キリスト大聖堂」（2023年6月、モスクワ）

イナ侵攻に否応なくのみ込まれ、侵攻長期化に伴って戦争を支える立場になった。

　ロシア正教会は全土に推定七五〇〇万人の信者を持つ。人々が祈りを捧げる教会堂の数は約三万五〇〇〇で、修道院の数は九〇〇を超す。東方正教会の中での最大勢力だ[1]。

　ロシアの公式なキリスト教受容は九八八年（または九八九年）に、キエフ大公ウラジーミルがビザンチン帝国の教会から洗礼を授けられる形で行われた。ウラジーミル大公が洗礼を受けたとされるのが、二〇一四年にウクライナからロシアが編入したクリミア半島のヘルソネスだ。ロシアの教会は徐々に民族化していき、典礼の用語もギリシャ語に代わって古代教会スラヴ語が使われるようになる。この言葉がロシア語成立の基盤となり、のちにロシア帝国の版図となる各地に東方正教（キリスト教）文化と、それを伝える手段としてのロシア語が広まっていく。

ロシアの教会は一四五三年のビザンチン帝国の崩壊により完全な独立を獲得し、一七世紀前半の「スムータ」（動乱）と呼ばれる政治的混乱などを経てロシアの安定に大きな役割を果たすことになるが、一八世紀に皇帝ピョートル一世が推し進めた近代化の一環として一七二一年に総主教制が廃止され、皇帝の官吏がトップを務める宗務院（シノド）が設置されたことにより正教会は国家機関の一部に取り込まれる形になった。

一九一七年のロシア革命で帝政が崩壊し、ロシア正教会はほぼ二〇〇年ぶりに総主教制を復活させたものの、宗教を否定した共産主義・ソ連の政権に弾圧されて、教会は存亡の危機に追い込まれた。

一九八五年にソ連共産党書記長に就任したゴルバチョフの改革路線「ペレストロイカ」で公に活動が認められたロシア正教会は、一九九一年のソ連崩壊後、共産主義イデオロギーが否定され経済や治安も悪化する混乱の中にあって多くの市民の精神的よりどころとなり、息を吹き返す。

二〇〇〇年に大統領になったプーチンは幼時に教会で洗礼を受けたキリスト教信者であることを就任前から公言し（『第一人称で』）、革命期やソ連時代に国家が接収した教会の土地やイコン（聖像画）などの資産返還を進めるなど正教会の活動を積極的に擁護した。このため憲法では「政教分離」を建前としていながら、正教会と国家の関係はプーチン政権下でかつてなく良好なものになっていた。

現在、ロシア正教会を率いる最高位の総主教キリルは、一九四六年一一月にプーチンと同じ旧ソ連レニングラード（現サンクトペテルブルク）で生まれ、先代のアレクシー二世の死去に伴って二〇〇九年二月に第一六代総主教に即位した。即位の前からプーチンとの良好な関係で知られる。

キリルは当初、侵攻作戦から距離を置いていた。侵攻開始直後の二〇二二年三月、前線に部隊を派遣する国家親衛隊の隊長ヴィクトル・ゾロトフにイコンを贈って戦勝を祈ったものの、作戦そのものへの言及はしなかった。「国家の下に団結し、ロシアの独立を守らなければならない」と発言したのは四月になってからだった。

だが、ウクライナへの侵攻は教会内部に大きな動揺を生んだ。侵攻直後、正教会の司祭や輔祭ら二九三人が署名入りで、ウクライナでの戦闘を「兄弟同士の殺し合い」と呼び「各人の命はかけがえがなく、人生は神によって与えられた、たった一度の贈り物だ。交戦する双方に対話による解決を求める」として、即時停戦を促すアピールを発表した[2]。

ウクライナのキリスト教徒の約二五パーセントを抱えるモスクワ総主教庁系の「ウクライナ正教会」（УПЦ）は五月二七日、ロシアの侵攻を「『殺すなかれ』の教えに反する」と批判し、「ロシア正教会との精神的一体性と関係は維持する」としながらも、これまで事実上の上部団体として敬意を払ってきたロシアの教会から「完全に独立」すると表明した。ウクライナの政権に近く、同国キリスト教徒の約六〇パーセントを擁する「正教会ウクライナ」（ПЦУ）の攻勢を受けながら親ロシアのウクライナ正教会を支援してきたロシア正教会にとっては大きな痛手だった。

教会幹部の左遷

六月七日には、ロシア正教会の外相と広報官の役割を兼ねてきたモスクワ総主教庁渉外局長の府主教イラリオンの解任と、ハンガリーにある在ブダペスト教会への異動が突然発表された。人事の広報には高位の役職を離れる際のおきまりの「長年の功労に感謝する」との表現すらなく、明らかな左遷だった。

当時五五歳のイラリオンはキリルが総主教に即位した二〇〇九年に渉外局長に就任した。英オックスフォード大学に留学して哲学博士号を取得、一〇〇冊にも上る著書があり、作曲まで手がけるイラリオンは現代的なインテリ聖職者として知られ、キリスト教の教養を解説するテレビ番組にも毎週出演する「正教会の顔」だった。一一世紀の東西教会分裂で袂《たもと》を分かったローマ・カトリック教会との歴史的和解に意欲を見せる総主教の意向を受け、二〇一六年にはキューバでキリルとローマ教皇フランシスコとの会談を実現させた。ロシア正教会の対外的影響力拡大を目指すキリルの戦略にはうってつけの人物で、二〇歳年上のキリルの有力な後継候補とみなされてきた。

ロシア紙『ネザヴィーシマヤ・ガゼータ』（独立新聞）によると、イラリオンはウクライナとの緊張が高まっていた侵攻直前に「私は戦争を恐れる。回避のためにあらゆる努力をすべきだ。規模の大小や、世界大戦か地域紛争かは関係ない。わが国をこうした戦争に引き込もうとする勢力が国内外に存在する」と述べるなど、正教会の「平和主義」派の代表格とみなされていた。同紙はこうした発言や、侵攻開始後のウクライナ正教会の独立宣言が更迭を招いたと指摘し「ロシア正教会、戦時体制に移行」と一面トップで報じた。後任の渉外局長には、かつてキリルの秘書官を務め、ほかのキリスト教会との信者獲得競争で強硬な姿勢とされる三七歳の府主教アントニーが任命された。同じ六月にイスラエルのエルサレムで予定されていたキリルとローマ教皇フランシスコとの二度目の会談は中止になった。

解任発表のあと、イラリオンはこれまで神事を執り行ってきたモスクワの教会で信者らを前に「(解任理由について)私自身、詳しくは聞かされていない。「社会と政治状況が変わったことによる決定だ」と言われた。大きな方向転換に、私はついていけなかったということだ」と話し、時折言葉に詰まりながら「今はただ、皆さんとの別れが悲しい」と語った。[3]

ロシア正教会ではその後も、侵攻に反対する立場を取る聖職者への弾圧が続いた。教会裁判所は二〇二四年一月一三日、モスクワ中心部の教会で約三〇年活動し、リベラルな政治姿勢で知られるアレクセイ・ウミンスキー長司祭の聖職剝奪を発表した。教会の最高位キリルの指示に従わなかったことを理由に挙げた。

ウミンスキーはテレビの解説番組や信仰に関する多数の著作で知られ、二〇二二年八月に死去した元ソ連大統領ゴルバチョフの葬儀を取り仕切った。二〇二三年一一月のインタビューで「戦争は誰の利益にもならない」と述べ、「勝利のために祈りたくない信者は、平和のために祈りなさい」と呼びかけていた。

思想的同類＝神父チーホン

正教会の総主教キリルが侵攻にあいまいな態度を取り続けていた時から、プーチンへの全面的な支持を公言していた高位聖職者がいた。ロシアや欧米のメディアから「大統領の聴罪司祭」と呼ばれてきたプスコフ府主教チーホン（俗名ゲオルギー・シェフクノフ）だ。二〇二三年一一月からクリミア半島でシンフェロポリ・クリミア府主教を務めている。

一九五八年七月二日にモスクワで生まれたチーホンはプーチンより六歳若く、ソ連時代の一九八二年に全ソ映画大学の脚本学科を卒業した異例の経歴を持ち、ロシア史に関する著作や自作の映画も多い。学校の先生のような、人を引きつける穏やかな語り口で保守的歴史観を説く教会のイデオローグでもある。ソ連崩壊後の一九九〇年代後半に、ＫＧＢの後継組織である連邦保安局（ＦＳＢ）本部近くにありＦＳＢ関係者がよく訪れていたスレテンスキー修道院で活動していた縁で、当時ＦＳＢ長官だったプーチンと知り合った。

聴罪司祭とはキリスト教のカトリックや東方正教会において信者から罪の告白を聞いて許しを与え、教導する聖職者のことだ。プーチンの内外の視察旅行に同行する場面がたびたび伝えられてきたが、「プーチンの聴罪司祭なのか」という質問に「それはご本人に聞いてください」と、肯定も否定もしない。ロシアを取り巻く欧州の歴史に詳しく、自身が監督として制作した二本のドキュメンタリー映画『帝国の滅亡――ビザンチンの教訓』（二〇〇八年）と『帝国の滅亡――ロシアの教訓』（二〇二一年）は国営テレビで何度か放送され、インターネット上でも公開された。

チーホンはウクライナ侵攻開始から約九カ月後の二〇二二年一一月一二日にロシア国営テレビに出演した際、自身が神学校で教えたウクライナ人の司祭や同僚のロシア人神父が戦闘で亡くなったことを嘆き、「特別軍事作戦」は「兄弟国にとっての不幸」だと述べた。

その一方で「具体的な理由はわからない。だが私はプーチンという人を少しは知っている。医師が命に関わる重い症状を見つけたら手術に踏み切るのと同様、もし（国の）命に関わるほどの重大な問題がなかったならプーチンは作戦を始めなかったと私は確信している」と述べ、侵攻に踏み切った大統領を無条件に擁護した。

番組の女性キャスターから「軍事作戦の目的は何だと思うか」と聞かれたチーホンは「私たちの記憶の中には、「一九四一年六月二二日の午前四時、宣戦布告もなしに」（ナチス・ドイツによる電撃侵攻を指す＝筆者注）というフレーズが染みついている」とし、「喧嘩が避けられないなら先手を打つしかない」というプーチンの言葉を引用して「軍最高司令官になった彼なら、「為政者が、敵からの攻撃が避けがたいと知りながら先制攻撃をしなければ、自分の国と国民に罪を犯したことになる」という言い方をするだろう」と話した。

その上で、一八一二年のナポレオン戦争の際、プロイセン国内にいるフランス軍を攻撃するよう主張した将軍ピョートル・バグラチオンの進言を退けたロシア皇帝アレクサンドル一世が「もし先に攻撃を仕掛けたら、わが国は被害者ではなく侵略者になってしまう。余は被害国としての地位を失いたくない。……もしわれわれが相手の攻撃を受けてから反撃を始めれば、わが国は解放者となる」と説明したという故事を紹介し「決断を下す人物には、他者とは比べものにならないほど重大な責任があるのだ」と指摘した。

結局ナポレオン軍に攻め込まれたロシアが首都モスクワを明け渡して苦戦を強いられた史実は、トルストイの小説『戦争と平和』にも描かれているとおりだ。ここでもチーホンは、ナチスの電撃侵攻に対応できなかったスターリン率いるソヴィエト政権の失態だけでなく、ナポレオン遠征の例まで持ち出して、たとえ「侵略国」の汚名を避けることができたとしても国民の命と財産が守れなければ意味がない、とのプーチンの立場を代弁している。

同じ番組で自作の映画について尋ねられたチーホンは、ビザンチン帝国は欧米の個人主義とヴェネツィアの銀行の陰謀によって、帝国を統合する信仰である正教が弱体化したために崩壊し、また一九一七年のロシア二月革命は英国によって引き起こされたのだと主張している。その上で「帝国とは、一つの言語と単一の経済システムの下にさまざまな民族が加わり、一つのイデオロギーや一つの主要な宗教を持つ、あるいは各種の信仰を持つ多くの国々が統合された領域のことだ。ロシアはその性質からして帝国であり、好むと好まざるとにかかわらず帝国でなければならない」と断言した。これはプーチンとウクライナ侵攻を支持する社会思想家アレクサンドル・ドゥーギンの考えと一致している。

さらに、「いま、ロシアのエリートたちはものすごく批判されているが、代わりがいない。だがウクライナ侵攻によって指導層の顔ぶれは大幅に、完全に入れ替わっていくだろう。国を動かしている人々の大部分は最大限、責任をもって仕事に取り組んでいる。……ロシア革命の時だって、臨時政府の高官たちはロシアのためになると思いながら、結果としてレーニンのような「ロシアがどうなろうと知ったことではない」という連中の手に国を渡してしまったのだ。だから国を愛するだけではなく、勇気と無限の責任を持って国益のために献身する必要がある」とも強調した。後述するように、二〇二四年三月になってプーチンは、国の将来の指導層はウクライナ侵攻作戦の従軍経験者によって形成されるべきだとして、特別な人材登用プログラムをスタートさせることになる。チーホンが実際にプーチンの懺悔《ざんげ》を聞いている神父なのかどうかは不明だが、二人の政治的意見が完全に一致していることからみて、歴史や「ロシアはどうあるべきか」という問題について両者が緊密に意見交換し合っていることは想像に難くない。

モスクワ系教会への締め付け

侵攻後、ウクライナではモスクワ系正教会への締め付けが始まった。

KGBの流れをくむウクライナ保安局（SBU）は二〇二二年一一月、首都キーウで一〇〇〇年近い歴史を持つ正教会のペチェルスカヤ大修道院の家宅捜索に踏み切った。大修道院は現在のロシアやウクライナの起源とされる「キエフ・ルーシ」時代の一一世紀に造られ、古代から修道士たちが祈りを捧げた地下の長い洞窟がほぼそのままの姿で保存されている。ウクライナ人のみならず、ロシアの正教徒にとっても深い信仰の対象になってきた。

捜索は信徒らが「母なるロシア」という文言の祈りを捧げたことが「対敵協力」の疑いがあるとして行われ、「親ロシア的な文書」や現金一〇万ドルが見つかったと発表された。

ソ連崩壊後のロシアとの関係悪化を受け、ウクライナの正教会はロシア正教会に近いモスクワ総主教庁系の「ウクライナ正教会」とウクライナ独自路線の「正教会ウクライナ」に分裂したが、信徒の数では少数派になったモスクワ系はその後もペチェルスカヤ大修道院を本拠とし続けた。ロシアの侵攻開始後、モスクワ系も侵攻を批判して二〇二二年五月に独立を宣言したものの、ロシア正教会との関係は維持すると表明していた。

ウクライナ政府は二〇二三年三月、建物の使用契約の期限切れを理由に、モスクワ系教会に大修道院からの立ち退きを要求した。これまで大修道院の教会に通って祈りを捧げてきたモスクワ系の信者が大勢集まって抗議の声を上げ、修道院の周囲は騒然となった。SBUは同年七月、同じ年の四月に自宅軟禁とした大修道院のトップ、パーヴェル府主教を「ロシアの侵攻を正当化した」疑いで拘束した。大修道院はウクライナ政府の管理下に入り、反ロシアの「正教会ウクライナ」が使用することとなった。

ゼレンスキーは同月、正教会の暦に従ってロシアと同じ一月七日に祝ってきたクリスマスの祝日を変更し、欧米に合わせて一二月二五日とする大統領令に署名、ロシアの教会からの離反を後押しした。ウクライナ最高会議は二〇二四年八月二〇日にモスクワ系教会の活動を禁じる法律を賛成多数で可決、ゼレンスキーが同二四日に署名して発効させた。これにはローマ教皇フランシスコが「いかなる教会も廃止されてはならない」と懸念を表明した。

侵攻作戦への支持明確に

ロシア正教会の総主教キリルは、侵攻開始後初のクリスマスとなった二〇二三年一月七日（ロ

アンドレイ・ルブリョフ作『聖三位一体』

シア正教のクリスマスは一月七日）には「祖国のために祈ろう。真実が勝つ」などと述べ、侵攻作戦支持の姿勢を示す一方で、ロシア人とウクライナ人が「将来、敵同士にならないよう力を尽くす」と表明していた。同じ日に大統領府があるクレムリンの聖堂で祈りを捧げたプーチンは、正教会が「ロシアの歴史的記憶を守り、特別軍事作戦に加わる兵士たちを支えている」と謝意を示した。

煮え切らない態度の正教会に対し、戦時下に教会の支援を得たいプーチンは国家が管理する教会資産の返還でアプローチをかけた。

二〇二三年五月、ロシア正教会は、伝説的イコン画家アンドレイ・ルブリョフの手で一五世紀に描かれたロシア・イコンの最高傑作『聖三位一体』がプーチンの決定で教会側に返還されることになったと発表した。『聖三位一体』はルブリョフがモスクワ近郊セルギエフ・ポサドのトロイツェ・セルギエフ大修道院で描いたとされる。ロシア革命後の一九二九年、教会を弾圧した共産党政権の手でモスクワの国立トレチャコフ美術館に移され、温度や湿度を一定に保つ特殊なガラスケース内で展示されていた。

正教会の本部であるモスクワ総主教庁は当初、プーチンが「多くの信者の願いに応えて」『聖三位一体』の返還を決め、正教会の総本山であるモスクワの「救世主キリスト大聖堂」で一年間展示したあと、もともと所蔵されていたトロイツェ・セルギエフ大修道院に戻されると発表した。

文化財専門家の間からは強い反対の声が上がった。『聖三位一体』は世界的に貴重なキリスト教文化財とされており、二〇二二年七月にセルギエフ・ポサドの大修道院に短期間貸与された際に絵の具の剥離など約六〇カ所の「異変」が生じたとして修復作業中だったからだ。普段は政権批判を控えているロシアのメディアも「正式な大統領令はまだ出ていない」「世界で最も有名なイコン、ロシア文化の象徴が破壊される恐れがある」と反対の論陣を張った。

五月末、教会側と専門家らの会議でいったん「文化財保護の観点から、美術館からの移送は望ましくない」との結論がまとまったが、会議で教会を代表した長司祭カリーニンは直後にキリルの命令で更迭された。結局、イコンは真夜中にトラックで美術館から大聖堂に運ばれ、正教会の重要行事「三位一体の日」の六月四日に予定通り公開が始まった。

キリルは「祖国が巨大な敵と対峙している今、イコンが教会に返還された」と返還実現の意義を強調してプーチンに謝意を示し、「神と祖国、大統領のために」祈るよう信者に呼びかけた。

『ネザヴィーシマヤ・ガゼータ』は、六〇〇年前の貴重な文化財が「まるで消費財のように扱われ、文化財保護専門家の意見は目的を達成するためには邪魔だとみなされた」と批判するモスクワ大学助教授のコメントを報じた。

異例の批判を受け、作品に対しては著名な文化財修復センターによる修復作業が再開された。だが、結局は修復が終了したとして二〇二四年一月から再び救世主キリスト大聖堂で展示されたのち、同年六月二二日にイコンは最終的にセルギエフ・ポサドに移された。

専門家の反対を押し切って強行された文化財返還は、戦時下に正教会の支援を取り付けるためならあらゆる手段を使うプーチンの強権体質とともに、政権と教会の密着ぶりを見せつけた。

政教分離規定の影で

ソ連崩壊後の一九九三年に成立したロシア憲法は、第一四条で「ロシア連邦は世俗の国家であり、いかなる宗教も国家的、または義務的なものにはなり得ない。宗教組織は国家とは分離され、法的に平等である」と政教分離を明確に規定している。

だが、ウクライナ侵攻開始後の二〇二二年一一月九日、プーチンは「ロシアの伝統的価値観を維持・強化する国家政策の基本」に関する大統領令に署名し、その中でキリスト教、イスラム教、仏教などを「伝統的価値観を形成する上でのロシアの精神的遺産の不可分の要素」とした上で、伝統的価値観強化において特別な役割を果たすのが「ロシア正教」であるとして、ロシア正教会の特別な地位を公に認めた。また「ロシア連邦は伝統的価値観を、ロシアの主権を維持強化し多民族国家の統一性を確保するための社会的基盤とみなす」と規定して、教育やメディアの報道などを通じて伝統的価値観の保護と発展を図っていくよう命じた。[4]

侵攻開始からほぼ二年、またキリルの総主教即位一五周年に当たった二〇二四年二月の初め、タス通信は、過去一五年間で正教会の府主教管区は一五九から三二五に倍増し、軍関係の教会は一三倍の約一〇〇〇に、兵士のために祈る従軍司祭も一六倍の三二〇〇人に増えたと伝えた。無神論のソ連時代とは様変わりした政権と教会の支え合いだ。

政権と正教会との関係が一層親密さを増している実態が露骨に現れたのが、二〇二三年一一月二八日に正教会が中心になってモスクワで開いた第二五回「世界ロシア民族大会議」だ。

ソチからオンラインで参加したプーチンは「われわれは今、ロシアだけでなく世界の自由のために戦っている。一極（米国のこと＝筆者注）による独裁体制は老朽化し、世界にとって危険なものになった。ロシアは新しい世界秩序構築のための先頭に立っている」とした上で「キリル総主教の指導の下、多くの聖職者がウクライナの前線に赴いて兵士の無事を祈り、またボランティアとして作戦を支えている」と謝意を示した。

そのあとに登壇したキリルは、「家族こそロシアの伝統的価値観の基本だ」と話し、「私たちは、就任当初から国家元首としてのあなたの活動に特別な注意を向けてきた。神があなたに、祖国と国民のための仕事を続ける力を与えてくださいますように」と祈った。さらに「ロシアの文化と国家発展における正教の歴史的役割について常に理解を示してくれる国の指導部、とりわけウラジーミル・ウラジーミロヴィチ・プーチンに、特に感謝を申し上げたい。ロシア正教会やそのほかの宗教団体が国家と、今ほど建設的で友好的な関係を持ったことはなかった」と述べ、「教会のため、プーチン大統領のため、祖国のために祈るよう呼びかけるのが私の義務だ」と演説を締めくくった。まだ次期大統領選への立候補を表明していなかったプーチンへの、事実上の出馬要請だった。

正教会は同じ二八日、侵攻開始以来、聖職者七〇〇人がロシア軍に同行し、約一〇〇人の司祭が今も前線で神事などの活動を続けていると発表した。教会はもはや、侵攻作戦に加担するロシア最大の民間団体になっていた。

この世界ロシア民族大会議でプーチンは、ソ連が戦後打ち上げに成功した人類初の人工衛星に触れて「第二次世界大戦終結のわずか一二年後、世界は「スプートニク」というロシア語を知るようになる。独ソ戦のまっただ中、その日その日に戦場で勝利を収めることが最も重要だった時ですら、わが国の核・ミサイル開発の専門家たちは、戦略的に重要で必要な技術の開発に取り組んでいた。未来のことを考えていたのだ。私たちもまさにそうだ。どんな状況下にあっても、常に国の将来を考える」と述べ、喝采を浴びた。

侵攻開始後、プーチンはソ連時代のことを前向きな例として引き合いに出すことが多くなった。人権抑圧などを理由に欧米から制裁を科される中で科学技術の振興に力を入れ、自力発展の道を探ったソ連時代の経験は、ウクライナ侵攻後に欧米諸国と厳しく対峙するようになった現代のロシアとそっくりだというのが主な理由だが、自身が多感な少年時代を過ごした戦後の「古き良き時代」への郷愁もあるのだろう。そのノスタルジーは、伝統的価値観の維持強化を唱える政策として現れている。

肩を並べて支え合う

プーチンはウクライナ侵攻開始から約三週間後の二〇二二年三月一八日、モスクワのルジニキ・スタジアム（旧オリンピックスタジアム）で開かれたクリミア編入八周年の記念行事で演説した際、「特別軍事作戦」はクリミアに続いて独立を求めたドンバスのロシア系住民をウクライナ側の弾圧から救うために必要だったとした上で、次のように述べた。

「私の頭には聖書の言葉が浮かんでくる。『友のために命を捧げることほど大きな愛はない』。これはキリスト教の聖典の言葉ではあるが、キリスト教徒だけでなくロシアのすべての市民、あらゆる宗教の信者にとって共通のものだ。そのことは、いま兵士たちが戦場で、肩と肩を並べて助け合い、互いに支え合って、そして必要ならば自分の体を兄弟の弾よけの盾としている事実が証明している。わが国でこれほどの一致団結は、もう長いこと見られなかったものだ！」[5]

大型バスで動員された多くの若者たちの前で丸首のセーターに黒いジャンパーを着たプーチンがこう語ると、観客席から歓声が巻き起こった。そこには、ロシア正教の信者であることを強調するプーチンと、「戦後生まれの戦中派」としてのプーチンがいた。祖父や父母の世代から伝えられた「第二次世界大戦の記憶」が戦争体験のないプーチンの中に、同胞のために命を投げ出すことも厭わないという保守的な倫理観を育んだ。

この「肩と肩を並べる」という言葉は、その後プーチン演説の十八番になった。侵攻後初めて実施した二〇二三年二月の連邦議会に対する年次報告演説では、侵攻作戦の初日からロシア国民は団結し、大勢が自ら志願兵やボランティアになって「祖国と真実、正義のために戦っている」と称賛した上で、戦場では「多民族国家ロシアの各地から集まった異なる民族性を持つ兵士たちが肩と肩を並べて戦っている。祈りの言葉こそ違っても、勝利のため、戦う同志のため、そして祖国のために一丸となっている」と述べている。

二〇二四年一月二六日、学業を中断して侵攻作戦に参加した大学生らとサンクトペテルブルクで対談した際には、ロシア全土の学生たちが前線の負傷兵のために提供した献血の量が一九トンに上ったと話し、従軍した学生たちに「こういう若者を育てたあなた方の両親に深く感謝したい。困難な時に自分のことはそっちのけで国に肩を貸そうとするのがロシア人の国民性だ。それが世代から世代へと受け継がれている」と称え、侵攻に参加した若い世代が国の新たなエリート層を形成するべきだと述べた。

人生の意味

プーチンの死生観が垣間見えたのが、二〇二二年一一月二五日に開かれた侵攻作戦従軍者の母親たちとの会合だ。モスクワ郊外のノヴォ・オガリョヴォにある大統領公邸に集められた十数人の母親たちの多くは、ウクライナ侵攻や、それ以前のウクライナ東部紛争で戦死した将兵の遺族だった。

冒頭でプーチンは「母親にとって、息子はいくつになっても子どもだ。その息子たちが戦死するのは悲劇でしかなく、埋めがたい喪失だ。私たちも、皆さんと痛みを共有している」と切り出して遺族支援を約束し「あなた方の子どもは祖国を守る道を選んだ。それは両親が模範を示したからだ」と謝意を示した。

二〇一四年にウクライナ政府軍との交戦で息子が戦死したという東部ルガンスク州の女性が「一時は悲嘆に暮れたが、ある時「お母さん、もう悲しまないで」という息子の声が聞こえ、前を向くようになった。いまは同じ境遇の家族を支援する活動をしている」と涙ながらに語り、ルガンスクを含む東部・南部四州のロシアへの併合に踏み切ったことに感謝の意を表したのに対し、プーチンは神妙な表情で次のように述べた。

「ロシアでは交通事故で毎年三万人、アルコールの多量摂取でも同じくらいの人が死んでいる。……残念ながら、ここにいる私たちも皆、いつかは死ぬ運命にある。大切なのは、どう生きたかだ。人生は多様で、本当に生きたのかそうでないのかもわからないような人生だってある。だが、あなたの息子さんは本当に生き、目的を達成した。彼の人生は有意義だったのだ」[6]

人生の価値は長く生きるかどうかではなく、どう生きるかで決まる——。日本語でいう「太く、短く」という考え方に近い。だが隣国へ軍事侵攻している国の元首の発言としては、国家への奉仕、祖国のための戦死を賛美するようなものだと批判されても仕方のない物言いだった。国営テレビは二時間以上にわたるやりとりを中継し、その後も繰り返し放送した。一方、独立系メディアは、行事は政権の支持者だけが選ばれた茶番だとの批判の声を伝えた。

祖国と同胞のために命がけで戦う人生を「有意義」だと評価するプーチンが憎むのが「裏切り」だ。

二〇二三年七月にタス通信社長に就任した元国営テレビ幹部でジャーナリストのアンドレイ・コンドラショフが制作し二〇一八年三月に公開したプーチンとの長時間インタビューを軸にした映画『プーチン』がある。当時、通算四期目を目指すプーチンの選挙対策本部報道官になっていたコンドラショフはこの映画で、ソ連崩壊後の混乱を収拾して安定を取り戻し、ソチで冬季五輪を開催するまでになったプーチンの功績を改めて振り返っている。選挙向けの宣伝映画だが、プーチンはこの中で自分の半生についても詳細に話した。二〇〇〇年の初当選の前に三人の記者とのインタビューに応じて半生を語った本『第一人称で』の映画版だ。

この中でコンドラショフに「あなたは（人や行為を）許すことができますか」と聞かれたプーチンは「できる。……だがすべてではない」と言い、「許せないものは何ですか」との問いに「裏切りだ」と即座に答えた。「私とは争わないほうがいいね」と冗談めかして続けたプーチンは「自分の人生で完全に裏切られたと思ったことはない。……あるいは私が、裏切りができないような人たちを選んでいるのかもしれない」とも話している。

側近政治

プーチンが重用する一握りの取り巻きグループが二〇〇〇年の政権発足以来、大きく変わっていないことはよく知られている。プーチンの最初の選挙で選対本部長を務め、二〇〇八年に後継指名されて大統領になり、二〇一二〜二〇年に首相、その後は安全保障会議副議長に任じられたドミトリー・メドヴェージェフ、二〇一二年から二〇二四年五月まで国防相を務めたショイグ、二〇〇四年から二〇年以上も外相を続けているセルゲイ・ラヴロフらは典型的な例だ。

プーチン政権の在り方をソ連共産党の政治構造になぞらえて解説しているロシアの政治コンサルタント、エヴゲニー・ミンチェンコは二〇二四年六月に公表した報告書で、プーチンとその最側近グループ計一三人を現政権の最高意思決定機関「政治局」のメンバーと位置付けた。

「政治局」で最も影響力の強い五人は実業家のアルカジー・ロテンベルク、世界有数の石油取引企業グンボルの共同創設者ゲンナジー・チムチェンコ、銀行家ユーリー・コワリチュク、国営軍需企業「ロステフ」（旧ロステフノロギイ）社長のセルゲイ・チェメゾフ、二〇二〇年から連邦政府首相を務めるミハイル・ミシュスチンで、その下にメドヴェージェフ、モスクワ市長セルゲイ・ソビャニン、内政を担当する大統領府第一副長官セルゲイ・キリエンコ、国営石油大手「ロスネフチ」の社長イーゴリ・セチンがいる。さらにその下に二〇二四年五月まで安全保障会議書記を務め、現在は大統領補佐官のニコライ・パトルシェフと、同月に後任の安保会議書記になったショイグが並ぶ。

ロテンベルクはプーチンと同じレニングラード（現サンクトペテルブルク）出身で、少年時代から共に柔道のトレーニングをした親友だ。大学が同窓のコワリチュクもレニングラードに生まれ、プーチンの資金源と指摘されたこともある銀行「ロシア」のオーナーで「プーチンの金庫番」の異名を取る。

チムチェンコは天然ガス企業ノヴァテクの大株主でグンボルを傘下に持つ投資会社「ヴォルガ・グループ」の代表を務める。『フォーブス』によると推定資産二三四億ドル、二〇二四年のロシア長者番付では六位にランキングされる新興財閥の一人だ。プーチンがかつて在籍したKGBとの関係をロシア紙に指摘されたこともあるが、本人は否定している。

チェメゾフはプーチンと同様、ソ連時代に諜報機関に所属し、東ドイツのドレスデンで勤務していた当時は隣のアパートに住んでいたという間柄だ。セチンも諜報機関出身で、プーチンが政治の師と仰ぐ故アナトリー・サプチャク元サンクトペテルブルク市長の下で副市長をしていた当時からプーチンと共に仕事をしている。プーチン政権で大統領府副長官、大統領補佐官を務め、プーチン首相の下では副首相になり、二〇一二年からロスネフチ社長の座にある側近中の側近だ。ソビャニンは二〇〇五～〇八年にプーチンの下で大統領府長官を務め、二〇一〇年にモスクワ市長に就任し、首都の行政を任されている。

KGB時代の先輩に当たるパトルシェフは一九九九年、当時の大統領エリツィンから首相に抜てきされたプーチンの後任として連邦保安局（FSB）長官になり、二〇〇八年から二〇二四年五月まで安保会議書記を務めた。NATOの東方拡大を進める欧米を厳しく批判し、最終的にはウクライナ侵攻に至ったプーチン政権のイデオロギー担当だ。

同じくKGB時代の同僚でプーチンと同郷のセルゲイ・イワノフは当初、「プーチンの盟友」とみなされ、国防相、第一副首相などの重要ポストを歴任した。プーチンの後継の大統領候補として有力視されたこともあったが、二〇一六年八月に大統領府長官を辞してからは要職に就いていない。にもかかわらず「自然保護・エコロジー問題大統領特別代表」という名誉職的な地位を与えられて、安保会議の常任メンバーであり続けている。

プーチンの側近グループには同郷のレニングラード出身者が多い。そして多くは少年期以来の友人だったり、KGB時代からの同僚だったりする。自身の後任の大統領に指名したメドヴェージェフとは、二〇一二年にプーチンが首相から大統領に復帰する際に水面下でかなりの確執があったにもかかわらず大統領三期目、四期目で首相に任じ、年金支給開始年齢引き上げなどが批判を浴びて首相を交代させた際も安全保障会議副議長にして政権内にとどめた。また、ウクライナ侵攻の長期化や作戦の停滞を批判された国防相ショイグを二〇二四年五月に解任した際は安保会議書記に横滑りさせたし、それまで安保会議書記を長年務めてきたパトルシェフは「造船問題担当」の大統領補佐官に任命して自身のインナーサークルに残した。古い友人や同僚を長年重用し、解任する場合でも別のポストを与えて本人の面目を保つやり方は「超保守的」と称されるプーチン人事の典型で、「風通しが悪い」と指摘されることが多い。

リベラルな野党を支持し政権に批判的な女性タレント、クセーニヤ・サプチャクの奔放な言動を放置していることも有名だ。クセーニヤが、かつて仕えたサプチャクの娘だからだ。

KGBを辞職したあとに無職となったプーチンは、故郷のサンクトペテルブルクで民主改革派の市長になったサプチャクに見込まれて副市長になった。一九九六年六月の市長選でプーチンはサプチャク再選に向けて選対本部を取り仕切るが、対立候補になった副市長ウラジーミル・ヤコヴレフに敗れサプチャクと共に下野した。サプチャクは敗北後、在任中の汚職の嫌疑をかけられてフランスに出国、二〇〇〇年二月にロシアの飛び地カリーニングラードで心不全のため急死した。この時、葬儀に参列したプーチンが「やつらに殺されたようなものだ」と対立陣営を非難して遺族の前で涙した話は語り草になっている。

プーチンが大統領に就任したあとの二〇〇二年に、サプチャクの妻リュドミラ・ナルソワが、本人にほとんどゆかりのないシベリア・トゥヴァ共和国議会の代表として上院議員になったのは、プーチンの意向に基づくものだと信じられている。二〇一二年にいったん上院議員の任期を終えたナルソワは二〇一六年から再び同共和国の代表として上院に戻った。プーチン政権の政策を「民主化に反する」としてたびたび批判しているが、上院から排除されてはいない。


自分の取り巻きたちに得意な分野を任せ、自分の下で競わせながら、各人やそれぞれのグループの利害を調整しバランスを取るのがプーチン政治の要諦だ。だが、政権発足から二四年近くがたち、そうしたやり方のほころびが現れたのが、二〇二三年六月の「プリゴジンの反乱」だった。

『ネザヴィーシマヤ・ガゼータ』編集長を長年務め、そのあとに国立モスクワ大学の教授となったヴィタリー・トレチャコフは「モスクワ出身ではなく、ＦＳＢ長官も短期間しか経験しなかったプーチンが首相になった時、彼には若いころにＫＧＢで一緒だった元同僚と、サプチャクの下で一緒に働いたサンクトペテルブルクの人脈しか頼る相手がいなかった。だが、一度一緒に仕事をした仲間は決して遠ざけたりしない〝超保守的な人事〟はロシア人一般の目からみても普通ではない」と指摘した。

その上で、「プーチンは古い取り巻きたちと一緒の時、自信を持って仕事ができるようだが、その顔ぶれが必ずしも優秀とは限らない。人事はプーチンの弱点の一つだ。仲間を愛しすぎる」と話した。[7]

友人を裏切らない、「仲間思い」のメンタリティーは、戦場で負傷した父を救った親友の無償の行為を人間関係の模範と見るプーチンの考え方と重なる。これはまた、ソ連崩壊で国外に取り残された同胞を見捨てないという対応にも通じる。

若いころからプーチンを知る人々が「合理的な思考ができる人だった」と指摘するのを何度も聞いた。その一方で、政治家として重大な選択を迫られた時、合理的思考よりも「仲間は裏切れない」という感情を優先するのがプーチンの危険な側面だ。時間があれば歴史書を読みふけっているというプーチンは、自分が後世にどう評価されるかを強く意識している。ウクライナ侵攻を決断した際にも、この気持ちが働いたとみていいだろう。

長年モスクワに勤務した外交官らによると、二〇二〇年から世界で新型コロナウイルスが猛威を振るい、各国首脳が当たり前のようにマスクを着用していた時期ですら、プーチンが公衆の面前にマスク姿で現れたことは一度もなかったという。プーチンは見栄っ張りでもある。自分が他人からどう見えるかを非常に気にしている。

「勝利は学校で培われる」

ロシアの学校では二〇二三年九月の新学年から、ウクライナ侵攻を正当化する内容を含んだ全国統一の国定歴史教科書の使用が始まった。

わずか一年半前に始まったばかりのウクライナ侵攻について特別に一章が割かれ、ウクライナを「極端な民族主義国家」と位置付けて、侵攻の目的は東部のロシア系住民保護やロシアの安全保障にあると説明している。「作戦はウクライナ東部住民への攻撃を終わらせるために始めた」とのプーチンの発言も引用されている。「特別軍事作戦は社会を団結させ、軍関係者や戦地の住民に対する支援が集まった」とも記述し、侵攻を理由にした欧米などの対ロ制裁を「完全に不法」と断じている。

編纂を主導した前文化相で大統領補佐官のメジンスキーはロシア軍事史協会会長でもあり、侵攻開始直後にはウクライナとの停戦交渉でロシア代表団長を務めた。外交官を多数輩出する名門として知られるモスクワ国際関係大学学長のアナトリー・トルクノフらも執筆に加わった。『コメルサント』は、歴史的評価が定まっていない出来事について教科書で取り上げるのは不適切だとの学校現場の懸念の声を報じた。

侵攻開始以降のロシアでは、学校で「初等軍事教練」の授業を復活させるべきだとの意見が声高に唱えられるようになった。ロシアが併合を宣言したウクライナ東部・南部四州に戒厳令が導入されたことをきっかけに、国民に幅広く基礎的な軍事訓練を施そうという考え方だ。

東西冷戦まっただ中のソ連時代には学校で初等軍事教練が行われ、生徒は自動小銃の組み立てや分解、ガスマスク装着などの訓練を受けていた。だが冷戦終結とソ連崩壊による民主化の過程で、学校での軍事教練は行われなくなっていた。

下院第三党の「公正ロシア・正義のために」党首ミロノフは二〇二二年一一月、「初等軍事教練」授業の復活を国防省に提案した。これに対し国防第一次官を兼任する参謀総長ゲラシモフは文書で提案への支持を表明し、大学などへの進学や就職を前にした初等・中等学校教育の最後の二年間で計一四〇時間以上の軍事教練をカリキュラムに含めるのが妥当だとして、必要な法改正を支援する考えを示した。

四州併合に合わせて実施された三〇万人規模の動員後、多数の若者らが動員を避けるために出国した上、動員された若者がまともな訓練も受けず、十分な装備も持たされずに前線に送り出されたとの批判が交流サイト（ＳＮＳ）を通じて拡散していた。ミロノフは「今は志願兵ですら初歩的な軍事経験のない者が多い。授業で教えれば、市民を敵との戦いに素早く備えさせることができる」と述べ、戦争への国民の気構えをつくることにもなると説明した。「国民皆兵」思想の復活だ。

プーチンは「教員と指導者の年」に制定した二〇二三年末の一二月二七日に、上下両院議長や地方知事らをモスクワに招集して開いた「国家評議会」で、「われわれの勝利の基盤はすべて学校で培われる」と述べ、国と自治体が教育分野に一層力を入れるよう求めた。「勝つためにはもっと学校教育に注意を向けなければならない」とも述べ、給与水準引き上げなど教員の待遇改善を関係閣僚らに命じた。侵攻作戦が長引くにつれ、プーチンは戦争継続を視野に入れた布石を着々と打つようになっていった。

深刻な少子化問題

侵攻長期化に伴い、プーチン政権は少子化対策に重点的に取り組むようになった。若年層の数が減少すれば、毎年約二五万人を兵役に就かせている徴兵制の維持や、契約による志願兵募集が困難になり、国防上、また経済成長維持の観点からも大きな懸念材料になるからだ。

ロシアの人口は減り続けている。二〇二二年に一・四二だった合計特殊出生率は二〇二三年には一・四一と、二〇〇六年に記録した一・三〇、二〇〇七年の一・四一以来の低さとなった。[8]

モスクワにある大学「高等経済学院」人口問題研究所の専門家ワレリー・ユマグジンとマリヤ・ヴィンニクが二〇二三年四月に公表した人口動態予想の報告書は関係者に衝撃を与えた。仮に出生率が一・四以下で男性の平均寿命が七四・九歳、女性が八三・六歳という「最も悲観的なシナリオ」では、毎年約一一〇万人の移民を受け入れない限り、二一〇〇年の人口は約六七四〇万人にまで減少するという。実に二〇二二年一月時点の約一億四六四五万人の半分以下だ。

二〇二二年に実施した予備役約三〇万人の動員と、その直後に起きた七〇万人以上ともいわれる動員忌避者の大量出国で、ロシアは極端な人材不足に陥った。二〇二三年五月の失業率は三・二パーセントで、中央銀行の企業調査によると人材不足は過去二五年で最悪とされる。モスクワの経済政策研究所が七月に実施した一〇〇〇社以上を対象とするアンケートでは四二パーセントが人材不足を訴えた。特に建設作業員やタクシー運転手、スーパーなどの販売員やレジを打つ人材が不足した。企業は人材確保のための賃上げを余儀なくされ、インフレ圧力となった。労働力不足は欧米の対ロ制裁による経済悪化からの回復の妨げになりかねない。二〇二二年秋の部分動員発令後に出国した人々の中にはIT専門家や理系の人材が多いとされ、欧米の制裁に対抗して高度技術の独自開発を図る政府の政策にもマイナスとなる。二〇二三年五月、大統領報道官ペスコフは「少子化はロシアが直面する最も深刻な問題の一つだ」と認めた。

ロシアでは、第二次世界大戦に出征した男性が多数戦死した直後や、ソ連崩壊で社会と経済が混乱状態に陥った一九九〇年代の二度、出生率が極端に低下し、いまだにその影響を受け続けている。さらに最近では都市部でライフスタイルの西欧化、核家族化が進んだことが出生率低下の一因となっている。

だが、それだけではない。モスクワの三〇代の独身女性はウクライナ侵攻を念頭に「いま子どもを持っても、その子たちにいい未来を約束できるとは思えないから」と話した。[9] 子どもを非常に大切にするロシアの庶民は、いま生まれた子どもは戦争に行かされるかもしれないという不安を抱えているのだ。

政権側の危機感は強い。プーチンは二〇二三年一一月二二日の大統領令で、二〇二四年を「家族の年」に制定し、家族への支援と「家族の価値観」強化のための政府行動計画を年末までに策定するよう副首相タチヤナ・ゴリコワに命じた。

「ロシア永続」のために

その六日後の二八日にロシア正教会主導で開かれた世界ロシア民族大会議でのオンライン演説でプーチンは「ロシアでは今も四~五人の子どものいる家庭は珍しくない。祖母や曾祖母のころには子ども七~八人の家族もあった」と指摘し、「大勢の子どもを育てる大家族を、すべてのロシア人にとっての新たな規範、新たな生活様式とすべきだ。家族は国家の基盤であるばかりか、精神と道徳の源泉だ」と強調した。

その上で「ロシアの人口を維持し増大することが今後数十年のわれわれの課題だ。それは将来の世代、すなわち「ルースキー・ミール（「ロシア世界」の意）」の未来、一〇〇〇年続く「永遠のロシア」のためだ。家族、母性、子どもを支援するため、国家と経済、社会、インフラ整備、教育、保健に関するあらゆる政策を動員しなければならない」と述べ、伝統的な各種の宗教団体の協力も必要だと指摘した。

ロシア政府は子どもの多い家庭への一時金支給などさまざまな施策を実施しているが、メディアを通じて大々的に喧伝されたのが、ソ連時代にたくさんの子どもを育てる母親を軍人同様に表彰し勲章を授与した「母親英雄」制度の復活だ。

プーチンは二〇二二年八月一五日付の大統領令で、一〇人以上の子どもを産み育てる女性に「母親英雄」の称号と勲章を贈ることを決めた。一〇〇万ルーブルの一時金も支給される。

ソ連時代の「母親英雄」制度は第二次世界大戦中の一九四四年七月に導入された。ナチス・ドイツ軍との死闘で失われた多くの人口を補充するためだった。タス通信によると、ソ連崩壊直前の一九九一年一一月一四日までに約四三万人の女性が「母親英雄」の栄誉を受けた。同じ「産めよ、増やせよ」の制度が二一世紀のロシアで再び導入されたことが、人口減少問題に対するプーチン政権の危機感の深さを物語っている。

ソ連を見習う

ソ連時代の制度復活はこれだけではない。二〇二二年一二月には、社会主義に奉仕する青少年育成を目指したソ連版ボーイスカウト、「ピオネール」がプーチンの肝いりで復活した。

ピオネールは二〇二二年が創設一〇〇周年に当たり、同年四月に一二歳の女の子が少年組織の全国統一団体創設を提案した。プーチンがこれに賛同し、同一二月にはモスクワで創設大会が開かれた。ただ団体の名前を決める投票で「ピオネール」の案は退けられ、最終的に「一番の運動」が選ばれた。

プーチンは翌二〇二三年四月一九日の閣僚とのオンライン会議で唐突に、復活した子どもたちによる運動の全国統一団体の名称を「ピオネール」に変更するよう求めた。

この時プーチンは、家族政策を担当する副首相ゴリコワに「「一番の」とはピオネール（パイオニア）のことではないのか。ピオネールという言葉には既にイデオロギー的な色彩はない」と述べ、改名を検討するよう求めた。「子どもたち自身が選んだ名前ですが」と戸惑うゴリコワにプーチンは「それは知っているが、子どもたちと相談する必要がある」といい、古い名称復活に執着を見せた。

プーチンは通算五選を目指す大統領選の運動期間中だった二〇二四年二月一日、モスクワでこの「一番の運動」の大会に出席し、「目標をしっかり持って夢の実現に努力すれば、大きな成果を上げられる」と子どもたちを激励した。ウクライナの前線にいる兵士たちに手紙を送る活動に謝意を示し、自身もマイクを握って子どもたちと一緒にロシア国歌を歌った。この日、「ピオネール」への改名は提案しなかった。

二〇二三年五月二六日の経済団体代表らとの会合でプーチンは、侵攻開始後の対ロ制裁や欧米企業の撤退などで打撃を受けた経済を立て直すための「創造的企業活動五カ年計画」を策定するよう求めた。社会主義のソ連で、欧米の資本主義に対抗しようとした国家主導の計画経済「五カ年計画」になぞらえた名称だ。同一二月には、ソ連時代に体育を奨励して国民に軍事教育を浸透させようとモスクワの「赤の広場」で行われていたスポーツ選手のパレードを復活させる提案をまとめるよう政府に命じている。

二〇二二年一二月は、一九二二年のソヴィエト連邦成立から一〇〇年に当たった。同月に「世論基金」が実施し二〇二三年一月に結果を公表した世論調査では、六三パーセントがソ連の崩壊を「残念」と回答した。[10] ウクライナ侵攻の長期化や欧米との厳しい対立を受けて「ソ連時代への回帰」とみまがう施策をプーチンが次々と打ち出す背景には、一九九一年のソ連崩壊から三〇年以上を経て、当時の安定した社会と自分たちの「若かりしころ」を懐かしむ国民が多数を占めるようになったロシア社会の現状がある。

第5章

変わる国際秩序

二〇二二年二月のウクライナ侵攻開始後、ロシアを取り巻く国際情勢は一変した。ロシアに配慮して欧米の軍事同盟「北大西洋条約機構（NATO）」と一線を画していた北欧のフィンランドとスウェーデンが短期間で加盟を果たし、NATOの東方拡大阻止を最大の目的として侵攻に踏み切ったロシアにとっては手痛い「オウンゴール」となった。

先進七カ国（G7）に代表される日米欧との信頼関係構築に見切りをつけたロシア外交は中国、インドなど非欧米諸国との関係強化へと急速に舵を切った。「東方シフト」と呼ばれる新たな外交方針の軸が中国やインド、南アフリカ、ブラジルなどと共に構成する「BRICS」だ。二〇二四年にBRICS議長国を務めたロシアは、イランやエジプトなど四カ国を新規加盟させた「拡大BRICS」として初の首脳会議を開催し、加盟国が抱える人口と市場の規模で欧米をはるかにしのぐグループとなって、G7に対抗する構えを見せている。

北欧二国のNATO加盟

ロシアと約一三〇〇キロメートルの国境を接するフィンランドは一九世紀初頭にロシア帝国の支配下に組み込まれるが、ロシア革命による帝政の崩壊で一九一七年一二月に独立した。だが第二次世界大戦中の「冬戦争」と呼ばれる戦いでソ連に敗れ、一九四一年六月に始まった独ソ戦ではナチス・ドイツ側について参戦した結果、一九四七年九月の連合国側との講和条約締結で領土の一二パーセントの割譲を余儀なくされた。この経験から戦後は中立を国是とし、一九四八年にはソ連と友好協力相互援助条約を結んだ。一九九五年には欧州連合（EU）に加わる一方、軍事的な中立とソ連との友好関係によって自国の安全保障を維持してきた。

スウェーデンは一八世紀にピョートル一世統治下のロシアとバルト海周辺地域で覇権を争ったが、北方戦争（一七〇〇～二一年）でのポルタヴァの戦いで壊滅的打撃を受けたカール一二世が敗走、一七二一年の和平により西カレリア、エストニア、リヴォニアなどを獲得したロシアが国際的地位を強化するきっかけを与えた。第一次、第二次世界大戦では中立を保ち、長期にわたる社会民主労働党政権下で世界有数の福祉国家と呼ばれるようになった。一九九五年にフィンランドと共にEUに加盟したあともNATOには加わらず、伝統的な中立政策を維持していた。

だが二〇二二年二月のウクライナ侵攻を受けて両国政府はロシアを非難、同月二八日にはウクライナへのライフル銃、対戦車砲などの武器供与を表明した。

四月一三日にはフィンランド首相サンナ・マリンがスウェーデンを訪問して同国首相マグダレナ・アンデションとストックホルムで共同記者会見し、「ロシアのウクライナ侵攻ですべてが変わった。NATOに加盟しなければ安全の保証が得られない」として加盟の意思を表明、スウェーデンも足並みをそろえるよう促した。

フィンランドとスウェーデンは五月一八日に正式に加盟申請し、フィンランドは二〇二三年四月四日に、トルコとハンガリーが容認に消極的だったスウェーデンも二〇二四年三月七日に正式に加盟を果たした。NATOは三二カ国体制となった。

プーチンはスウェーデンがNATO加盟の意思表明をした二〇二二年五月一六日、旧ソ連諸国でつくる「集団安全保障条約機構（CSTO）」の条約調印三〇年記念会合で「フィンランド、スウェーデンとは領土問題を抱えていない」として、両国のNATO加盟自体はロシアにとって直接の脅威にならないと平静を装う一方、NATOの軍事施設が両国内に置かれた場合には「対抗措置を取る」と明言した。

形骸化する国連安保理

ロシアのウクライナ侵攻により、機能不全が指摘されて久しい国連の安全保障理事会は改めて「国際平和と安全の維持」についての無力ぶりをさらけ出し、形骸化が一層明白になった。侵攻開始翌日の二〇二二年二月二五日、安保理はロシア軍の即時撤退などを要求する侵攻非難決議案をロシアの拒否権行使で否決。一一カ国が賛成する一方、常任理事国の中国に加えてインド、アラブ首長国連邦（UAE）の計三カ国が棄権に回った。米国が主導し、日本を含む約八〇カ国が共同提案国となったが、侵攻したロシアが常任理事国であるため、採択の見込みは初めからなかった。

侵攻開始が伝えられた米東部時間の二月二三日には、ロシアがその月の安保理議長国として緊急会合を開いていた。会合冒頭で「ウクライナへの攻撃はやめてほしい」と述べた国連事務総長アントニオ・グテレスの訴えもむなしく、ロシア国連大使ワシリー・ネベンジャはプーチンが軍事作戦を決断したと告げて国連憲章第五一条に基づく自衛権の行使だと説明、「危機の原因はウクライナの行動にある」と主張した。

二八日から一九三カ国による国連総会の緊急特別会合が開催され、三月二日にはウクライナからの即時無条件撤退を求める決議案が一四一カ国の圧倒的な賛成多数で採択された。反対はロシア、ベラルーシ、シリア、北朝鮮、エリトリアの五カ国で、中国やインドなど三五カ国が棄権した。国連総会は同月二四日の緊急特別会合ではウクライナでの民間人保護など人道状況の改善を求める決議案を一四〇カ国の賛成で採択し、ウクライナ東部ドネック州などに侵攻して病院にも攻撃を続けるロシアへの圧力を強めた。

だが国連総会決議には法的拘束力はない。ロシアの国際的孤立を際立たせることはできても、軍事行動を止めることはできなかった。総会は四月七日には国連人権理事会でのロシアのメンバー資格を停止する決議を日米英など九三カ国の賛成で採択し、二〇二三年末まで任期が残っていたロシアを排除したが、安保理常任理事国の人権理事会からの追放という強制措置に、反対は二四カ国、棄権は五八カ国に増加した。

国連総会は同じ四月二六日には、安保理の五つの常任理事国（米国、ロシア、中国、英国、フランス）が拒否権を行使した場合は総会会合で理由の説明を求める決議案を採択した。常任理事国の拒否権行使に一定の歯止めをかける動きだ。これを受けて、五月に北朝鮮への制裁決議案に反対したロシアと中国に説明を求める国連史上初の総会会合が六月に開かれたが、ロシアも中国も拒否権行使を正当化しただけだった。総会での説明は義務ですらない。言いっ放しの印象は拭えなかった。戦争を止める手だてを持たない安保理の現状を見て、常任理事国の意向に従うのではなく、大多数の加盟国の意思を集約できる国連総会の権威を高めようとする動きが始まったが、強制力を持たない総会決議の限界も露呈した。

イスラエルとハマス交戦、大国のエゴ露呈

ロシアのウクライナ侵攻を多くの国が非難する中、二〇二三年一〇月七日に起きたパレスチナのイスラム組織ハマスによるイスラエルへの奇襲攻撃とイスラエルによる報復攻撃は、国連安保理の対応能力のなさをさらに際立たせることになった。イスラエルに向け三〇〇〇発以上のミサイルを発射して越境攻撃したハマスが一四〇〇人以上を殺害、約二〇〇人を人質にしたのに対し、イスラエルはパレスチナのガザ地区に地上侵攻して「ハマス掃討作戦」とする容赦ない攻撃を加え、双方が一時的な停戦で合意した二〇二五年一月までにパレスチナ側の死者は約四万七〇〇〇人に達した。病院などが破壊され女性や子ども、老人などを含む多数の民間人の犠牲が出ている実情を受けて「過剰な武力行使」「無差別攻撃」と非難の声が高まったが、イスラエル首相ベンジャミン・ネタニヤフはハマス壊滅を掲げて耳を貸さなかった。イスラエルの後ろ盾となってきた米国は国連安保理で即時停戦を求める決議案に拒否権を行使し、二〇二四年一一月までに五回否決した。

国連総会は二〇二三年一二月一二日の緊急特別会合で、ガザでの即時停戦と人質全員の解放を求める決議案を一五三カ国の賛成で採択したものの、米国やイスラエルなど一〇カ国が反対、英国など二三カ国が棄権し、実効性はほとんどなかった。

ロシアのウクライナ侵攻とイスラエルのガザ侵攻という二つの戦争は、以前から叫ばれてきた国連改革の必要性をこれまで以上に強く印象付けた。停戦決議の採択を巡る国連総会での多数派工作を通じ、グローバルサウスの国々は発言力を強めた。インドやブラジルなどはこれまで以上

に声高に自国の常任理事国入りを要求し始めている。だが新しい常任理事国の構成について米ロの間で合意できる見通しはなく、改革実現の見通しはまったく立たない。

ウクライナ侵攻を続けるロシアを非難する一方、人道危機にも注意を払わずにガザ攻撃を続ける同盟国イスラエルの肩を持ち停戦決議案を葬り続ける米国と、ウクライナで国際法違反の侵攻を続けながらイスラエルには停戦を要求するロシア。鋭く対立する二つの常任理事国の対応は、軍の撤退や停戦を求める世界の大多数の国々の意思を無視した「大国のエゴ」を見せつけた。今後、「自国の利益が最優先」の大国に従わない国々はますます増えていくだろう。ロシアや中国が目標に掲げる「多極化した世界」とは、ある意味で「混沌とした、秩序のない世界」でもある。そういう世界で、自国を守るためには軍備の増強が必要だと考える国が増えることは想像に難くない。

ICC逮捕状に効果なし

イスラエルによるパレスチナ自治区ガザへの攻撃は、ウクライナ侵攻を続けるロシアにとってはプラスに働いた。国際社会の関心が中東情勢に移り、イスラエルを支援する米国がロシアと同様に国連安保理で拒否権を行使して停戦決議の採択を妨害する姿は、ロシアを非難して制裁を科す一方で自国は何をやっても許されるという「米国のダブルスタンダード（二重基準）」を批判し続けてきたロシアの主張に根拠を与える形になったからだ。特に、イスラエルと建国以来の対立を続けてきたパレスチナ支持の中東諸国は対米姿勢を硬化させた。さらに、ウクライナへの最大の軍事支援国である米国は、イスラエルにもかなりの軍事支援を割かなければならなくなった。影響は国連の枠内にとどまらなかった。ウクライナ侵攻で二〇二三年にプーチンに逮捕状を発付した国際刑事裁判所（ＩＣＣ）が二〇二四年にイスラエルのネタニヤフらにも逮捕状を出したところ米国などの強い反発を招き、ＩＣＣの権威と逮捕状の実効性に疑問符が付く結果となった。

大量虐殺や人道に対する罪、戦争犯罪などに関与した個人を国際法に基づいて訴追し処罰するためにオランダ・ハーグに設置された司法組織ＩＣＣの主任検察官カリム・カーンは二〇二三年三月一七日、侵攻したウクライナからの子どもの連れ去りに関与したとしてプーチンと、ロシアの「子どもの権利担当大統領全権代表」マリヤ・リヴォワ＝ベロワに戦争犯罪容疑で逮捕状を出した。国連安保理常任理事国の元首に対するＩＣＣの逮捕状は初めてだった。ウクライナ大統領ゼレンスキーは声明で「歴史的だ。テロ国家のトップが公式に戦争犯罪の容疑者となった」と歓迎した。

英国出身のカーンは、少なくとも数百人の子どもがウクライナの児童養護施設などから連れ去られたことを確認したと説明した。そのうちの多くが養子としてロシアの家庭に引き取られた。ウクライナ当局はこの時点で、連れ去られた子ども一万六〇〇〇人超の身元を特定していると表明していた。一方、ロシア側はこれを「子どもたちを戦地から安全な場所に保護するため」だと説明した。

ＩＣＣには米国や中国、ロシア、インドなどの大国が加盟していないものの、日本や英国、フランス、ドイツなど一二四カ国・地域（二〇二四年二月時点）が加盟しており、逮捕状が出た被疑者が入国した場合、加盟国には身柄を拘束する義務が生じる。理論上、プーチンはＩＣＣ加盟国を訪問できなくなり、一時は外遊が大きく制約された。

ロシアはすぐさま反撃した。逮捕状が出された三日後の三月二〇日、ロシア連邦捜査委員会はカーンや、函館地検検事正などを歴任した愛知県出身の判事、赤根智子ら四人に対する捜査を開始したと発表、五月二一日にはカーンとイタリア出身の判事ロザリオ・アイタラを本人不在のまま起訴し指名手配した。赤根も七月末までに指名手配された。

ロシアは二〇二三年八月二二〜二四日にＩＣＣ加盟国の南アフリカで開かれたＢＲＩＣＳ首脳会議にプーチンが対面出席せずオンライン参加を選んだものの、そのまま黙ってはいなかった。二〇二四年九月二〜四日にプーチンはＩＣＣ加盟国モンゴルを訪問し、大統領ウフナー・フレルスフらと会談した。逮捕状が出て以来、初めてのＩＣＣ加盟国訪問にモンゴルを選んだのは、ソ連時代以来の友好関係に加え、モンゴルが石油のほぼ全量をロシアからの輸入に頼っているためだ。ロシアには、エネルギー資源の供給元と良好な関係を維持しなければならないモンゴルはプーチンを拘束できないとみて、ＩＣＣの逮捕状は「絵に描いた餅」だと国際社会に見せつける狙いがあった。専属の執行機関がなく加盟国の協力に頼るしかないＩＣＣは弱点を見透かされた。

ＩＣＣのカーンは二〇二四年五月二〇日、イスラエルを奇襲攻撃したハマス幹部らと並び、ガザ攻撃をやめないイスラエル首相ネタニヤフにも逮捕状を請求したが、バイデン米政権はこれに強く反発し、米下院本会議は六月四日に対抗措置としてＩＣＣ職員らに制裁を科す法案を可決した。ＩＣＣは同年一一月二一日、ネタニヤフとイスラエルの前国防相ヨアヴ・ガラントに「飢餓を用いた戦争犯罪」と「人道に対する罪」で正式に逮捕状を出したが、米大統領バイデンは「言語道断」と批判した。一方、同年七月の総選挙で首相が労働党のキア・スターマーに代わった英国の外務省は「義務に従う」とし、フランス外務省はイスラエルがICCの非加盟国であることを理由にネタニヤフらは免責されるとの立場を示すなど、欧米諸国の中でも対応が割れた。

米国を見る目

KGBに勤務したプーチンの対米観は、強引なクリミア編入でG8から追放された二〇一四年の一〇月に開かれたワルダイ会議での講演にもよく表れている。この時プーチンは、冷戦の「勝者」となった米国は自信過剰になり、第二次世界大戦の結果として形成された国連中心の世界秩序と均衡のメカニズムを自分の利益のためだけに作り替えようとして、言いなりにならない国には経済的圧力や武力行使、内政干渉を行ったと批判した。「グローバル化」とは、米国が自分に都合のいい「ゲームのルール」を世界中に押し付けて服従させる試みだという指摘だ。

二〇二一年一〇月のワルダイ会議では、途上国だけでなく先進国ですら社会的不公正が拡大しているとして資本主義の限界を指摘し、「欧米だけがあらゆる問題を決めるという状況は変わり、世界は多極化に向かいつつある」として、次のように述べた。

「国家の役割は過去のものになり、グローバル化の下では国境は発展の障害だという意見を聞く。だが、こんにち明らかになったのは、主権国家だけが国民の要求に応えられるという事実だ。真の危機に際して人命を守れるのはそれぞれの国が自分の文化と伝統に従って自ら決断をする場合だけだ。……欧米の一部に、自国の歴史の否定や、家族や性別に関する価値観の否定を社会発展の重要なステップと考えている人々がいるが、ロシアの大多数の市民は別の視点を持ち、自分の精神的価値や文化、伝統に従っている。ロシアは「健全な保守主義」だ。世界秩序の構造的破壊が起きている今こそ、良識ある保守主義は意義を増している。世界的な変革期にあっては、穏健な保守主義こそが合理的な行動指針だ」

当時、新型コロナウイルスの感染拡大で各国が厳しい出入国制限を導入し、なりふり構わずワクチン確保に奔走していた。ここには、欧米主導のグローバル化に反対し国家の役割を重視するプーチンの考えが明確に示されている。ウクライナ侵攻はこの四カ月後だ。

侵攻後の二〇二二年九月にプーチンは「欧米はロシアを植民地にしたいのだ」と非難し、二〇二三年一二月一七日には国営テレビの番組『モスクワ。クレムリン。プーチン』の取材に、大統領就任当初に欧米との協調路線を選んだことは「ナイーブだった。ソ連崩壊でロシアは変わりイデオロギー対立はなくなったことを欧米は理解していると思ったのだが、そうではなかった。世界最大の国ロシアをさらに分割して支配し、資源を自分たちのために活用するのが欧米の狙いだった」と述べて、対決姿勢を強調するようになる。

ウクライナ、ロシア両軍の戦場になっている黒海周辺では、米軍の無人偵察機「MQ9リーパー」や「グローバルホーク」が日常的に飛行し画像撮影や電子情報の収集を行っている。ロシアは、これらの軍事情報は欧米がウクライナに供与した長距離精密誘導型のミサイル「ATACMS」や「ストームシャドー」の運用に使われていると指摘し、地上軍を派遣していなくても米国は既にウクライナでの紛争に参加していると批判してきた。

二〇二四年三月にゼレンスキーが大統領選を実施せず、当初の任期が過ぎた五月以降、ロシアは「ゼレンスキーは既に大統領としての正統性を失った」との立場を取り、停戦交渉の真の相手は米国だとみている。

米大統領選でトランプが勝利した直後の二〇二四年一一月、プーチンはソチでのワルダイ会議で、トランプが同年七月に米ペンシルベニア州で遊説中に銃撃され右耳を負傷した時のことに触れ「暗殺未遂に遭った時の行動は印象的だった。彼は男らしく勇敢に振る舞った」とトランプを持ち上げた。その一方で「ロシアは米国との関係正常化に反対しないが、関係断絶を招いたのは米国だ。ボールは向こう側にある」と述べた。「アメリカ第一主義」を掲げて欧州各国の軍事費負担が少ないと批判しNATO脱退も辞さないトランプの立場は、ロシアにとっては歓迎だろう。だがトランプの言動の不確実性も広く知られている。ロシアは当分、トランプが実際にどう行動するかを見極めることになる。

BRICSに軸足移す

ウクライナ侵攻で欧米との対立が決定的となったプーチンは、侵攻を開始した二〇二二年の一一月にインドネシアのバリ島で開かれた二〇カ国・地域（G20）首脳会議を欠席し、外相ラヴロフを派遣した。ロシア外務省筋は「いまプーチンが出席すれば、会議ではウクライナ問題ばかりが注目され、肝心の経済協力の話ができなくなる。ホスト国にも迷惑をかけるので大統領の参加は取りやめた」と説明した。首脳会議では欧米首脳がラヴロフと一緒の写真撮影に難色を示すなどロシアの侵攻への非難が相次ぎ、肝心の経済問題の討論は深まらなかった。首脳宣言にロシア非難を盛り込み制裁を強化しようとする日米欧と、ロシアに一定の理解を示して対ロ制裁に距離を置く中国、インドなどが対立し、どっちつかずの内容になった。

プーチンは二〇二三年九月にインドのニューデリーで開かれたG20首脳会議も欠席、再びラヴロフが代理出席した。それまでG20首脳会議に必ず出席してきた中国国家主席の習近平も欠席し、G20の形骸化に拍車がかかった。

ウクライナ侵攻開始後、プーチンはウクライナを軍事支援して対ロ制裁を科す欧米のやり方を「新植民地主義」と繰り返し非難するようになった。その際、たびたび使うようになったのが「黄金の一〇億人」という言葉だ。プーチン本人は定義を明示しないが、日米英とカナダに欧州連合（EU）の人口を合算すると、ほぼ一〇億人となる。NATOやG7としてロシアや中国と対立し、ウクライナを支援する「先進諸国」に住む人々が自分たちの快適な生活を維持するために地球の富を独り占めにし、それ以外の国々を支配下に置いて搾取を続けようとしている――。「黄金の一〇億人」には、そんな先進国批判が込められている。「グローバルサウス」と呼ばれるようになった途上国の側にロシアは立って、中国やインドなどと共に、冷戦終結後に続いてきた米国主導の国際秩序に対抗していくとの意思表明だ。

プーチンは二〇二二年七月二〇日にモスクワで開かれた「新たな時代の強い理想」と題する国際フォーラムで、「いわゆる「黄金の一〇億人」の覇権は世界を一級市民と二級市民とに分断し、その考え方自体が人種差別的で、新たな植民地主義としての性格を持っている」と批判した。「彼らは偶然豊かになったのではない。アジアやアフリカでの収奪で現在の地位を築いたのだ。彼らは世界秩序の新たなモデルを提示する能力がない。だからこそ、別の「成長のセンター」が現れて独自の発展を目指すことを異常なまでに恐れている」と断じて、欧米がロシアや中国に経済制裁を科すのは新興国の経済発展を抑え込んで自分たちの独占的地位を維持するためだと主張した。[1]

ロシアがG7の対抗軸とみなすBRICSが拡大を決めたのは二〇二三年八月二四日に南アフリカのヨハネスブルクで開催された首脳会議だ。エジプト、イラン、エチオピア、アラブ首長国連邦（UAE）の正式加盟を決定し、二〇二五年一月にはさらにインドネシアが加盟して、計一〇カ国体制に拡大した。さらにタイ、マレーシア、トルコ、ベラルーシ、カザフスタンなどが加盟を希望している。その一方、当初は加盟が発表された産油国サウジアラビアはのちに正式加盟を否定して「招待国」の立場にとどまり、米国や中国・ロシアとの水面下の綱引きの激しさをうかがわせた。

二〇二四年一〇月二二〜二四日にロシア中部カザンで開催されたBRICS首脳会議には中国の習近平やインド首相のモディ、イラン大統領マスード・ペゼシュキアンら加盟国の首脳ほぼ全員が出席し、怪我で訪ロを取りやめたブラジル大統領ルラ・ダシルバもオンラインで参加した。会議で採択した「カザン宣言」は「パートナー国」資格の新設を明記し、グローバルサウスを巻き込んで影響力拡大を目指す姿勢を鮮明にした。拡大会合には計三五カ国に加え、国連事務総長グテレスも出席し、「不適切だ」とウクライナから批判を浴びた。

会合でグテレスは気候変動問題など人類共通の危機に対応するには「個別の国の努力では足りず、世界は一つの家族として行動する必要がある」と強調し、イスラエルとハマスの交戦が続くパレスチナ自治区ガザやレバノン、内戦状態のスーダンなどと並び「ウクライナで、国連憲章や国際法、国連安保理決議に基づいた平和が必要だ」と停戦を促した。

これを引き取った議長役のプーチンは笑顔を見せながら「国連事務総長は今、『世界は一つの大きな家族であるべきだ』と言ったが、残念ながら家庭の中では喧嘩やスキャンダルもあれば、財産を巡るいさかいも起きる。時には戦いに発展することさえある。BRICSは『共通の家』のための好ましい環境づくりを目指しており、国連と緊密に協力し、今後もそのために努力する」と切り返した。

会議に出席した習近平、モディ、またトルコ大統領のエルドアンらは日米欧などの対ロ制裁に同調せずロシアとの友好関係を保ってはいるが、ウクライナでの戦争の早期停戦を促してもいる。グローバルサウスは、決して「ロシア支持一辺倒」ではない。

だが一連の会合でホスト役を務め、各国首脳との二国間会談を次々とこなしたプーチンは終始快活で、上機嫌にみえた。二年八カ月前に踏み切ったウクライナ侵攻以来、国際的な非難を浴び、ICCから逮捕状まで出されたプーチンがこれほど多くの外国首脳らと一度に対面したのは初めてだった。会合はロシアが孤立していないことの国際的アピールであると同時に、プーチン個人にとっては自信を取り戻す機会でもあった。

その背景には、ロシアが長年「影響圏」と位置付けてきた旧ソ連圏内でも、ウクライナ侵攻をきっかけにロシアの威信が著しく低下している現実がある。

旧ソ連圏で影響力低下

ロシアがウクライナ侵攻に踏み切った約四カ月後の二〇二二年六月一七日、毎年恒例のサンクトペテルブルク国際経済フォーラムに招かれた中央アジア・カザフスタンの大統領カシムジョマルト・トカエフはプーチンと共に参加した全体会合で「カザフスタンは（ロシアが独立国家として同年二月に承認した）ルガンスク、ドネツク両州を国家として認めるか」との司会者の質問に対し、次のように答えた。

「現代の国際法とは国連憲章だが、そこには相矛盾する二つの原則が書かれている。つまり国家の領土的統一性の尊重と、民族自決権だ。それは互いに相反するので、国家の領土の統一性は神聖なものだと考える人がいる一方、どんな国の中に内包されている民族であれ、それは各民族の意思によって独自の国家として分離されることが可能だという考え方もある。だが、仮に地球上のすべての民族が民族自決権を実際に行使すれば、地上には現在国連に加盟する一九三カ国という数字に代わって五〇〇〜六〇〇〇以上の国家が出現することになり、大混乱になる。だからわれわれは台湾やコソボ、南オセチアやアブハジアを独立国家として承認することはない。ルガンスクとドネツクの「疑似国家」も同じだ[2]」

カザフスタンは北部でロシアと長い国境を共有し、ソ連崩壊後も自国内のバイコヌール宇宙基地の長期使用を認めるなど、ロシアとは同盟的関係にある。穏やかな能吏タイプのトカエフはプーチンとの個人的関係も悪くない。そのトカエフが、ウクライナ侵攻で欧米に前例のない制裁を科されて苦境にあるロシアが承認したルガンスクとドネツクの両「人民共和国」の独立を「カザフスタンは認めない」と公言したことに、ロシア側では衝撃が走った。

トカエフはロシアの名門大学、モスクワ国際関係大学を卒業してソ連外務省入りし、ソ連崩壊後はカザフスタン外務次官や外相、首相を歴任、その後は潘基文《パン・ギムン》事務総長の下で国連事務次長まで経験した外交のプロだ。フォーラムでの発言は理にかなったものではあったが、親ロ的な中央アジアの国家元首が「何でもロシアの言いなりになるわけにはいかない」との立場を明確にしたことは驚きをもって受け止められた。

隣でこの発言を聞いていたプーチンはあいまいな笑顔をみせてうつむいただけだった。在モスクワの外交筋は「突然不愉快な話を聞かされた時によく見せる表情だ。かなり意外だったのではないか」と指摘した。

つかず、離れず＝カザフスタン

カザフスタンではロシアがウクライナに侵攻する前月の二〇二二年一月二日、「石油の町」西部ジャナオゼンなどで燃料価格引き上げに抗議する市民のデモが発生、各地の都市部に飛び火し、市民の一部が「老人支配」反対を叫んで暴徒化した。最大都市アルマトイでは中心部の広場のほか、国際空港などの重要拠点がデモ隊に占拠された。

トカエフは旧ソ連六カ国で構成するロシア主導の集団安全保障条約機構（ＣＳＴＯ）に部隊派遣を要請した。同時にソ連時代末期から三〇年以上にわたり最高実力者としてカザフスタンを統治し、大統領職をトカエフに引き渡したあとも隠然たる影響力を保ち続けていた前大統領ヌルスルタン・ナザルバエフを安全保障会議議長から解任し、自ら後任になってすべての治安機関を完全に掌握した。

トカエフの要請を受け、ロシア軍の精鋭である空挺部隊を中心としたＣＳＴＯの平和維持部隊二五〇〇人が約七〇機の航空機で同六日からカザフスタン領内に到着、デモ隊に発砲してアルマトイの中央広場や国際空港を解放し、暴動を武力鎮圧した。全土での死者は二三〇人に上った。「院政」を敷いていたナザルバエフはビデオ声明で「私は既に年金生活者だ」と述べ、完全引退に追い込まれた。

トカエフは七日、「支援要請に素早く、友人として温かく対応してくれた」とプーチンの名前に言及して謝意を示した。ナザルバエフの「操り人形」とみなされてきたトカエフはロシアの支援による暴動鎮圧で名実共にカザフスタンの実権を握り、プーチンに恩義があるはずだった。

だが、カザフスタン北部にはソ連時代から多数のロシア人が住んでいる。ロシア系住民の保護を理由に隣国ウクライナに侵攻したロシアの行動を是認すれば、自国の領土の一体性が危機にさらされる。トカエフには、ウクライナ東部ドンバスの親ロ派独立を安易に容認できない事情があった。その一方でプーチンが招集する独立国家共同体（ＣＩＳ）関連の首脳会議には必ず出席し、係争地を巡って対立を続けるアルメニアとアゼルバイジャンの対話を仲介する姿勢をみせるなど、ロシアとの同盟・友好関係維持に細かい気配りをしている。

「ソ連時代のように扱うな」＝タジキスタン

プーチンが旧ソ連・中央アジア諸国との関係強化を意図して二〇二二年一〇月一四日にカザフスタンの首都アスタナで主宰したロシア・中央アジア首脳会議では、タジキスタンの大統領エモマリ・ラフモンが公然とロシア批判を展開した。

ラフモンは「私たちをソ連時代と同様に扱わないでほしい。当時、われわれのような小さな共和国、小さな民族にはあまり注意が払われなかった。今もそうだ。だが、小さくとも各民族には独自の歴史と文化がある。われわれは自分たちの主要な戦略的パートナー（ロシアを指す＝筆者注）を常に敬い、その利益を尊重してきた。だが、自分たちだって尊重されたいのだ」と述べ、今もロシアには明確な中央アジア政策が欠けていると苦言を呈した。その上で「われわれには各国それぞれの課題があり、伝統があり、慣習がある。各国それぞれと対応する最大公約数的なアプローチを模索する必要がある」と述べた。

タジキスタンやキルギスのような資源に恵まれない旧ソ連の小国には、ソ連崩壊後につくられたＣＩＳの中でも大きな発言権はなく、事実上ロシアの言いなりだった。ラフモンの発言は旧ソ連圏でのロシアの威信低下を如実に表していた。

係争地巡り明暗＝アルメニア、アゼルバイジャン

ロシアのウクライナ侵攻と並行して事態が激変したのが、旧ソ連のカフカス地域周辺でアルメニアとアゼルバイジャンがソ連時代から武力紛争を続けてきた係争地ナゴルノ・カラバフの領有権問題だ。現地に平和維持部隊を駐留させてきたロシアがウクライナ侵攻で余裕を失った事態を背景に、トルコと経済、軍事面で協力関係を深めたアゼルバイジャンは二〇二三年九月に武力による係争地の支配権奪取に踏み切り、成功させた。これを受けてアルメニアはCSTOからの脱退も視野に入れ、「ロシア離れ」と欧米への接近姿勢を一層鮮明にし始めた。

きっかけは二〇二〇年秋の軍事紛争でアルメニア軍が、トルコやイスラエル製の軍用無人機を駆使するアゼルバイジャン軍に完敗したことだった。この時は双方合わせて六〇〇〇人以上の死者が出た。

アゼルバイジャン領内にありながらアルメニア系住民が多数派を占めるナゴルノ・カラバフはアルメニアの強力な軍事支援を得て独立を宣言し、アルメニア人でつくる行政府が実効支配を続けていたが、アルメニア側は二〇二〇年の敗北により、それまで武力で占拠してきたナゴルノ・カラバフとアルメニア本国を結ぶ地域を奪還された。そのため本国とナゴルノ・カラバフを結ぶ陸路は、全長約六キロメートルの道路「ラチン回廊」だけになっていた。

アゼルバイジャン側は二〇二二年一二月半ばから回廊の通行を認めなくなり、ナゴルノ・カラバフにアルメニア本国から食料や必要物資が届かなくなった。アルメニアは、二〇二〇年の停戦合意によれば回廊を管理するのはロシア平和維持部隊の責務だと主張してロシアに対応を求めて

アゼルバイジャン周辺図

いたが、ロシアは事実上の静観を続け、アルメニア首相ニコル・パシニャンが強い不満を示していた。二〇二〇年にアゼルバイジャンと大規模軍事衝突が起きた際も、ＣＳＴＯは部隊を派遣しなかった。アルメニアにしてみれば、アゼルバイジャンとの交戦で支援がないなら軍事同盟に加わっている意味がない。

　一方、ロシア大統領プーチンは、二〇一八年に野党指導者として街頭デモを率い、親ロシアの政権を倒して首相になったパシニャンと元々反りが合わなかった。ソ連崩壊による独立のあと、一九九八年に政権を握ったアルメニアの保守政権はナゴルノ・カラバフを事実上の自国領とみなし、ロシアとの同盟関係強化でナゴルノ・カラバフの実効支配を維持してきたが、パシニャンは欧米との良好な関係構築を重視し、ナゴルノ・カラバフ問題では硬軟両にらみの姿勢を取っていた。

パシニャンは二〇二三年四月一八日の議会報告で、「アゼルバイジャンの領土の一体性を認める」形で平和条約の締結を目指すと表明した。ナゴルノ・カラバフ問題ではCSTO、すなわちロシアの軍事的支援が見込めないとみて、係争地を放棄することにより国境を画定し、アゼルバイジャンと平和条約を結んで長年の紛争を終わらせる意図だった。パシニャンはその後も「ロシア離れ、欧米接近」を進め、同年九月一一～二〇日にはアルメニア国内で米軍との合同軍事演習「イーグル・パートナー二〇二三」を行い、ロシアの強い反発を買った。

こうした亀裂をアゼルバイジャンは見逃さなかった。九月一九日、アゼルバイジャン軍はナゴルノ・カラバフの二カ所でアルメニア側が仕掛けた地雷が爆発し治安部隊員ら六人が死亡したとして、「対テロ作戦」を開始したと発表した。アゼルバイジャン軍はナゴルノ・カラバフ域内の軍事拠点を航空機やミサイル、無人機などで一斉攻撃し、六〇カ所以上を制圧した。パシニャンは「挑発」だとして軍を動かさず静観したため、孤立無援となったナゴルノ・カラバフの行政府は翌二〇日に武装解除に応じ全面降伏、アゼルバイジャンはナゴルノ・カラバフ全域を支配下に置いた。アゼルバイジャンの大統領イルハム・アリエフは「ナゴルノ・カラバフで主権を回復した」と勝利宣言した。三〇年以上続いた、旧ソ連圏で最も深刻な領土紛争はこうして事実上決着した。

ナゴルノ・カラバフ行政府の主な幹部らはアゼルバイジャン側に逮捕され、一〇万人以上のアルメニア人が難民として本国に逃れた。かつての同盟国アルメニアの全面敗北は、この地域でのロシアの影響力低下をみせつける象徴的な出来事だった。

　パシニャンは二〇二四年二月一八日、ソ連の消滅が決まった一九九一年一二月に採択された「アルマアタ宣言」が旧ソ連諸国の領土保全と国境の相互不可侵を明記していることに触れ「これを破ればすべてが崩れる」として、ウクライナ紛争では「ロシアはアルメニアの同盟国ではない。一方、ウクライナ国民はアルメニアの友人だ。状況を好転させられず、心苦しい」と述べて、侵攻への反対を明言した。三月一二日には、CSTOがアルメニア防衛の責務を果たしていないとして、一致した認識が得られなければ「脱退する」と明言した。アルメニアは今後も「ロシア離れ」と欧米接近を加速させるとみられる。

　一方、悲願のナゴルノ・カラバフ支配権奪還を達成したアリエフは余勢を駆って大統領選を二〇二四年二月七日に前倒しして実施し、九二・一二パーセントの得票率で五選を決めた。ロシアは、NATO加盟国でありながら欧米の対ロ制裁に同調しないトルコが強力に支援するアゼルバイジャンを戦略的パートナー国とみなし、関係を強化していく方針だ。

　ロシアが特に重視するのが、ロシアからアゼルバイジャン、イランに通じる国際南北輸送回廊の構想だ。欧米の制裁を受けるロシアとイランは二〇二三年五月、アゼルバイジャン国境のイラン北部アスタラとラシュトを結ぶ一六二キロの鉄道の建設協力で合意した。ここに鉄道ができればロシア北西部のサンクトペテルブルクからペルシャ湾岸バンダルアバスまでが鉄路でつながり、さらに海路でインド洋に面するインドの商都ムンバイに物資が運べる。欧州からアジアへの輸送としてはスエズ運河を経由する場合に比べ、三〇～五〇パーセントの時間節約が見込めるとの試算もある。

制裁で欧米との航空機、船舶による物流の道が断たれているロシアにとって、非欧米諸国とのヒトやモノの流れの確保は今後の生き残りの鍵を握る。プーチンは二〇二四年四月二二日にモスクワでアリエフと会談した際、南北輸送回廊は「北極海航路とペルシャ湾を結び、ユーラシアとグローバルサウスの経済発展を加速する」と意義を強調した。

親欧米と親ロ派がせめぎ合い＝ジョージア、モルドヴァ

ロシアのウクライナ侵攻に大きな脅威を感じているのが、分離独立を主張する親ロシア派の実効支配地域を国内に抱えているジョージア（グルジア）とモルドヴァだ。

ジョージアには、ソ連時代末期の一九九〇年九月に独立宣言した北部の南オセチアと、一九九二年に主権宣言した西部のアブハジア自治共和国がある。それぞれ、ジョージアでは少数派のオセット人とアブハズ人が多数を占め、ジョージア政府軍との武力衝突と停戦を経て実効支配を保っている。二〇〇八年八月八日、親欧米のミヘイル・サーカシヴィリがジョージア大統領だった際にジョージア軍が南オセチアに進攻し、南オセチアを支援してきたロシアが軍事介入した。ロシア軍がジョージア領内に侵攻し軍事拠点を制圧、首都トビリシにも迫ったところで双方はフランスなどの仲介で停戦に合意したが、ロシアは八月二六日に南オセチアとアブハジアを独立国家として承認し、ジョージアと対立している。九月一七日には両地域の「大統領」がロシアと友好協力相互援助条約に調印、ロシア軍の駐留や軍事基地設置を公に受け入れた。ジョージアは二〇

〇九年八月にCISから脱退した。

欧州連合（EU）やNATO加盟を目指したサーカシヴィリはその後、職権乱用の罪などに問われ、二〇一三年に事実上亡命した。ウクライナなどに滞在したが二〇二一年に帰国して拘束され、政治的影響力を失っている。

二〇一二年の議会選で勝利したジョージアの政権与党「ジョージアの夢」はEU加盟を目指す路線を維持しつつロシアとの正常な関係も模索しており、政府はロシアのウクライナ侵攻後も対ロ制裁に加わっていない。二〇二四年一〇月二六日投票の議会選では、ロシアとのビジネスで富を築いた与党創設者で元首相のビジナ・イワニシヴィリが「戦争ではなく平和を選ぼう」と訴えた。与党が過半数を得て勝利したとの結果については、不正があったとして親欧米の野党側が受け入れを拒否した。一一月二八日、選挙後の議会で再任された首相イラクリー・コバヒゼは、EUがジョージアの主権を認めない態度を取っていると批判し、EU加盟交渉を二〇二八年末まで四年間凍結すると表明した。ジョージア議会で二〇二四年六月、外国から資金提供を受ける団体を事実上スパイとみなす法律が与党主導で成立したことに対する欧米の批判に反論したもので、コバヒゼは「平和と戦略的な利益を守るため」ロシアと実務的な関係を維持すると述べた。数千人の野党支持者が首都トビリシの議会前で抗議の声を上げたが、放水銃などを使う警官隊に解散させられた。

ウクライナ南部に接するモルドヴァでは、二〇二〇年一一月の大統領選決選投票で当選した親欧米の大統領マイア・サンドゥの政権がEU加盟を目指しているが、サンドゥに敗れた親ロシアのイーゴリ・ドドンらが率いる社会党は親ロシア路線を取りEU加盟に反対、両勢力の支持が拮抗している。

東部のウクライナ国境では、ロシア系住民が多数を占め、ソ連時代末期の一九九〇年九月に独立を宣言し政府軍と交戦した「沿ドニエストル・モルドヴァ共和国」が実効支配を続け、推定一五〇〇人のロシア軍が現在も駐留する。また南部のガガウズ自治共和国もロシアの後ろ盾を受けて事実上の独立状態にあり、モルドヴァ政府と対立している。

サンドゥはロシアのウクライナ侵攻を非難しゼレンスキー政権を支持する。EU加盟の是非を問う二〇二四年一〇月二〇日の国民投票では賛成が五〇・三五パーセント、反対が四九・六五パーセントで辛勝し、同時に行われた大統領選で四二パーセントを得票したサンドゥは一一月三日の決選投票で五五・三三パーセントを獲得し再選を果たした。その半面で野党の社会党が推した対立候補も約四五パーセントを得票、親欧米か親ロシアかを巡る社会の分断が改めて示された。サンドゥ政権は、国民投票と大統領選でロシアの大規模介入があったと非難した。

統合で生き残り＝ベラルーシ

ロシアのウクライナ侵攻に多くの旧ソ連諸国が距離を置く中、全面的にロシアを支持しているのが、野党勢への徹底的弾圧で「欧州最後の独裁者」の異名を取るルカシェンコの強権統治が続くベラルーシだ。ロシアのエネルギー支援がなければ経済が成り立たないベラルーシは侵攻作戦に協力し、経済、軍事面でロシアとの統合を進めながら生き残りを図る。

ソ連崩壊後の一九九四年七月に行われた大統領選で初当選して以来、六回の当選を重ね三〇年以上政権の座にあるルカシェンコは、一九九九年にエリツィン大統領時代のロシアと「連合国家創設条約」を締結したものの、二〇〇〇年にロシア大統領になったプーチンとの関係は微妙だった。条約に基づき国家統合の推進を求めるプーチンに対し、時には「ベラルーシをのみ込もうというのか」と悪態をついてみせることすらあった。

だが二〇二〇年八月の大統領選で選挙の不正を糾弾するデモが全土に広がった危機の際、プーチンはルカシェンコを見限らず、国際的非難を浴びるルカシェンコと会談して支持を表明した。その後に反政権デモを力で抑え込んだルカシェンコは従来以上にロシアを頼るようになり、二〇二二年二月のウクライナ侵攻の際はロシア軍がベラルーシ領内からウクライナに侵攻することを容認した。

侵攻開始後にはロシアとウクライナの停戦交渉を仲介した。侵攻長期化に伴って欧米が対ベラルーシ制裁を強化したことに対応し、自国領内にロシアの戦術核兵器配備を受け入れた。ロシアの「核の傘」に入って安全保障を確保し政権を維持する方針だ。

その後もルカシェンコは二〇二三年六月にロシアの民間軍事会社ワグネルが起こした反乱の際に創設者のプリゴジンを電話で説得して反乱を中止させるなど、プーチンの「役に立つ同盟者」として振る舞っている。ちなみにルカシェンコは、前出の政治コンサルタント、ミンチェンコが公表しているプーチン政権についての二〇二四年六月の報告書で、外国人にもかかわらずクレムリンの「政治局」入りしたと認定された。

ロシアと急接近する北朝鮮

ロシアのウクライナ侵攻は東アジアの地政学的現状にも大きな変化をもたらした。最もドラスティックだったのがロシアと北朝鮮の急速な関係強化だ。

二〇一九年四月二五日に極東ウラジオストクでプーチンと初会談した北朝鮮最高指導者の金正恩《キム・ジョンウン》は、前年六月にシンガポールで、また一九年二月にベトナムのハノイで行った当時の米大統領トランプとの首脳会談の内容をプーチンに説明し、体制維持への協力を求めた。二〇一四年にウクライナからクリミア半島を編入して先進八カ国（G8）から追放されていたプーチンは北朝鮮との関係強化に前向きに対応し、米朝関係の正常化や、韓国と北朝鮮との南北対話促進に貢献したいと応じていた。

その後しばらくの間、両者は会談する機会がなかったが、ロシアがウクライナ侵攻に踏み切ったあとの二〇二三年九月一三日に再び金正恩がロシア極東を訪問し、プーチンとアムール州のヴォストーチヌイ宇宙基地で約四年半ぶりに会談した。この時、金正恩は対ロ関係発展を「最重要視している」とし、ロシアのウクライナ侵攻を無条件で支持すると述べた。プーチンも北朝鮮との軍事技術協力には「展望がある」と応じた。ロシアは前線で不足する弾薬を補うため、北朝鮮が保管していたソ連製の弾薬の提供を求め、北朝鮮は核・ミサイル開発に必要な技術協力を期待したとみられている。プーチンに同行した外相ラヴロフは、今後は国連安保理で北朝鮮に制裁を科す欧米の試みに同意しないと明言した。

二〇二四年六月一九日には答礼としてプーチンが平壌《ピョンヤン》を二四年ぶりに訪問し、金正恩との間で

プーチン大統領と金正恩総書記の会談後の記者会見（2024年6月19日、平壌）

有事の相互支援規定を盛り込んだ「包括的戦略パートナーシップ条約」に署名した。

条約には、一方が武力侵攻を受けた際は「あらゆる手段で軍事及びその他の援助を遅滞なく提供する」と明記され、両国はソ連時代のように集団的安全保障を約束する間柄になった。

条約の効力は無期限で、軍事以外でも貿易・経済やエネルギー、科学技術など両国の協力関係を幅広い分野で高める内容が盛り込まれた。

会談後の記者発表で金正恩は、条約締結によって両国関係が「高いレベルの同盟関係に引き上げられた」と述べた。長期化するロシアのウクライナ侵攻が、米国と鋭く対立する両国の利害を一致させた。

韓国は強く反発した。外務省第一次官が同二一日にロシア駐韓大使を呼び抗議、北朝鮮との軍事協力を直ちにやめるよう要求した。また、前政権が進めた対北朝鮮融和路線を転換し、日米韓の防衛協力による圧力強化で北朝鮮を抑止する戦略を進めていた大統領の尹錫悦《ユン・ソンニョル》も、朝鮮戦争（一九五〇～五三年）勃発から七四年に当たる同二五日の式典でロ朝の条約締結を「国連安保理決議に真っ向から違反し、歴史に逆行する時代錯誤の行動」と非難した。

日本も官房長官の林芳正が二〇日「わが国を取り巻く地域の安全保障環境に与える影響を深刻に憂慮している」と懸念を表明し、ロシアが北朝鮮から弾道ミサイルを含む武器や弾薬の提供を受けウクライナ侵攻に使っているとして「明白な国連安保理決議違反」と指摘した。

ロシアは、米国、英国とオーストラリア三カ国の安全保障の枠組みである「AUKUS（オーカス）」を「NATOをアジアに拡大する試み」として批判を強めている。プーチンは二〇二三年八月一五日にモスクワで開かれた安全保障国際会議にメッセージを寄せ、NATOがAUKUSと完全に統合される可能性も排除できないと強い警戒感を示した。ウクライナ侵攻後のロシアは、アジア太平洋地域の安全保障にも関与を強め始めた。

北極圏を巡る対立激化

ウクライナ侵攻によるロシアと欧米の「対決の次の舞台」になると指摘されるのが北極圏だ。地球の北緯六六度三三分以北に位置する北極圏の中心は海であり、南極の軍事利用禁止や各国による領有権主張の凍結などを取り決めた「南極条約」のような条約が存在せず、一般国際法である「国連海洋法条約」などが適用される。逆にいえば、北極圏に領土・領海を持つ各国が自国の権益を主張して開発を進めやすい。北極圏で最大の領土を有するロシアと、カナダや米国、デンマーク（グリーンランド）、ノルウェーの五カ国が北極海沿岸国で、さらにフィンランド、アイスランド、スウェーデンを加えた計八カ国が北極圏内に領土を持つ。この北極圏八カ国は一九九六年のオタワ宣言に基づいて「北極評議会」を設立し、北極での環境保護や持続可能な開発などについての協力を話し合っていた。

だがウクライナ侵攻直後の二〇二二年三月三日、評議会の議長国だったロシアを除く七カ国は侵攻を非難して関連会合への参加を停止するとの共同声明を出し、北極を巡る周辺国間の協力はストップした。ロシア外務省は二〇二四年五月、ロシア以外の四カ国は「沿岸五カ国の協議の枠組み継続を支持しておらず、北極圏の問題を話し合う枠組みは存在しなくなった。ロシアに責任はない」と表明した。

地球温暖化による海氷の減少で以前より開発が容易になりつつある北極圏では、豊富な資源を目当てにした各国の開発と主導権争いが激化しており、ロシアは侵攻以前から北極圏内で飛行場やレーダーなど軍事インフラの建設を進めていた。二〇二一年三月には原子力潜水艦三隻が北極海の半径約三〇〇メートルの海域内で厚さ一・五メートルの氷を割って同時に浮上する「離れ業」をやってのけた。ロシア国防省は近くの氷上で地上兵力が展開し、上空でミグ31戦闘機が飛行する様子をユーチューブで公開、北極での軍事的存在感を誇示してみせた。

プーチンは二〇二二年四月一三日の会議で、侵攻後に科された欧米の対ロ制裁で北極圏開発が遅れることは許されないとし、「逆に最大限加速するべきだ」とハッパを掛けた。前述の通り、二〇二三年七月には潜水艦建造で知られる北極圏内のムルマンスクで、快適な生活を支えるインフラを整備した複数の中核都市建設を急ぐよう指示した。ウクライナ侵攻後のフィンランドとスウェーデンのＮＡＴＯ加盟により北極圏八カ国のうち七カ国がＮＡＴＯ側陣営になる現実を見据えた対応だ。

北極海の厚い氷の下には、ＳＬＢＭを搭載したロシア海軍の戦略原子力潜水艦が常に任務に就いている。ロシアはさらに、地球温暖化によって海氷が減り夏場の航行が容易になった北極海を重要な海上交通路ととらえており、既に保有する四〇隻以上の砕氷船に加え、最新の原子力砕氷船の建造に力を入れている。

米地質調査所（ＵＳＧＳ）によれば、世界で未発見の原油の推定約一三パーセント、天然ガスの同約三〇パーセントが北極圏に埋まっている。その一方で北極海の二〇二〇年九月の海氷面積は二〇一〇年までの三〇年間の平均に比べて約四〇パーセント減少し、資源開発の追い風となっている。

また北極圏のロシア沿岸を通って大西洋と太平洋を結ぶ北極海航路は、スエズ運河経由で欧州から日本など極東アジアに到達する距離を四〇パーセントも短縮できるとされる。対ロ制裁で欧米との航空便が止まっているロシアにとって北極海航路は死活的に重要になった。

米国にとって、海氷減少による北極海での船舶航行の活発化は安全保障上の脅威となる。バイデン米政権は二〇二二年一〇月、北極圏での開発や安全保障戦略をまとめた「北極圏国家戦略」を更新し、「安全保障」「気候変動と環境保護」「国際協力」などを戦略の柱に掲げた。

米国防総省は二〇二四年七月二二日付で公表した「二〇二四年版北極戦略」で、「急速に変化しつつある」北極圏は米本土の防衛と主権の維持に「極めて重要な地域」だと位置付け、ロシアは「ウクライナの戦場における損害にもかかわらず、依然として地域の先鋭的な脅威であり続けている」と指摘した。また、ロシアと協力する中国が北極圏へのアクセスと影響力の向上を狙っているとし、中ロを米国の「競争相手」と明確に位置付け、フィンランド、スウェーデンが新規加盟したＮＡＴＯとの協力を深めて北極圏での活動を活発化させると表明した。

北極海と北大西洋の間に位置するデンマーク領のグリーンランドには米軍が基地を置き、ロシアが発射するＩＣＢＭを監視している。トランプ米大統領は二期目就任直前の二〇二四年一二月七日の記者会見で「周辺海域に中国やロシアの船がいる。世界の安全保障と自由のため、所有と管理が必要だ」と述べて、米国によるグリーンランドの買収に意欲を示した。デンマークが応じなければ関税を課すと警告した上、軍事力行使の可能性も排除しなかった。デンマーク政府は「売り物ではない」と強く反発し、ＥＵ加盟国のフランスやドイツからも懸念の声が上がった。

北極圏では、ロシア天然ガス大手ノヴァテクが六〇パーセントの権益を持ち、残りのうち一〇パーセントを日本の独立行政法人エネルギー・金属鉱物資源機構（ＪＯＧＭＥＣ）と三井物産が共同で保有する液化天然ガス（ＬＮＧ）開発事業「アークティックＬＮＧ２」が二〇二三年一二月に生産を開始したが、米国がウクライナ侵攻に絡んで二〇二三年一一月に科した制裁のため、早くも二〇二四年四月には稼働が止まった。北極圏を巡る緊張と対立は日本にとっても対岸の火事ではない。

第6章

揺らぐ核管理体制

核大国ロシアのウクライナ侵攻で世界の核管理体制は激しく揺さぶられた。ソ連の核ミサイルが配備されていたウクライナはソ連崩壊後に核兵器をロシアに引き渡して非核保有国となったが、ソ連時代から稼働している原発があり、一九八六年に史上最悪の爆発事故を起こしたチェルノブイリ原子力発電所の廃炉作業も続いている。侵攻直後にロシア軍が制圧したウクライナ南部ザポロジエ州エネルゴダールに立地するザポロジエ原発には無人機攻撃が続き、一つ間違えば大事故につながりかねない。二〇二四年八月にウクライナ軍が越境攻撃を開始したロシア西部クルスク州ではクルスク原発が稼働したままだ。侵攻開始以来、人類は核戦争や、原発攻撃による核の大惨事の危険と隣り合わせの状態に置かれている。ウクライナでの交戦がさらに長期化すれば米国とロシアの核軍縮は継続が困難になり、国際的な核兵器管理体制はさらに弱体化する恐れがある。

侵攻招いた「核再配備」の懸念

「NATOの核ミサイルがルーマニアやポーランドから発射された場合のモスクワまでの飛行時間は一五分だ。だが、ウクライナがNATO加盟国になったとしよう。東部のハリコフか、あるいはドニエプロペトロフスクからロシアの中心部、モスクワまでの時間は七〜一〇分しかない。これがわれわれにとってレッドラインでないと言えるだろうか。もしカナダやメキシコとの国境にミサイルが配備されれば、ワシントンなど米国の中心部に七〜一〇分で到達する。米国にとってこれはレッドラインではないのか」

侵攻前年の二〇二一年六月、プーチンは国営テレビの担当記者パーヴェル・ザルービンにこう語り、ウクライナのＮＡＴＯ加盟は容認できないと明言していた。[1]

この考えは侵攻三日前の二〇二二年二月二一日にプーチンが行った国民向け演説でも語られた。「米国は中距離核戦力（ＩＮＦ）廃棄条約を破棄し、新たな地上発射型ミサイルの開発を進めている。飛距離五五〇〇キロメートルの中距離弾道ミサイルがウクライナに配備された場合、ロシア欧州部全体だけでなくウラル地方まで射程内に入る。ハリコフからモスクワまでの飛行時間は弾道ミサイルなら七～八分、極超音速ミサイルなら四～五分だ。これは「のど元に突きつけられたナイフ」そのものだ。ウクライナのＮＡＴＯ加盟は、たとえ遠い将来のことであっても受け入れることはできない。われわれは一九九〇年に、ＮＡＴＯは東方に一インチたりとも拡大しないと言われ、そのあとは「中東欧へのＮＡＴＯ拡大はこれらの国々とロシアとの関係を良くする」と説明された。……彼らにとっては政治体制の如何に関係なく、ただロシアの存在そのものが必要ないのだ。ＮＡＴＯはウクライナを橋頭堡として、ロシアを支配しようと企んでいる」

「ロシアと戦争したいのか」

ウクライナのＮＡＴＯ加盟が容認できない理由についてプーチンは、侵攻直前の二〇二二年二月七日にモスクワで行われたフランス大統領エマニュエル・マクロンとの五時間に及ぶ会談のあとの共同記者会見でも説明している。

ロシアはこの時、ＮＡＴＯ不拡大とロシアの安全保障を確約する条約の締結を欧米各国に求めていたが、まともに相手にされず、双方の緊張が高まっていた。マクロンの訪ロは武力行使を思いとどまらせようとするものだったが、両者の主張は平行線をたどった。

会見でマクロンは、外交による解決以外に道はないとし「ここ数日が非常に重要だ」と述べた。これに対しプーチンは「なぜウクライナのＮＡＴＯ入りがそれほど危険なのか、説明しよう」と切り出し、ロシア系住民が多数を占め二〇一四年にロシアが編入したクリミア半島をウクライナは自国領だとして武力行使も含めた奪還の可能性を公式文書で規定していると指摘した。その上で、仮にウクライナがＮＡＴＯ加盟後にクリミアを武力で奪還しようとした場合、一加盟国に対する武力攻撃を全加盟国への攻撃とみなして集団的自衛権を行使すると定めたＮＡＴＯ条約第五条により「欧州諸国は自動的にロシアとの軍事紛争に巻き込まれる。欧州はロシアとの戦争を望んでいるのだろうか。あなた方の読者に聞いてみてほしい」とフランスの同行記者団に呼びかけた。[2]

さらに「欧州がロシアとの軍事紛争に引きずり込まれた場合、ロシアの兵力はＮＡＴＯ全体とは比べものにならないが、ロシアは世界有数の核保有国だ。勝者はいない。欧州は自分の意思に関係なく紛争に巻き込まれ、瞬時にＮＡＴＯ条約第五条が適用されるだろう」と述べた。

侵攻に踏み切る前からプーチンが、ウクライナのＮＡＴＯ加盟阻止はロシアとウクライナの紛争が欧州諸国を巻き込んだ核戦争に発展するのを予防するためだと説明していたことは、もっと注目されていい。プーチンのこの姿勢は一貫している。

ロシアにとっての軍事的脅威がウクライナを先制攻撃しなければならないほど深刻で差し迫ったものだったのかということについてはロシアとウクライナ、欧米側との間で大きな認識のギャップがある。ウクライナの側にはロシア攻撃の具体的計画はなかったが、NATOを拡大しないとの約束が破られ「ロシアは騙された」と不信感を募らせるプーチンの目には「時間の問題」と映った。

ロシアは一三～一五世紀の約二四〇年間にわたるモンゴルの支配（タタールのくびき）を受けた。一八一二年にはナポレオン率いるフランス軍にモスクワを一時占拠され（ロシアでは「祖国戦争」と呼ばれる＝筆者注）、第二次世界大戦でもナチス・ドイツ軍の侵攻を受けてモスクワ郊外まで迫られた（「大祖国戦争」）。専門家が「一〇〇パーセントどころか三〇〇パーセントの安全を求める」と指摘するほど確実な安全保障が必要だと感じるロシアにとって、「事実上同じ民族が住む兄弟国」と考えてきた隣国のNATO加盟や米軍基地の設置が自国の安全保障上の許容範囲を超えていると考えたとしても、あながち異常ではない。

当時、NATOは既に三〇カ国体制になっていた。冷戦が終わったあともNATOが、かつて社会主義陣営にいた中・東欧諸国やバルト三国のような旧ソ連の一部を加盟させロシアに向けて拡大を続けてきたことは事実だ。三〇カ国の通常兵力の総和がロシア単独のそれを大きく上回っていることを考えれば、ロシアにとっての国防の要《かなめ》が戦略核兵器の保有と近代化による「核抑止」であることは当然で、抑止力の均衡を崩しかねないウクライナのNATO加盟はレッドライン越えだとする表明を単なるプロパガンダや、侵略行為を正当化するための強弁と切り捨てるのは公平とはいえない。

実際、一九六二年のキューバ危機では、ソ連が米国に近いカリブ海の社会主義国キューバを支援するため密かに核ミサイルを搬入したことから、ケネディ米政権が撤去を求めてキューバへの海上封鎖を実施、世界は「核戦争の一歩手前までいった」と評されている。国境付近に相手方の軍事基地やミサイル施設が置かれれば脅威とみなすのはロシアにとっても同じことだ。

マクロンとの共同会見でプーチンは「核戦争」という単語を慎重に避けた。この言葉を使えば「核兵器で世界を脅した」と非難されることが目に見えていたからだ。プーチンが核兵器保有に言及するたびに欧米は「核による脅し」と非難するのだが、戦略核兵器はもともと「相互確証破壊」（ＭＡＤ）理論に基づいて相手に核の先制攻撃を思いとどまらせるためにある。保有を公言しないなら戦略核を持つ意味はない。

一方、ロシアを軍事的脅威とみる欧州諸国にとっては、ミサイル発射実験や演習を恒常的に実施して核戦力を増強し、ことあるごとに核兵器保有に言及するロシア指導部の言動を見るにつけ、米国の核の傘に入って集団的自衛により安全保障を確保したくなるのは自然な反応だ。冷戦時代の末期に醸成された欧米とロシアの間の一定の信頼と、世界を核戦争の悪夢から救うという核軍縮の機運が失われ、相互の不信感が極限にまで高まった結果、双方は「冷戦後の欧州で最悪の戦争」の回避に失敗した。

戦術核使用の可能性

ウクライナ侵攻はＮＡＴＯ側との将来の直接戦争を回避するためだとプーチンが考えているとすれば、ウクライナでの交戦がどれほど長く続こうともロシアが屈することはないと思われる。

自国が敗北に追い込まれそうだと考えた場合にロシアが核兵器を使用する可能性はある。通常兵器や、それ以外の国力ではNATO全体に太刀打ちできないことが明らかだからだ。

これまでの言動をみていると、プーチンには「有言実行」の傾向がある。侵攻についても、ウクライナのNATO加盟は「レッドライン越えだ」と何度も警告してきた。

ウクライナ南部のクリミア半島を編入した際の二〇一四年三月一八日の演説でも、「ロシアはこれ以上後退できないところまで追い詰められた。バネを極限まで押さえつければ、いつかは力で反発することを忘れないほうがいい」と述べていた。[3]あとから振り返れば、これは単なる「脅し文句」ではなかった。

ウクライナでの戦争に絡んで核兵器を使用する可能性についてプーチンは、国防方針の基本文書である「軍事ドクトリン」を見てほしい、と繰り返してきた。自国あるいは同盟国が核や大量破壊兵器で攻撃された場合、もしくは国家の存立が脅かされた場合には核兵器の使用が許容されるという考え方だ。

侵攻の初期段階でプーチンは、ロシアが核保有国であることと同時に、核使用が許容される条件は軍事ドクトリンに明記されていると指摘してNATO側を牽制するとともに、核の使用には高いハードルが設定されているとも暗示していた。

たとえば侵攻開始から約二カ月後の二〇二二年四月の会議では、ウクライナでの侵攻作戦に関して第三国が脅威を与えようとした場合は「電撃的な対抗措置を取る」「ロシアは他国にない兵器を保有している。必要なら使う」と述べ、「核」の言葉を避けながらも使用を辞さない構えを示した。

同一〇月に開かれた国際討論フォーラム「ワルダイ会議」では「世界はいま核戦争の瀬戸際にあるのか」と聞かれ「核兵器が存在する限り、使われる恐れは常にある」と煙《けむ》に巻いたあと、ロシアがウクライナで核兵器を使う可能性を繰り返し指摘する欧米の狙いはロシアの友好国に「ロシアは恐ろしい国だから支持するな、と強調するための幼稚なやり方」だと断じ、「軍事ドクトリンを読み返してほしい」と述べて、ウクライナでの侵攻作戦は核兵器を使用するケースに当たらないとの考えを示唆した。

こんなやりとりもあった。もしロシアに向けて核兵器が使用されれば「必ず報復する。われわれは殉教者として天国に召されるが、相手はただ死ぬだけだ。なぜなら悔い改める時間もないはずだから」と言ったプーチンの二〇一八年一〇月の発言を引いて、会議で司会を務めた政治学者ルキヤノフが「……天国へ行くことを急いではいませんよね?」と問いかけたのに対し、プーチンは考え込むようにしばし沈黙してみせた。

会場からくすくすと笑いが起き、ルキヤノフが冗談めかして「あなたの沈黙は既にわれわれを不安にさせていますけれど」と突っ込みを入れると、プーチンは「黙っていたのは、わざとそうしたのだ。効果はあった」と答え、会場の大きな笑いを誘った。[4]

ロシアと欧米、どちらが先に核兵器を使っても結局は人類全体が破滅する。核戦力の均衡を保って核抑止力を維持しようと思うなら、核を使うかどうかは明言しないのが最上の策だ——。隣国への侵攻で戦時下にあり、欧米の制裁で国際的に孤立しかかっている非常時にあってもユーモアを忘れないところが、いかにもこの人らしい。

二〇二三年六月のサンクトペテルブルク国際経済フォーラムでは、ロシアはいま核兵器使用の「必要性がない」と述べた。核兵器はロシアの安全と国家の存続を保証してくれるけれど「それを検討すること自体が核兵器使用のハードルを下げてしまう」と言い、「核兵器」という言葉自体をあまり口にしないほうがいいとの考えを示した。

交戦が長引き、ロシアが戦術核を使うのではという懸念の声が広がった時、プーチンは「ウクライナの前線で核兵器を使うことは考えていない」と明言することすらあった。

二〇二四年六月五日、毎年恒例の同フォーラムに合わせてサンクトペテルブルクで行われたAP、ロイター、新華社、共同通信など世界の主要通信社代表との会見では、軍事ドクトリンに言及して、国家主権と領土の一体性が脅かされれば核使用が容認されると型通りの説明をしたが、その二日後のフォーラム全体会合では、核兵器を使えば「前線での進軍の速度は上がるかもしれないが、ロシア兵の命と健康のほうが大事だ」と述べて、ウクライナで核兵器使用が必要な状況ではないと明言した。NATO諸国を巻き込んだ核戦争に発展しないことを望んでいるとも強調した。「核兵器を使うのか」という問いへのプーチンの対応は常に、意識的に「あいまい」にしておくことだった。

「核の均衡」崩壊恐れる

核兵器を巡るプーチンの言動から感じ取れるのは、欧米側との「核戦力の均衡」が崩れることに対する恐れである。

ロシアの侵攻後、ウクライナ側はロシア国内への無人機攻撃を繰り返した。二〇二二年一二月五日、大陸間弾道ミサイル（ＩＣＢＭ）、潜水艦発射弾道ミサイル（ＳＬＢＭ）と並んで「核の三本柱」の一角を占めるツポレフ１６０やツポレフ95などロシアの主力長距離戦略爆撃機が配備されているモスクワ近郊リャザン州のジャギレヴォ空軍基地と、南部サラトフ州のエンゲルス空軍基地が複数の無人機で攻撃され、機体が損傷したほか数人が死傷した。同二六日にはエンゲルス空軍基地が再び無人機攻撃を受け、迎撃され落下した残骸のため軍関係者三人が死亡した。エンゲルス基地はウクライナ国境から五〇〇キロメートルも離れており、ロシア側に衝撃を与えた。核兵器を搭載する長距離戦略爆撃機が大量に被害を受けた場合、ロシアの核反撃能力が低減し米ロの核戦力のバランスが崩れかねないからだ。

プーチンがその二カ月後、二〇二三年二月の年次報告演説の締めくくりに、米国との間の核軍縮条約で唯一残った新戦略兵器削減条約（新ＳＴＡＲＴ）の履行停止を表明した背景にはこのような状況があった。

新ＳＴＡＲＴは二〇一〇年四月八日、当時の米大統領バラク・オバマとロシア大統領ドミトリー・メドヴェージェフがチェコの首都プラハで調印し、二〇一一年二月五日に発効した。米ロが互いに配備済みの戦略核弾頭数を、米ロの核軍縮史上最低水準の一五五〇に制限する内容で、ＩＣＢＭやＳＬＢＭ、重爆撃機の三種で構成される核の運搬手段の上限も八〇〇に抑えた。このほか兵器システムと施設の数や位置、技術的特性に関するデータの交換、相手国の核兵器関連施設への現地査察を年一八回、弾道ミサイルの飛行実験データ交換を年五回まで実施すると定めている。米ロ両国は二〇一八年に条約の目標を達成したと発表、二〇二一年二月には二〇二六年二月まで五年間の条約延長を決めた。ロシアがウクライナ国境に多数の兵員を展開しているとして緊張が高まっていたさなかの二〇二一年六月一六日にスイス・ジュネーブで行われたバイデンとプーチンの米ロ首脳会談では、新ＳＴＡＲＴの期限切れ後の核軍縮やリスク回避を話し合う米ロの「戦略的安定対話」の開始でも合意していた。

だがロシアがウクライナに侵攻した二〇二二年二月以降、米ロの戦略的安定対話はストップし、ロシア外務省は同年八月、欧米の対ロ制裁を理由に同条約に基づく査察受け入れを停止すると発表していた。核施設への査察ができないと相手国が条約を順守しているかどうか確信が持てなくなり、戦略的安定が揺らぐ恐れがある。

この年次報告演説でプーチンは、ＮＡＴＯ側が二月初めに査察の受け入れ再開を求めてきたと述べ、「欧米はウクライナの無人機によるロシア戦略爆撃機の基地攻撃に関与した。その一方でわれわれの核施設を自分たちに見せろという。〝お笑い劇〟とでも呼ぶしかない」と批判した。さらに、ウクライナを軍事支援するＮＡＴＯの中で核兵器を持っているのは米国だけではないと指摘し、「欧米が集団的にロシアを完全な敗北に追い込もうとしている時に、「ロシアは新ＳＴＡＲＴの合意事項を順守せよ、だが条約とウクライナ問題は何の関係もない」などと主張するのは偽善の極みだ」と述べて「新ＳＴＡＲＴの履行は停止するが、条約からの脱退ではない」とも付け加えた。

プーチンは、条約履行再開のためにはNATO加盟国の英国とフランスが保有する核兵器を米国の保有分と合わせて考慮する必要があると主張した。さらに米国が新型核弾頭を開発していて、爆発を伴う核実験を近く実施するとの情報があるとし、米国が核実験をした場合には対抗してロシアも実施できるよう、国防省と国営原子力企業ロスアトムに準備を指示した。「ロシアが先に核実験をすることはない。米国がやればわれわれも行う」とくぎを刺し、あくまで米側の核戦力強化に対応していると強調した。

二〇二三年一一月二日には、ロシアが二〇〇〇年に手続きを完了した包括的核実験禁止条約（CTBT）の批准を撤回する法律に署名し、発効させた。ここでも、同条約に署名はしたが批准していない米国と「同様の対応を取る必要がある」と説明した。

プーチンは同じ年の三月二五日に国営テレビのインタビューで、欧米の対ウクライナ軍事支援に対抗してロシアの戦術核兵器をベラルーシ領内に配備することを決めたと表明した。

ベラルーシはロシアと連合国家創設条約を結んで経済や軍事面で国家機能の統合を進めており、侵攻に直接参加してはいないものの、ウクライナ北部から侵攻したロシア部隊の出撃拠点となった。大統領ルカシェンコは侵攻開始以来、早く停戦すべきだと述べて停戦交渉を仲介する一方、侵攻そのものに関しては一貫してプーチンを支える立場を明確にし、国境を接するポーランドや近隣のバルト三国などから強い非難を浴びていた。ロシアが自国の核兵器をロシア国外に配備するのは、ソ連崩壊直後にベラルーシやウクライナなどからソ連の核兵器を引き渡されて以来初めてだ。

プーチンは「米国は長い間、欧州の同盟国に核兵器を配備してきた。われわれも同じことをする」と述べ、冷戦終結後も欧州地域に戦術核を配備する米国への対抗措置だと説明した。ベラルーシへの配備は譲渡ではなく、核兵器不拡散の国際義務には違反しないとも強調した。

戦術核とは、ICBMやSLBM、戦略爆撃機など五五〇〇キロメートル以上の射程を持ち、遠く離れた相手国を標的にする戦略核と違って、局地戦での使用を想定した核爆弾や短・中距離の核ミサイルを指す。ソ連時代の第二次世界大戦でナチス・ドイツの電撃侵略を受けたロシアは欧州側の国境内に戦術核を数多く配備しており、NATO側もこれに対抗する形で、米国がドイツ、ベルギー、オランダ、イタリア、トルコの五カ国に計約一五〇発の戦術核を配備しているとされている。

戦術核のベラルーシ配備には伏線があった。既に二〇二二年六月、プーチンとルカシェンコはロシアのサンクトペテルブルクで会談し、核兵器搭載可能な地上発射型の弾道ミサイルシステム「イスカンデルM」の供与や、ベラルーシ軍が持つロシア製のスホイ25攻撃機を核搭載可能な仕様に改造する支援も表明した。これに先立ちベラルーシは二〇二二年二月の国民投票で承認された憲法改正で「非核・中立」の条項を削除し、核兵器配備の受け入れ準備を整えていた。

ロシア戦術核の配備は二〇二三年一〇月に完了し、ロシアとベラルーシは核の共同運用をする間柄になった。配備数や配置は明らかにされておらず、NATO内の対ロシア最強硬派ポーランドや、ドイツなどにとっては核の脅威が一段と高まった。

ポーランドのマテウシュ・モラウィエツキ首相は同年六月三〇日、欧州連合（EU）首脳会議後の記者会見で、ベラルーシへの戦術核配備を受け、米国の核兵器をNATO加盟国内に配備する「核共有」にポーランドも加わりたいと述べた。ウクライナ侵攻を受け、欧州では再び核軍拡の動きが広がり始めた。

プーチンはさらに二〇二四年六月二八日の安全保障会議で、米国が欧州やアジア太平洋地域に核兵器搭載可能な短・中短距離ミサイルを配備する動きに対抗するとして、ロシアも同様のミサイルの生産を再開し配備を進める必要があると述べた。米ロの間には、一九八七年に当時のソ連書記長ゴルバチョフと米大統領ロナルド・レーガンが調印した中距離核戦力（INF）廃棄条約が存在したが、二〇一九年にトランプ米政権が「ロシアが条約に違反している」と主張して一方的に破棄を表明、同年八月に失効していた。ロシアは条約失効後もINFの配備を自制してきたが、プーチンは米国が既に短・中距離ミサイルを演習でデンマークに持ち込んだとし、同年四月に米国がフィリピンに中距離ミサイル発射装置を展開させた事例を挙げて、対抗措置を指示した。ロシアが開発に着手した中距離弾道ミサイルは二〇二四年一一月にウクライナ領内への攻撃で初めて使用され、「オレシニク」と命名された。ロシアはアジア諸国との関係強化に乗り出しており、将来、アジアの友好国にロシアの戦術核を搭載する中距離ミサイル発射装置が配備される可能性も出てきた。

広がる核使用容認論

交戦の長期化とウクライナ側からの反撃の激化に伴い、ロシアでは核兵器使用の容認論が広がった。「核保有国が非核保有国に攻撃されるなど、あってはならない」「戦争に使わないなら核兵器を持っている意味はない」などの意見だ。

代表的な例が、著名な国際政治学者で政府系シンクタンク「外交・軍事政策評議会」の名誉会長セルゲイ・カラガノフだ。カラガノフは二〇二三年六月一三日付でロシア週刊誌『プロフィル』に公表した「重大だが必要な決定　核兵器使用は人類を破滅から救う」と題する論文で、ロシアは欧米の軍事支援を受けるウクライナと二～三年は戦えるが完全な勝利は得られないとし、欧米に支援をやめさせるには冷戦終結後に失われた核戦争への恐怖心を呼び起こして核抑止の効果を復活させる必要があると述べ、限定的な核兵器使用もやむを得ないと主張した。住民避難などの準備を周到に行えば報復攻撃による被害を最小限に食い止めることが可能だと強調し「道徳的には重大な選択だが、これをやらなければロシアだけでなく、おそらく人類全体が終わりを迎えることになる」と核の使用を正当化した。[5]

「全面的核戦争回避のための限定的な核使用」という極端な意見には、ロシア国内からも疑問の声が噴出した。ロシア世界経済国際関係研究所（ＩＭＥＭＯ）国際安全保障センター所長で核問題の専門家であるアレクセイ・アルバトフらは六月二一日付の『コメルサント』への寄稿で、欧州に配備されている米国の戦術核の一つが使われただけで約二四万四〇〇〇人が犠牲になるとの試算を示し、そのあとは報復の応酬で最初の一週間にＮＡＴＯ側とロシアで合わせて計九〇〇〇万人の死者が出ると主張、カラガノフの考えは誤っていると批判した。

外交・軍事政策評議会の現会長であるルキヤノフも同二一日に発表した論文で「核兵器は使っ

た途端に抑止の役割を失い、ただの大量破壊兵器になる」と指摘し、被害を最小化した限定使用という議論の現実味に疑問を投げかけた上で、以前と比べて米ロ間の核抑止システムは弱体化してはいるものの、完全に破壊するのではなく一定のブレーキとして維持する必要があると訴えた。

だが、戦争長期化を受けてロシア国民の間では、ウクライナに対する核兵器使用は正当化されるとの意見が増加した。独立系調査機関レヴァダ・センターが二〇二四年七月四日に公表した六月実施の世論調査によると、核兵器使用が「正当化される」との回答は三四パーセントに上り、一年二カ月前の二〇二三年四月の二九パーセントから五ポイント上昇した。「正当化できない」との回答は五二パーセントで、五六パーセントから八ポイント減った。[6]

核使用のハードルを下げる

こうした空気を受け、プーチンは二〇二四年九月二五日の安全保障会議で、ロシアの核兵器使用についての原則を定めた文書「核抑止力に関する国家政策指針」（核ドクトリン）の改定案を示した。[7]

二〇二〇年六月二日にプーチンが署名した従来の「指針」は、核使用に踏み切る条件として①ロシアや同盟国を攻撃する弾道ミサイル発射の確度の高い情報がある②敵による核や大量破壊兵器の使用③ロシアの重要施設が攻撃で無力化し、核による報復攻撃ができなくなる場合④通常兵器による侵略で国家の存在が脅かされる場合――を挙げていた。

改定のポイントは（1）非核保有国からの侵略行為であっても、核保有国が参加または支援していればロシアへの共同攻撃とみなす（2）弾道ミサイルだけでなく、航空機や巡航ミサイル、無人機、極超音速ミサイルなどがロシア領空に向けて大量に発射されたとの確度の高い情報が得られた場合には核兵器の使用が可能（3）ロシアだけでなく、連合国家を構成する同盟国ベラルーシへの侵略の場合も核兵器使用の権利を留保する――の三点だ。プーチンは「相手方がわが国の主権に危機的な脅威を与えてきた場合は、通常兵器によるものであっても」核による反撃の対象とする、と付け加えた。会議冒頭のプーチンの発言は大統領府が映像付きで公開した。タス通信は、安全保障会議が年二回開いている核についての協議内容が公開されたのは初めてだと伝えた。

改定の背景には、同年八月に始まったウクライナ軍精鋭部隊によるロシア西部クルスク州内への越境攻撃や、大統領ゼレンスキーが軍事支援の継続を求めて「勝利の計画」を発表し、九月の訪米の際に欧米供与の長距離兵器をロシア領内への攻撃に使う許可を米国側に強く求めたことがある。ロシアは、非核保有国ウクライナからの通常兵器による攻撃に対しても、それが核保有国・米側の支援を受けたものであれば核兵器を使用する意思を内外に示した。プーチンが大統領令で改定を承認したのは、退任直前の米大統領バイデンがゼレンスキーの要請を受け入れ、ウクライナが米国製ＡＴＡＣＭＳでロシア領内を初めて攻撃した直後の一一月一九日だった。

無人機で変わる戦争

ウクライナ侵攻が従来の戦争と大きく異なる点は、無人機（ドローン）の重要性が格段に増したことだろう。戦闘機などの軍用機に比べてはるかに安価で、目標をピンポイントで攻撃でき、味方の人的犠牲が少ない無人機をロシア、ウクライナ両軍が多用している。

プーチンは二〇二四年九月にサンクトペテルブルクで開かれた無人機生産に関する会議で、前年に約一四万の無人機を軍に引き渡したと述べた上で「今年はほぼ一〇倍にする。無人機は現代の戦争遂行に不可欠になった。無人機の生産は国の安全保障に直結する」と強調した。モスクワには先進無人技術開発センター「ルビコン」が新設された。ロシア国防相ベロウソフも、人工知能（AI）を搭載した無人機は「ウクライナでの戦況の鍵を握る」と述べ、兵士らに操作訓練を積むよう促した。

ウクライナのゼレンスキーも二〇二三年末、翌年には一〇〇万機の無人機生産を目指すと述べていた。空軍力でロシアに太刀打ちできないウクライナにとって無人機は攻撃、防衛の両面で死活的に重要だ。

二〇二三年五月三日未明にはプーチンの執務室があるモスクワ中心のクレムリンに無人機攻撃が行われた。七月三〇日と八月一日の未明には、金融機関や中央省庁、外国企業の本社などが入居する高層ビル群「モスクワ・シティー」に無人機が体当たり攻撃をし、建物の一部が破損した。八月一日の攻撃では「ズドーン」という大音響と共に白煙がもうもうと上がる様子を、筆者も自宅の窓から確認した。

無人機の多用は、地上軍を相手の領内に進めると同時に相手国の都市部を空爆して市民生活を混乱させ、交戦能力を奪う「総力戦」が当たり前だった第二次世界大戦のころとは戦争のやり方が根本的に変化したことを象徴的に表している。核兵器使用はもとより、通常兵器によるものであっても、相手国の一般市民に犠牲を出すことは「戦争犯罪」や「人道に対する罪」とみなされて国際的非難の対象となる。国内的にも、戦死者の棺が前線から大量に戻ってきたり、相手国からの攻撃で市民に多数の死傷者が出たりすれば社会に厭戦気分が広がり、政府への批判が高まる。戦争当事国は前線で戦闘を続ける一方、銃後の国民にはできるだけ普通の生活を送ってもらい、経済を維持しなければ戦争継続が難しくなる。

個々の無人機による攻撃はピンポイントで、戦況を一気に転換するような戦いには向いていない。その一方、大量の無人機で中央政府や軍司令部などを一斉に攻撃すれば、最小限の破壊で継戦能力を大きく低減させることも可能になってくる。戦争での無人機の活用が広がり、その威力が高まれば、これらの兵器の拡散を禁じる軍縮の話し合いは、大型兵器の保有と使用を制限する場合よりも困難で複雑なものになると予想される。

新STARTの後継条約は困難

ウクライナでの戦争を巡って続く欧米とロシアの鋭い対立を受け、二〇二六年二月に期限切れを迎える新STARTに代わる新たな核軍縮合意の締結は困難になった。このまま対立が続けば、世界は現存する核弾頭の約九〇パーセントを保有する米ロ二カ国の間に核兵器の保有数の上限を定める取り決めがまったく存在しない、危険な状況に陥る恐れがある。

核兵器の生産と実戦配備には巨額の費用がかかる。平和な時代なら、圧倒的な数量の核弾頭を持つ米ロにとって核軍縮条約の存在はプラスのはずだが、ロシアのウクライナ侵攻で「第三次世界大戦はもう始まっている」との指摘すらある中、軍縮の機運は失われた。

実際には、新STARTの機能不全はウクライナ侵攻前から始まっていた。条約が定める相互査察は、新型コロナウイルスの感染拡大により二〇二〇年初めに中断し、二〇二二年二月にはロシアがウクライナに侵攻した。同年八月、ロシアは対ロ制裁で欧米行きの航空便が止まっていることを理由に米側の査察受け入れも停止すると発表した。米ロは一一月末にエジプトのカイロで査察再開などを話し合う会合を開くことでいったん合意したが、直前にロシアが一方的に延期を通告した。ロシア外務省で戦略的安定問題を担当する外務次官セルゲイ・リャブコフは「政治の判断」だと説明した。翌二〇二三年二月の年次報告演説でプーチンが新STARTの一方的な履行停止を表明した経緯を考えると、査察再開に応じない方針が最高指導部の決定だったことはほぼ間違いない。

ロシアの新START履行停止表明を受け、米国も二〇二三年三月に同条約が定めるロシアへの情報提供を一部停止した。同六月には情報提供の停止対象を拡大し、ICBMやSLBM発射実験を行った際の遠隔計測データなども提供をやめた。ミサイルや発射装置の最新の位置、状態などに関する情報提供をせず、関連施設の査察受け入れも停止され、新STARTの形骸化は一段と進んだ。リャブコフは同年一二月、新STARTの期限切れ後に後継条約を締結する見通しはなく、戦略核の管理に「空白が生じるだろう」と述べた。

外相ラヴロフも同月、「軍備管理そのものには反対しない」とする一方、「『ロシアは敵だが、自国への核のリスクは低減したい』という身勝手な態度は容認できない」と米国を批判し、後継条約の締結交渉は米側が敵対的な対ロ政策をやめない限り不可能だと述べた。さらに、「あらゆる対話は平等で、ロシアの安全保障の根源的利益と新たな地政学的現実を尊重することが絶対に必要だ」とし、ロシアが併合を宣言したウクライナ東部・南部四州などの支配が容認されなければ新たな核軍縮協議に応じない考えも示唆した。

米ロ核軍縮の今後について前出のアルバトフは「欧米は前例のない対ロ制裁を科し、ウクライナに大量の兵器を供与して事実上ロシアと戦っている。これでは交渉はできない。まず停戦が必要だ」と強調する。

仮に新ＳＴＡＲＴの期限切れまでに後継条約が結べなくても「新たな条約の締結まで新ＳＴＡＲＴの兵器保有数の制限を維持する合意を結ぶことはできる」と話すアルバトフは「米ロ間に核軍縮条約がまったく存在しなくなれば、核兵器を巡る透明性や予見可能性が失われる。ウクライナや台湾などを巡る政治的危機が際限のない軍拡を招き、世界は一触即発の状況になる」として、米ロの核軍縮体制の継続は二国間だけではなく世界の安定にとって極めて重要だとの認識を示した。[8]

もし米ロが新ＳＴＡＲＴに代わる軍縮協定を望んだ場合、新条約はどんなものになるのか。台頭する中国の核戦力増強を懸念する米国は、今後は米ロだけの合意では足りず、中国を参加させて核保有数を制限しなければならないとの立場だ。だが中国は、自国で保有する核兵器の数は米ロとは比較にならないほど少ないと主張し、現段階で核軍縮に応じる考えはない。中国との協力を深めているロシアも、核軍縮に応じるよう中国を説得する立場にはない。

加えてロシアは、核兵器ではなくても、相手国の政治的決定の中枢をピンポイントで狙い破壊することができる極超音速ミサイルなどの長距離精密誘導兵器も軍縮交渉の対象に含めるべきだと主張している。仮に政府や軍の中枢が一斉にやられれば反撃できなくなり、核攻撃に匹敵する深刻な結果を招くからだ。近年の戦争で勝敗に重大な影響を与えるようになった無人機がその範疇に入ってくることは、前述の「核ドクトリン」改定でロシアが敵の無人機の大量発射も核による反撃の対象になると規定したことからも明らかだ。

ロシアがウクライナとの戦闘を「ロシアの完全な敗北を狙うＮＡＴＯ側との代理戦争」と位置付けている以上、ウクライナでの停戦が実現しない限り米国とロシアの軍縮協議はあり得ない。新ＳＴＡＲＴの期限切れは二〇二六年二月五日に迫っている。

戦争と原発

ロシアのウクライナ侵攻により、潜在的な核兵器の使用以外にも人類を核の脅威にさらしているのが原発周辺での戦闘や敷地内への攻撃だ。

ロシアもウクライナも、原発大国・ソ連の中核だった。ロシアのように石油や天然ガスなどの資源に恵まれていないウクライナは、電力を原発に大きく依存してきた。ソ連時代の一九八六年にはチェルノブイリ原発が爆発事故を起こしている。

ロシアが侵攻した時、ウクライナ国内にはほかにザポロジエ、ロブノ、南ウクライナ、フメリニツキーの四原発があり、原子炉計一五基が稼働し国内の電力需要の約半分を賄っていた。

ロシア軍は二〇二二年二月二四日の侵攻開始当日に空挺部隊を投入して、二〇〇〇年までに稼働をすべて停止し事故処理の作業が続くチェルノブイリ原発を制圧した。ロシア国防省の報道官コナシェンコフは翌二五日、ロシア軍部隊が同原発を警備するウクライナ部隊との合意により二四日に周辺地域を制圧したと発表し、敷地内に貯蔵されている放射性廃棄物がテロ組織などの手に渡ることを防ぐのが目的だと説明した。コナシェンコフは原発職員が通常通り勤務を続けていると述べたが、実際にはロシア軍が職員交代を長期間認めないなど、原発職員は人質に近い状態に置かれていたようだ。国際原子力機関（ＩＡＥＡ）やウクライナ電力企業ウクルエネルゴなどによると、三月には同原発との通信が一時途絶え、原発の送電線が損傷して停電が起きた。電源が失われれば、敷地内に残る使用済み核燃料の冷却ができなくなり放射性物質が漏れ出す可能性がある。原発内では、安全を脅かす危険な状態が何度か起きていた。ロシア軍部隊は三月三一日に撤退するまで同原発を支配下に置いた。

ロシア軍は三月四日には運転中のザポロジエ原発敷地内に向けて攻撃を行い、制圧した。ザポロジエ原発は六基の原子炉を持つ欧州最大の原発で、ウクライナの総電力の二〇パーセントを担っていた。稼働中の原発が戦闘に巻き込まれるのは想定外の異常事態だ。ＩＡＥＡ事務局長ラファエル・グロッシは四日、攻撃停止を訴えた。国連安全保障理事会は同日緊急会合を開催、ロシアへの非難が相次いだ。

ロシア軍は南部ミコライウ州の南ウクライナ原発に向けても進軍しており、同原発の制圧も狙っていた節があるが、ウクライナ軍が手前の橋を爆破するなどして阻止した。

ロシア側には、ウクライナが原発を反撃に利用することへの懸念があったようだ。加えて、原発を押さえてウクライナでの電力供給を制限する意図もあったとみられる。

だが当初思い描いていた短期決戦に失敗し、チェルノブイリからは撤退を余儀なくされた。大半を併合したザポロジエ州に立地するザポロジエ原発についてはその後も占拠を続けている。同原発の周辺では無人機攻撃や砲撃が繰り返され、原発の冷却装置維持に必要な電源がたびたび失われるなど、安全上の重大問題が頻発した。原発を稼働させているロシア側は六基の原子炉のうち最後まで「高温停止」状態だった四号機も二〇二四年四月に冷温停止に移行させ、全原子炉が安定的に停止した状態になったが、同八月には冷却塔施設内で火災が発生した。ロシアとウクライナ双方が、原因は相手側の攻撃だと非難の応酬を続けている。

第7章

独自発展の道

二〇二三年半ばの「プリゴジンの反乱」を乗り切り、ウクライナの大規模反転攻勢を抑え込んだプーチンは、ウクライナ侵攻によって生じた内外情勢の激変を前提とした「独自の発展の道」を模索し始めた。東西冷戦終結後に約三〇年にわたって続いた欧米との協調関係は終わった。ロシアは日米欧など西欧型民主主義の国々とは異なるやり方で生き残り、核兵器を持つ軍事大国として安全保障を確保しながら経済成長を実現していかなければならなくなった。二〇二四年一〇月七日で七二歳になったプーチンにとって、その道は決して平坦ではない。侵攻四年目に入る二〇二五年は、ウクライナでの戦争を終わらせると公言してきたドナルド・トランプが米大統領に復帰し、今後の米ロ関係を占う上でも重要な年になる。

遺族の「要請」演出

プーチンは二〇二三年一二月八日、翌年三月一七日開票の次期大統領選に立候補すると表明した。多くのロシアメディアが、既に日程が発表されていた一二月一四日の年末記者会見とテレビを通じた国民対話で正式表明するとの見通しを報じていた中での、小さなサプライズだった。

翌一二月九日はロシアで「祖国英雄の日」に定められており、八日にはウクライナ侵攻作戦で戦功があった兵士たちへの勲章授与式がクレムリンで行われていた。「子や孫に、「われわれはあなたたちの未来のために苦しみ、働き、戦った」と言えるように、すべての目標を達成する」。プーチンは挨拶で侵攻継続の決意を改めて示した。

式典が終わったとたん、来賓として最前列に座っていた軍服姿の背の高い男性が立ち上がり、壇上にいたプーチンに足早に歩み寄った。ロシアが侵攻後に併合を宣言した「ドネツク人民共和国」議会議長のアルチョム・ジョガだった。

ジョガは、ウクライナ政府軍との戦いで親ロ派部隊を率いて「英雄」と呼ばれ、侵攻作戦の初期に戦死したウラジーミル・ジョガの実父だ。父ジョガはプーチンに「あなたのおかげで私たちは自由を得ました。ロシアとの統合のために、まだやるべき仕事がたくさんあります。あなたが私たちの大統領で、われわれはあなたのチームの一員です。あなたは私たちとロシアにとって必要な人です」と話しかけた。一緒にプーチンを取り囲んだ戦死者遺族たちも口々に「あなたは私たちのリーダーです」「選挙に出てください」などと訴えた。テレビが取材する中、プーチンは「大統領を続けるかどうかについては、その時々にいろいろなことを考えた。だが今は、あなた方が正しい。決断の時だ。ほかの選択肢はない。私は立候補する」と応じた。

叙勲されたばかりの軍曹も人の輪に加わった。「前線の仲間たちは、あなたが立候補するかどうかを心配して、大統領職を続けてほしいと言っていました。あなたと一緒でこそ力があり、われわれは勝てるからです」

プーチンは「ありがとう、感謝します」とほほえみながら答えた。[1]

大統領報道官ペスコフはのちに「自然発生的で、計画されたものではなかった」とコメントしたが、これを信じた人はほとんどいなかっただろう。周到にお膳立てされた出馬表明劇だった。自分から立候補を言い出すのではなく、支持者の要請を受けて受諾するのは、前出のナロチニツカヤが指摘したロシアの伝統的感覚を踏まえたものだ。

侵攻が長期化する中、プーチンは「戦時の大統領」として、ロシアに「救われた」ドンバスのロシア系住民や戦死した軍人の遺族、いま前線で戦っている将兵らから請われて大統領を続ける形を整えるに至った。立候補要請をしたジョガと、新型コロナウイルス対策で名を知られるようになった女性医師マリヤンナ・ルイセンコ、プーチン支持の俳優ウラジーミル・マシコフの三人が選挙対策本部の共同代表になった。

通算五選を目指すプーチンは、下院で圧倒的多数を持つ政権与党「統一ロシア」の候補としてではなく、無所属で立候補を届け出る選択をした。大統領選挙法によると、下院に議席を持つ政党の候補者なら中央選挙管理委員会への有権者署名の提出を免除されるが、無所属候補は五〇〇人以上で構成する推薦人団体を立ち上げた上で三〇万人分の署名を集めなければならない。立候補のハードルが高くなる道をあえて選んだのは、署名集めを事実上の選挙運動にして得票率を伸ばす意図があったからだ。与党の公認候補にならないことで、「すべての国民の代表」という形を整えることもできる。

推薦人団体は一二月一六日に初会合を開いた。上院第一副議長で、「統一ロシア」の幹事長に当たる総務評議会書記アンドレイ・トゥルチャクや、左派系「公正ロシア・正義のために」の党首セルゲイ・ミロノフら有力政治家のほか、映画監督のニキータ・ミハルコフやヴィオラ奏者のユーリー・バシュメットら政権支持で知られる著名な文化人らも多数参加した。

プーチンと個人的に親しく、かねてから「クレムリンの御用監督」とあだ名されてきたミハルコフは、近年は劇場向けの映画制作より、国営テレビのニュース専門チャンネル「ロシア24」で毎週放送されている『ベサゴンTV』の制作・出演に忙しい。

「ベサゴン」とは日本語の「鬼は外」という意味で、内容は「退廃した」欧米文化の批判、リベラルなロシア文化人に対する「裏切り者」との決めつけ、LGBTなどの非伝統的な性的指向の否定、ロシアの伝統的価値観の賛美である。ミハルコフはロシア帝政時代の大画家ワシリー・スリコフの末裔で、ソ連時代の有名な児童文学者で詩人のセルゲイ・ミハルコフの次男だ。父ミハルコフはソ連国歌と、ソ連崩壊後にプーチンが同じメロディーで復活させたロシア連邦の新国歌の歌詞を手がけた人物で、ロシアでその名を知らない者はいない。

翼賛選挙

大統領選にはほかに、ロシア共産党下院議員のニコライ・ハリトノフ、極右政治家ウラジーミル・ジリノフスキーが創設したロシア自由民主党の党首レオニード・スルツキー、二〇二一年九月の下院選に初挑戦して議席を得た新党「新しい人々」の下院副議長ウラジスラフ・ダワンコフが立候補した。

解党したリベラル系野党「右派連合」の幹部だった元下院議員ボリス・ナジェジディンは戦争反対を訴えて選挙を戦うと公言し、改革派の小政党「市民イニシアチブ」からの立候補を表明した。二〇二三年一〇月に発表した公約では、ウクライナへの侵攻は議会や司法、自治体の独立性を奪ってきたプーチン政治の「致命的な過ち」だと批判して「プーチンはロシアを過去に引き戻そうとしているが、必要なのは未来だ。国が再び権威主義と軍国化の道を歩もうとしている今、手をこまねいていることは許されない」と宣言した。

　ナジェジディンはかつて、プーチン政権を批判して二〇一五年にモスクワの街頭で暗殺された元第一副首相ボリス・ネムツォフの顧問だった。陣営がモスクワ市内に構えた選挙事務所には、真冬にもかかわらず連日、立候補に必要な署名をしようと自発的に集まってきた人々の長い行列ができた。ナジェジディンは二〇二四年一月三一日、一〇万五〇〇〇人分の署名を中央選管に提出し「一カ月前に一パーセントだった私の支持率が今はプーチンに次ぐ一〇パーセントだ」と自信を示したが、選管は約九〇〇〇人分の署名に不備があったとして立候補登録を認めなかった。異議申し立ても行政訴訟も最高裁判所に退けられ、「反戦候補」は排除された。

　この大統領選では、ゴルバチョフ政権下の一九九〇年にソ連ロシア共和国副首相を務め、ソ連崩壊後に欧米型のリベラル政党「ヤブロコ」の共同創設者にもなった元下院議員グリゴリー・ヤヴリンスキーが二〇二三年秋、有権者の一〇パーセントに相当する一〇〇〇万人分の署名が集まれば立候補すると表明していた。

　ウクライナ西部リヴィウ生まれのヤヴリンスキーは侵攻開始から一年の二〇二三年二月、「ロシアもウクライナも私の身体の一部だ。いま起きていることは悲劇だ。まず停戦を実現しなければならないが、その条件が整っていない」と心情を吐露した。

　戦争に至った原因についてヤヴリンスキーは「ソ連崩壊後に、一人の人物がすべての決定を下しブレーキが効かない危険な政治体制がつくられたことが悲劇の前提になった。私はその危険性をエリツィン大統領時代の一九九五年に指摘したが聞き入れられなかった。プーチンを大統領に選び支持してきた国民を含め、こういうロシアをつくったすべての者に責任がある。プーチンと彼の政党に投票しないよう有権者を説得できなかった私たちにもだ。独立した司法、議会や政党、報道や経済活動の自由がない社会がどういう結果を生むかは一九九〇年代後半には明らかだったのに、誰もその危険性に目を向けなかった」と述べ、ソ連崩壊後に民主化したはずだったロシアに大統領を頂点とする中央集権の政治システムが復活したことが、隣国との無謀な戦争という結果につながったと指摘した。[2]

ヤヴリンスキーは二〇二三年一〇月二六日にプーチンとクレムリンで会談し、自身が停戦を仲介する用意があると伝えるなど一貫して早期停戦を訴えた。出馬を求める市民の署名は同年末までに一三〇万人分集まったが、本人が目標に掲げた一〇〇〇万人分には遠く及ばず、ヤヴリンスキーは最終的に立候補しなかった。「ヤブロコ」は投票直前の二〇二四年三月、「早期停戦を訴える候補がおらず、選挙の公正さも期待できない」として棄権を呼びかけた。

結局、中央選管が正式に候補者登録をした四人の中に、侵攻に公然と反対する候補はいなかった。自由民主党のスルツキーは二〇二二年四月に死去したカリスマ的な党指導者ジリノフスキーの「事業継続」を掲げ、党内基盤固めが立候補の目的だった。最年少のダワンコフは記者会見で「できるだけ早く停戦すべきだ」と述べたが、侵攻の是非より若者や中間層向けの施策充実に重点を置いた。二〇〇四年に続いて党の委員長ゲンナジー・ジュガーノフの代わりに立候補することになった共産党のハリトノフに至っては、出馬表明直後に記者団から「選挙戦ではプーチンの何を批判するのか」と聞かれ「なぜ私がプーチンを批判しなければならないのか。人にはそれぞれの立場と仕事がある。そもそも、私は他人を批判するような人間ではない」と気色ばんで答え、場をしらけさせた。

プーチンは国営テレビなどが放映する候補者テレビ討論への参加を拒否、支持者を集めた選挙集会などもほとんど行わず、もっぱら現職大統領としての職務に専念する姿を見せ続けた。大統領府は「七〇パーセント以上の投票率で得票率八〇パーセント以上」との高い目標を設定し、行政機構や大企業、大手メディアなど政権の強い影響下にある組織が動員された。テレビは、プーチンの地方視察や演説、「ロシア軍は前進を続けている」との国防省の戦況発表、「前線の兵士たちを支援したい」と野外で使うカムフラージュ用の覆いを手作りするボランティアたちの姿などを放送し続けた。信任投票というより翼賛選挙という言葉がぴったりだった。一見平穏なロシア社会の根底には、深い閉塞感が漂っていた。

二〇二三年一二月の大みそかに放送された国民向けの新年メッセージでプーチンは「ロシアを分断させ、後退させることのできる勢力など存在しない。われわれは前進し、未来を創造していく。ロシアは一つの大きな家族だ。われわれは祖国を発展させ、もっと強くなる」と団結の必要性を強調した。侵攻二年目の年は、こうして暮れた。

「裸のパーティー」

二〇二四年の初頭、前年末からロシア正教がクリスマスを祝う一月七日すぎまでの正月休暇の間に、「裸のパーティー」と呼ばれるスキャンダルがロシア社会の話題をさらった。

暮れも押しつまった二〇二三年一二月二一日、モスクワ市内のナイトクラブで、人気ブロガーでテレビ司会者のアナスタシヤ・イヴレーエワが大勢の芸能人らを招いてパーティーを開いた。ドレスコードは「裸に近い服装をすること」で、ロシア歌謡界の帝王フィリップ・キルコロフや若手歌手ジーマ・ビラン、タレントのロリータ・ミリャフスカヤ、プーチン批判で知られるクセーニヤ・サプチャクら多数のセレブが出席した。全員が裸というわけではなかったが、中には、身に着けているのはショルダーバッグだけという男もいた。「Ｖａｃｉｏ（ヴァシオ）」の名で知られるロシアのラッパー、ニコライ・ワシリエフは男性器に靴下だけを着けた格好で会場に現れた。パーティーの様子を映した映像や写真がインターネットで拡散すると「兵士が前線で戦っている時に不謹慎だ」との批判が噴出した。

一九九一年三月生まれのイヴレーエワは大学でマスコミ・広告宣伝などを学んだあと、テレビの仕事をするようになり、インスタグラムなどに投稿した自身の画像や映像が話題となった。インスタグラムの自身のページには一七〇〇万人を超すフォロワーがいる。相手に縛られない自由な男女関係を支持し若い世代の共感を得ていた。ロシアのメディアは、年収は自身がキャスターを務めるテレビ番組のギャラだけで五七〇〇万ルーブル、インターネットを通じた広告料などが年一〇〇〇万〜二五〇〇万ルーブルあると推定している。彼女もまた、ネット時代が生んだ百万長者だった。

「裸のパーティー」について元大統領府第一副長官の下院議長ヴャチェスラフ・ヴォロジンは一月一二日の年頭本会議で「伝統的価値観への侮辱行為に対し、検察庁はもっと厳しい姿勢で臨んでもらいたい」と注文をつけた。「統一ロシア」の女性下院議員アンナ・クズネツォワは、伝統的価値観の擁護は「われわれにとって最重要の課題だ」とし、入国した外国人にも「ロシアの伝統を敬うよう求める」と述べた。統一ロシア所属の下院副議長ピョートル・トルストイは同月二三日、「特別軍事作戦が続いている今、多くの文化人は黙っているのが得策だと考えているが、それは裏切り行為とほとんど変わらない」と述べ、侵攻作戦への明確な支持を示すよう文化人たちに要求した。

パーティーに出席したスターたちはごうごうたる非難を浴びて軒並み謝罪に追い込まれ、ドンバスの前線で兵士を慰問したり、戦死者遺族の支援団体に一定の金銭を寄付したりした。「ほとんど裸」だったラッパーのワシリエフは二度逮捕されて計二五日間の行政勾留処分を受けた。当のイヴレーエワもネット上に公開したビデオ声明で「社会の皆さんとパーティーの招待客、この件に関わったすべての方々に謝罪します。すべての責任は完全に私にあります」と表明した。米政府系の「ラジオ自由」は二〇二四年五月、行政勾留を終えたあとに召集令状を渡されたワシリエフが米国に亡命したと報じた。

イヴレーエワに対してはパーティー直後の二〇二三年一二月二九日にモスクワの地区裁判所が、公序良俗違反で一〇万ルーブルの罰金を命じた。

侵攻開始から約二年、ロシア社会では隣国を先制攻撃して戦争を続け、戦死者を補うために三〇万人を超す動員を強行した政権への不満が、「自分本位で、戦時下でもいい暮らしを続け、祖国を批判する気ままな金持ち連中」に対する怒りへと向けられるようになっていた。「ラジオ自由」やドイツの国外向け公共放送「ドイチェ・ヴェレ」などは消息筋の話として、「裸のパーティー」批判はロシア大統領府が指示したものだったと伝えている。

ミハルコフら政権寄りの文化人らが「裏切り者」と名指しする「金持ち連中」の多くはプーチン政権に批判的なリベラル層と重なっていた。ロシア法務省はこうした人々を次々と、スパイとほとんど同義の「外国のエージェント」名簿に追加していった。

指導層に軍人を

「パーティー」スキャンダルがまだ冷めやらぬ二〇二四年一月二六日、大学在学中に侵攻作戦に参加した学生たちとサンクトペテルブルクで対談したプーチンは、「特別軍事作戦はドンバスでウクライナが開始した戦争を終わらせるために始めた」との主張を繰り返し、学生たちに謝意を示したあと、記者団に次のように述べた。

「きょう私が面会した、学業を中断して作戦に参加した学生たち、ああいう人たちで将来、国家の指導部を構成しなければならない。こんな表現を許してほしいが、自分の性器や尻をむき出しにするような連中ではだめだ。その手の変わり者がいても構わないが、ロシアを任せることができる真のエリート層は、ああいう人たちによってつくられるべきだ。彼らを支援することが必要だ」

「祖国防衛」戦争に参加した従軍経験者こそ未来のロシアを託するに値する、という表明だった。プーチンは同年二月二九日の年次報告演説で「一九九〇年代に金もうけをし、社会に何の貢献もしない連中はエリートではない」と批判。前線で戦った軍人らを「真のエリート」として教育機関や国営企業、国や自治体で責任ある立場に就かせるべきだと述べ、侵攻作戦の参加者が出願できる人材登用プログラム「英雄の時代」を翌三月に立ち上げた。

これを受け、同年九月六～八日に投票が行われたロシア統一地方選にはウクライナ侵攻作戦の参加者が大勢立候補した。与党「統一ロシア」幹部は、同党から各種選挙に出馬した従軍経験者三〇八人が当選したと述べ「十分な結果を出せた」と自賛した。

二月一六日にロシア・ウラル地方チェリャビンスクの工業団地を訪問したプーチンは「今は原油や天然ガスの輸出収入で高度技術品を外国から買っているが、今後はすべて自前で生産する必要がある。政府はロボット技術を国内で発展させる人材育成計画を作った。この方向性を拡大していく」と述べ、エネルギー資源の輸出に依存する経済構造から脱却し、ロボットや人工知能（AI）などの分野を発展させて欧米に対抗する構えをみせた。

プーチンが二〇〇〇年に大統領に就任したあとも、原油や天然ガスの輸出が国家収入の四～五割程度を占める経済の基本構造は変わらなかった。特に一バレル＝一〇〇ドルを超す原油国際価格の高止まりでロシアは高度成長を達成し、一～二期目のプーチン政権は安定と国民生活の向上を実現、ソ連崩壊でがたがたになった軍の再建にも成功した。だがそのあとはリーマン・ショックで景気後退に見舞われ、当初にプーチンが掲げた原油輸出依存からの脱却と国内製造業の発展はなかなか実現せず、現在も歳入の約三割を石油・天然ガス関連の収入に頼っている。欧米との関係が良好だった時代には進まなかった製造業の底上げと技術革新による経済構造の転換が、皮肉にもウクライナ侵攻で欧米から科せられた対ロ制裁の下で、生き残りのための優先課題として浮上した。

プーチンは二〇二三年七月一九日にモスクワで開かれた技術革新推進会議で、「AI分野の将来性は明らかだ。AI技術開発の重要性はソ連時代の一九四〇年代半ばから五〇年代の原子力やロケットに比べて勝るとも劣らない」として、この分野への財政的投資を行うと約束したほか、国の補助金を受ける企業にAIの活用を義務付けると語った。愛国的人材の登用と合わせ、いわば戦時下の「ロシア改造計画」だ。同年九月には「制裁はある意味でブレーキだが、同時に発展の刺激にもなる」と述べた。

これらの考えは、侵攻から丸二年が過ぎた二〇二四年二月二九日の年次報告演説でも示された。戦略核兵器の拡充や極超音速ミサイル開発と実戦配備を進めるとし、自力の発展に向けた長期施策を進める考えを示した。さらに、現在は大多数の国民の所得税を一三パーセントとしている税制を改正して富裕層の税負担を重くする累進課税の導入案にも言及した。

ナワリヌイの死

プーチンの圧勝が確実視される大統領選を一カ月後に控えた二〇二四年二月一六日、プーチンを批判してきた反政府活動家アレクセイ・ナワリヌイが収監されていた北極圏のヤマロ・ネネツ自治管区にある刑務所で死亡した。四七歳での早すぎる死だった。

ロシアの刑務当局は「散歩のあとに気分が悪いと訴え、意識を失った。救急隊が蘇生措置を講じたが効果がなく、医師が死亡を確認した」と発表、自然死だと強調した。ドイツに滞在していたナワリヌイの妻ユリヤは南部で開かれていたミュンヘン安全保障会議で登壇し「アレクセイの死がもし事実なら、プーチンとその取り巻きたち、ロシア政府は私たちの国、私の家族に対する行為の責任を取らされることになる。その日は近い」と強調した。

ユリヤは「ここに来るべきか、すぐ子どもの元に飛んでいくか随分考えたが、アレクセイならやはりここに来ただろう」と涙をこらえながら「この最悪の政権に打ち勝つために団結するよう、国際社会に呼びかける。近年ロシアで起きたすべての恐ろしい出来事はプーチン個人の責任だ」と批判した。

エリツィン政権で第一副首相を務めたネムツォフが二〇一五年に暗殺されたあと、ナワリヌイは最も有名な反プーチンの活動家だった。一九七六年六月にモスクワ州で生まれたナワリヌイは弁護士で、一時は野党の「ヤブロコ」に在籍した。離党したあとに「反汚職闘争基金」を立ち上げ、インターネットを駆使した独自調査でプーチン政権の不正疑惑を追究し、若者や都市部の中間層の支持を集めるようになった。治安当局は違法なデモを扇動したとしてナワリヌイを何度も拘束した。統一地方選で反政権候補の選挙を支援していた二〇二〇年八月、機中で意識を失う。治療を受けたドイツの病院の診断で、神経剤による毒殺未遂の疑いが強まった。

事件の背後にプーチンがいると主張、二〇二一年一月にロシアに帰国した際に空港で身柄を拘束された。モスクワの裁判所は二〇二一年二月、政権と対立して過去に受けた有罪判決の執行猶予手続きに違反したとして実刑の適用を決め、ナワリヌイはモスクワ近郊ウラジーミル州内の刑

アレクセイ・ナワリヌイの墓（2023年3月17日、モスクワ）

務所に収監された。二〇二二年二月末にウクライナ侵攻が始まると停戦を求めてプーチン政権の打倒を獄中から訴えたが、同年三月二二日に詐欺罪などで新たに懲役九年の判決を言い渡され、二〇二三年八月には「反汚職闘争基金」を過激派組織と認定されて懲役一九年を加算された。同年一二月にヤマロ・ネネツの刑務所に移送されたことが判明したが、二〇二四年二月一日には三月の大統領選でモスクワ時間の正午に投票所で一斉にプーチンへの反対票を投じるよう支持者らに呼びかけるなど、意気軒昂だった。

欧米各国から哀悼の意と共に、「政権による殺人」との非難の声が一斉に上がった。

ナワリヌイ死亡のニュースを受け、

モスクワで旧KGB、現在の連邦保安局（FSB）本部があるルビャンカ広場の前に設置されたソ連の政治弾圧犠牲者を追悼する記念碑前には、氷点下一〇度近い寒さにもかかわらず大勢の市民が並び、花を手向けた。「立ち止まるな」と警官が追い立てる中、ろうそくや肖像写真を置き、スマートフォンで写真を撮る人の姿もみられた。

やや離れた場所から記念碑を見つめていた鼻ピアスの若い女性は「とてもひどいニュース」と一言。今の政権をどう思うかと尋ねると、あきれたような表情で「どうしてそんなこと聞くの。それは言わない」。ここに献花に来たのだから答えはわかりきっている、と言いたげだった。数百人が深夜まで、記念碑の周辺から去ろうとしなかった。

ナワリヌイの実母リュドミラによると、ロシア当局は死因を「突然死症候群」と説明して遺体引き渡しに応じようとせず、葬儀なしの秘密の埋葬をするよう強要した。遺体の引き渡しに応じたのは二月二四日になってからだった。人権団体「ＯＶＤインフォ」によると、刑務所内での不審な死に抗議し追悼する市民の動きは全国で続き、計数百人が拘束された。これほど多くの抗議行動は、侵攻開始直後以来初めてだった。

葬儀は三月一日、モスクワ南東部の教会で営まれた。当日は最寄りの地下鉄駅から教会と、埋葬される墓地に向かっておびただしい市民が長蛇の列をなし、治安部隊が警戒する中で「ロシアに自由を」と叫んで気勢を上げた。数万人が集まったとみられる。ロンドンやパリなど各国でも追悼の動きがみられた。

「夫はプーチンに殺された」と断言し、活動を引き継ぐと表明した妻ユリヤは三月六日、同月実施の大統領選で投票最終日に当たる一七日正午に投票所に行ってプーチン以外の候補者に投票するか投票用紙を破棄するよう、SNSで呼びかけた。

得票率八七パーセント

戦時下のロシア大統領選は二〇二四年三月一五～一七日の三日間、ロシア全土とクリミア半島、二〇二二年九月にロシアが併合を宣言したウクライナ東部・南部四州のロシア側支配地域で実施され、一七日夜から即日開票された。中央選管の最終集計によるとプーチンの得票率は八七・二八パーセント、得票数は七六二七万七七〇八票で、自身が前回二〇一八年の選挙で得た約五六四二万票を上回り史上最高となった。投票率七七・四九パーセントも過去最高だった。

他候補は共産党ハリトノフ（七五歳）が四・三一パーセント、「新しい人々」のダワンコフ（四〇歳）が三・八五パーセント、自由民主党のスルツキー（五六歳）が三・二〇パーセントだった。

一七日深夜、開票作業終了を待たずにモスクワの選挙対策本部に姿を現したプーチンはまず運動員らの労をねぎらい、「国民の信頼に感謝する」と勝利宣言した。

そのあとの記者会見では、新任期の課題はまず「特別軍事作戦」の継続と軍の強化だとし、目的達成まで侵攻を続ける決意を示した。「何度も繰り返してきたとおり、和平交渉を拒むつもりはない」と強調する一方、停戦は恒久的なものでなければならず、「ウクライナ軍の配置転換や装備補充に利する「休戦」なら意味はない」と述べた。前線への欧米部隊の派遣を「排除しない」としたフランス大統領マクロンの発言を念頭に、NATOとロシアが全面衝突すれば「第三次世界大戦の一歩手前になる」と欧米側を牽制した。

プーチン「圧勝」の結果についてロシアの独立系選挙監視団体「ゴーロス」は、中央選管発表データを分析した結果「急激で不自然な票の上積みがみられた」として、プーチンには約二二〇〇万票の不正な水増しがあったと考えられると発表し、公式発表結果に疑問を呈した。

ウクライナのゼレンスキーは「選挙の真似ごとだ。独裁者が権力に執着し、永久統治のために手を尽くしている」と批判し、東部・南部四州での投票強行は「犯罪」だと非難した。

欧米諸国は「違法な選挙」（英国）、「自由でも公平でもない」（米国）、「占領地での選挙は無効であり国際法違反」（ドイツ）などと一斉に批判した。一方、中国の習近平、北朝鮮の金正恩は祝電を送り、反米ベネズエラは民主的な選挙だったと評価した。

反戦の声消えず

「翼賛選挙」がプーチン圧勝の結果となったロシア国内だが、当局がいくら抑え込もうとしても、反戦を訴える声が消えることはなかった。

三月一七日の正午には、モスクワやサンクトペテルブルクなど各地の投票所に多くの有権者が急に現れ、行列をつくった。二月に死亡したナワリヌイの妻ユリヤが呼びかけた「反プーチン一斉投票」に呼応する市民の動きだった。

ちなみにプーチンは投票終了後の一八日未明の記者会見で「ナワリヌイ氏の死は残念な出来事だった」と述べ、欧米で服役している人物数人との身柄交換を提案された時に「私はすぐに同意した。ただし交換後にロシアに帰国しないことが条件だった」と明かして、政権側による暗殺との見方を否定した。ロシアがナワリヌイ解放を計画していたのが事実だったことは、同年八月一日に欧米とロシアの間で冷戦後最大規模の身柄交換が実現し、ロシア反体制派の亡命者を射殺したとしてドイツで終身刑判決を受けていたFSBのワジム・クラシコフ元大佐がロシア側に、ロシアでスパイ容疑により拘束されていた元米海兵隊員ポール・ウィランや『ウォールストリート・ジャーナル』の記者エヴァン・ゲルシコヴィチらが欧米側に引き渡されたことで確認された。当初、ロシアが交換に応じようとしたのがナワリヌイだった。

三日間の投票期間中には、投票箱に青いインクのような液体を流し込んだり、投票箱に放火したりする行為が各地で頻発した。中央選管によると、こうした妨害行為は三〇件に及んだ。サンクトペテルブルクでは、投票用紙に「戦争反対」と書き込んだ地元在住の女性が「国家資産を破損しロシア軍の信用を失墜させた」(裁判所)として八日間の身柄拘束と罰金四万ルーブルを科された。

大統領選で棄権を呼びかけた「ヤブロコ」の代表ニコライ・ルイバコフは選挙戦さなかの二月、モスクワの党本部で「プーチンは「特別軍事作戦」をロシアの国家主権と安全保障のために必要だと言い続けているが、賛成できない。現代の大国とは、人々が健康で快適に暮らし、自分の意見が政権側と一致しなくても将来を恐れなくて済むような国だ。近年のロシアで起きていることは、これらとかけ離れている。いまだに人命の犠牲によって国際紛争を解決しようとするなら、第一次、第二次世界大戦の教訓がまったく生かされていないことになる。人の命以上に大切なものはない。プーチンの政策には反対だが、たとえ厳しい条件であってもできるだけ早く停戦し、犠牲者が出ることを止めるべきだ」と強調した。[3]

戦争反対を公言して大統領選に立候補を試み、中央選管に候補者登録を阻まれたナジェジディンの陣営では、各地の選挙事務所で職員が「選挙違反」などを理由に身柄を拘束されたり罰金を科されたりした。ナジェジディンは投票終了後の三月一七日深夜に発表したビデオ声明で、「プーチンが年配層など一部の国民の支持を受けていることは事実だ」と認め、「私はソ連時代を経験した世代だが、プーチンがスターリンと違うことは明らかだ。ロシアはゆっくりとだが普通の国になりつつある。希望を持ち、誠実に自分の仕事を続けよう。今回の結果に落胆せず、選挙で投票を続けよう」と呼びかけた。

戦争継続か、和平か

二〇二三年九月、政府系「全ロシア世論調査センター」の所長ワレリー・フョードロフはロシア紙『RBK』のインタビューで、ロシア軍の攻撃が生ぬるいと感じている「戦争支持派」は一〇～一五パーセントおり、その比率は侵攻後も大きく変わってはいないが、侵攻開始によって自分たちの主張が受け入れられたと感じて「公然と活動するようになった」と指摘した。一方、戦争反対の人も常に一六～一八パーセントいると述べ、「大部分の国民は作戦を「苦しいけれど、大統領の決定だから仕方ない」と思っている。非常時に船に乗っている全員がそれぞれ別の方向に走り出したら、船は転覆するからだ」と分析した。

侵攻開始から約二年半が過ぎた二〇二四年六月と七月にロシアの独立系調査機関レヴァダ・センターが全土で実施した世論調査では、ウクライナと和平交渉を始めるべきだとの回答が二カ月連続で過去最高の五八パーセントに上った。「作戦を続けるべきだ」は六月が三七パーセント、七月が三四パーセントだった。[4]

ウクライナの独立系世論調査機関、キーウ国際社会学研究所がウクライナ全土で同年五月に実施した調査では、「和平のためにロシアと交渉に入る」ことへの賛成が五七パーセントに達し、前回調査の二〇二三年一一月より一五ポイント上昇した。「交渉入り反対」は逆に一五ポイント減って三八パーセントだった。ロシアの側でもウクライナの側でも、国民は「早く戦争が終わってほしい」と願っていることがはっきり現れた。

だがウクライナ軍がロシア西部クルスク州に越境攻撃を開始したあとの二〇二四年八月末に実施されたロシアの世論調査では「作戦継続」支持が四一パーセントに上昇し、「交渉開始」支持は五〇パーセントに低下した。

新たな国家目標

二〇二四年五月七日、プーチンは通算五期目となる新たな任期に入り、大統領府の隣に位置する大クレムリン宮殿の大広間で就任式に臨んだ。プーチンは会場を埋め尽くした来賓の間を歩いて登壇し、ロシア憲法に右手を置いて就任宣誓したあと、演説した。

冒頭でプーチンは侵攻作戦の前線にいる将兵を「祖国のために戦っている英雄たち」と呼んで

大統領就任式に臨むプーチン（2024年5月7日、クレムリン）

謝意を表し、有権者の「数百万人の一致した意志こそが巨大な力となり、ロシアの運命はわれわれ自身の手で、こんにちと将来の世代のためにわれわれだけが決めるのだという固い決意を証明してみせた。困難な時にロシア国民は、今の国の方向性が正しいことを確認した」と述べて、史上最高得票で五選されたのは侵攻作戦への圧倒的な支持だと強調した。

「ロシアを信頼できるパートナーとみなす、すべての国々との関係強化に門戸を開いている。欧米諸国との対話も拒まない」とし、安全保障や戦略的安定性についての対話も可能だとする一方で、「それは強制や、自分だけを特別扱いする立場からではなく、平等で互いの利益を尊重するものでなければならない」と述べた。[5]

プーチンは二〇二〇年の憲法改正で、二〇二四年五月からさらに二期一二年、二〇三六年まで大統領を務めることが制度上は可能になった。

二〇三六年まで在任すれば八三歳になる。事実上の「終身大統領」に近い。

プーチンは就任式の日、二〇三六年までを見据えた国家発展目標実現に関する大統領令に署名した。その中では、①家族の支援と健康増進、生活水準の向上により人口減少に歯止めをかける②個人の才能の発展と愛国的で社会的責任を自覚した市民の育成③快適で安全な環境づくり④エコロジーの推進⑤堅固でダイナミックな経済⑥技術革新分野で世界をリードする⑦国家や自治体、経済、社会保障分野のデジタル化推進――の七項目を掲げ、実現のために合計特殊出生率を二〇三〇年までに一・六に、二〇三六年までに一・八に引き上げることや、平均寿命を二〇三〇年までに七八歳、二〇三六年までに八一歳にまで引き上げること、「職業能力や個性、愛国に関する教育に参加する若者の割合を二〇三〇年までに七五パーセントにまで引き上げる」こと、「二〇三〇年までにロシアが科学研究分野で世界のトップ一〇に入ること」も指示した。新たな任期六年間だけではなく、既に一二年後の六期目の終わりまでを見据えた長期的施策を打ち出したことになる。[6]

同一〇日には下院の同意を得て、二〇二〇年一月からロシア連邦政府の首相を務めてきたミハイル・ミシュスチンを再任した。

国防相、突然の交代

大統領任期の通算五期目入りに伴う政権人事で最も目を引いたのが、二〇一二年から国防相を務めていた盟友ショイグの解任と安全保障会議書記への異動だった。プーチンは五月一二日、上院の承認を得て大統領自身が任命できる外交・安全保障関連閣僚の候補者を発表した。外相ラヴロフや内相コロコリツェフらが軒並み再任される中、継続中の侵攻作戦を指揮するショイグの解任と、直前まで経済担当の第一副首相だったアンドレイ・ベロウソフを後任に充てる人事は驚きをもって受け止められた。

ショイグは大統領就任式の翌々日に「赤の広場」で行われた対ドイツ戦勝記念日の軍事パレードに例年通り軍服姿で出席し、オープンカーに乗って軍人らを祝福したあと、軍最高司令官を兼務する大統領に「戦勝」の祝意を伝える役目を果たしたばかりだった。ショイグはウクライナ侵攻で政権が当初もくろんだ早期決着に失敗し交戦長期化を招いた上、戦況の膠着《こうちゃく》で批判を浴び続け、前年六月の「プリゴジンの反乱」では解任を要求されていたが、ロシア軍はウクライナの大規模反転攻勢を抑え込んで反撃に転じ、ショイグ批判は沈静化していた。何よりも戦時中の国防相交代は軍の士気に関わるとして、留任の見方が有力だった。

だが国防省内では幹部の汚職が次々に明るみに出ていた。最も深刻だったのは、ショイグが短期間モスクワ州知事を務めていた時の部下で、国防相に就任したあとに民間防衛企業から引き抜いて建設部門担当の国防次官に任じたチムール・イワノフが一一億八五〇〇万ルーブルもの巨額収賄の容疑で四月に逮捕・起訴された件だ。五月一四日には国防省人事総局長ユーリー・クズネツォフが一億ルーブル以上の賄賂を受け取っていた疑いで拘束された。その後も防衛装備品調達局長や後方支援担当の国防次官らが相次いで逮捕されたほか、八月にはモスクワ郊外の軍備展示施設「愛国者公園」建設に絡んだ予算を横領した疑いで当時の担当局長や同公園のトップが拘束された。

「愛国者公園」は大勢の軍関係者が祈りを捧げる巨大な「軍大聖堂」や第二次世界大戦の戦没者顕彰施設などを擁し、ショイグの肝いりで建設された。ショイグが大統領の信頼が厚い国防相として不動の地位を保っていた間に、軍の上層部には汚職がはびこっていた。

安全保障会議書記は軍だけでなく連邦保安局（ＦＳＢ）などあらゆる治安組織の活動を統括する立場で、いわばロシア大統領の安全保障問題担当補佐官だ。国防相からの横滑りは降格ではないが、軍の実務からは離れる。ショイグの異動には、本人の面目を保ちつつ軍から引き離し、軍高官汚職の責任追及からショイグを守ろうとするプーチンの意図があったとみられる。かくしてショイグは兵器・弾薬の生産を確保する政府軍事産業委員会副議長も兼務し、安保問題の相談相手として政権内に残った。

ショイグの異動に伴い、二〇〇八年から同書記を務め、欧米との対決も辞さない強硬な対外政策を主導してきた「政権のイデオローグ」パトルシェフは大統領補佐官に任命された。正式な担務は「造船」と発表されたが、パトルシェフは新たな職責でもロシアのメディアに登場して欧米との対決姿勢を強調しており、今後も政権内で一定の影響力を保つとみられる。「古い仲間を大事にし、切り捨てない」人事の前例がまたも踏襲された。

一方、エリート経済官僚で軍務経験のないベロウソフの国防相任命は、侵攻作戦の長期化と対ロ制裁で財政が悪化する中、国防支出を大幅に増額して国内需要と成長を確保する「軍事と経済の連携強化」実現に適任との判断があった。ベロウソフは第一副首相時代に無人機（ドローン）

産業の発展を担当していた。大統領報道官ペスコフは、無人機や精密誘導ミサイルが多用される前線の現状を念頭に「国防省は技術革新にオープンでなければならず、軍需産業の競争力向上が求められている」ことが経済専門家起用の理由だと説明した。軍の汚職に関係していないことも人選の理由の一つだったとされている。

八方ふさがりの日ロ関係

先進七カ国（G7）の一員として対ロ制裁に加わりウクライナを支援する日本に対し、ロシア外務省は侵攻開始から約一カ月後の二〇二二年三月二一日に声明を出し、日本との平和条約締結交渉を中断すると発表した。

声明は日本がウクライナ情勢を受けて「ロシアへの一方的で非友好的な制限」を導入したと批判し、「このような条件の下で日本との平和条約交渉を続けるつもりはない。露骨に非友好的な態度を取る国と、両国関係の重要文書の署名を討議するのは不可能だ」として、北方四島と日本との間のビザなし交流や、一九九九年から始まった日本人元島民の自由訪問の停止、四島周辺での日本との共同経済活動に関する対話からの撤退を表明し、そのことによる「損失の責任はすべて、協力と善隣の代わりに反ロシア的路線を意識的に選んだ日本側にある」と強調した。

ロシア政府はこれに先立つ三月七日、侵攻に関連して対ロ制裁に踏み切った国・地域を「非友好国」に指定し、米国、英国、欧州連合（EU）加盟国や日本、カナダ、オーストラリア、シンガポール、台湾などが含まれた。四月二七日にはロシア国内で勤務する日本人外交官八人を国外追放すると発表した。日本が同月八日にウクライナ侵攻による多数の民間人が殺害されているとして東京の在日ロシア大使館の外交官と在日ロシア通商代表部職員の計八人を国外追放したことへの報復だった。モスクワの日本大使館幹部や武官らが任期半ばで帰国を強いられた。

五月四日には、日本の首相岸田文雄や外相の林芳正、防衛相の岸信夫ら閣僚七人を含む計六三人のロシアへの入国を無期限で禁止する措置が発表された。入国禁止リストには与野党の国会議員や産経新聞社、読売新聞社、日本経済新聞社の幹部、大学教授らも含まれ、ロシア外務省は岸田政権が「前例のない反ロシア・キャンペーン」を展開しメディアや研究者も同調していると批判した。日本政府が既に実施したプーチン、ラヴロフ、ショイグらに対する資産凍結などの制裁への報復措置だ。七月一五日には日本の衆議院議員計三八四人がリストに追加され、入国を禁止された衆議院議員は四〇〇人を超えた。

九月三日にはロシア首相のミシュスチンが、一九九二年に始まった北方四島のロシア人と日本の四島元島民らが相互に訪問できる「ビザなし交流」と、元島民による「自由訪問」について、日本側と結んだ政府間合意を破棄した。ビザなし交流は、当時のソ連大統領ゴルバチョフが一九九一年四月に来日した際、日本人と四島に住むロシア人住民の交流拡大を提案したことがきっかけで始まった事業で、日ロの相互理解を深め将来の領土問題解決に資すると期待されていた。そのゴルバチョフも二〇二二年八月三〇日、モスクワ市内の病院で九一歳で死去していた。

こうした中、首相在任中にプーチンと計二七回も直接会談し、北方領土交渉の進展を図った安倍晋三が二〇二二年七月八日、遊説中の奈良市内で銃撃され死亡した。プーチンは同じ日、安倍の母、洋子と妻の昭恵に弔電を送り「深い哀悼の意」を表した。弔電の中でプーチンは安倍を、日ロの友好関係発展に多大な貢献をした「傑出した政治家」と評価し、「シンゾウとは常に連絡を取り合い、そのたびに彼の素晴らしい人柄と職業的精神が発揮された。彼の記憶はいつまでも心に残るだろう」と悼んだ。ファーストレディーだった妻はともかく、表舞台に出ない実母の名前に言及するのは異例だ。度重なる会談を通じて高齢の母親に対する安倍の気持ちの深さを知ったプーチンの気遣いといえるだろう。

北方領土問題の打開を図った安倍の突然の死は、侵攻後に「どん底」といわれるまで落ち込んでいった日ロ関係の悪化に追い討ちをかける出来事だった。対話の雰囲気は完全に失われ、制裁と報復、非難の応酬が激化していった。日ロ関係は改善の見通しが立たない「冬の時代」に入った。外相ラヴロフは二〇二三年九月一日、モスクワ国際関係大学での講演で、日本との北方領土問題は「最終的に閉じられた」と述べ、今後は領土問題に関する交渉に応じない姿勢を示した。ラヴロフは、「米国政府の決定に従っているだけ」と日本外交を批判し、ロシアは領土問題で妥協する用意があったが「残念ながら日本側にとってはロシアとの関係発展ではなく、領土の返還が常に重要だった」と指摘した。

プーチンは通算五選を目指した大統領選への立候補を表明したあとの二〇二四年一月一一日、訪問先の極東ハバロフスクで地元旅行業者の質問に答え、ロシアが「クリル諸島」と呼ぶ北方領土を含んだ島々で観光業を発展させるのが正しい方向性だとし「面白い所だと聞いてはいるが、残念ながら一度も行ったことがない。必ず行く」と述べた。

北方領土へは二〇一〇年一一月に当時の大統領メドヴェージェフがロシアの国家元首として初めて国後島《くなしり》を訪問したほか、二〇二一年七月には政権序列二位の首相ミシュスチンが択捉島《えとろふ》を訪問しているが、黒帯の柔道家で日本との関係改善に意欲を見せてきたプーチンが北方領土を訪問すれば、四島の実効支配を「不法占拠」として返還を求め続けてきた日本側には大きな打撃になる。外務省筋は「あれだけ明言したのだから、いつかは行くだろう」と平静を装ったが、別の外交官は「プラスなことは何もない」と声を落とした。

プーチンは二〇二四年六月五日、サンクトペテルブルク国際経済フォーラムに合わせて開いたＡＰ、ロイター、共同通信などとの会見で日ロ関係に触れ、平和条約締結と北方領土返還に関する日本との交渉再開は拒否しないとする一方、ウクライナ侵攻を非難して日本が「ロシアの完全な敗北を狙う呼びかけに同調している」とし、対ウクライナ支援の見直しなど日本側の対応がない限り平和条約交渉再開の条件は整わないとの認識を示した。その一方で、現段階では北方領土を訪問する具体的な計画はないと述べた。

侵攻開始の当時から日本の首相を務めてきた岸田文雄の辞任に伴って二〇二四年一〇月に後任の首相に就任した元防衛相の石破茂は、「アジア版ＮＡＴＯ」設立の必要性を公言している。米国とオーストラリア、ニュージーランドの相互安全保障条約や、日米同盟、米韓同盟などを有機的に組み合わせることで、太平洋地域に欧州のＮＡＴＯのような集団安全保障の枠組みをつくるべきだという主張だ。ウクライナ侵攻後のロシアは、日米豪印四カ国の協力枠組み「クアッド」や、米英豪の安全保障枠組みのＡＵＫＵＳ（オーカス）を「米国がＮＡＴＯをアジア太平洋に拡大し覇権を維持しようとする試み」だとして強い懸念を示してきた。ウクライナでの交戦は同国を軍事支援するＮＡＴＯとロシアの代理戦争だとみるロシアにとって、ＮＡＴＯの枠組みをアジア太平洋地域に広げようとする構想は容認できず、安全保障政策で石破政権に厳しい対応をしてくることは間違いない。

第8章

「侵攻後」のロシアとどう向き合うか

ロシアの外交・安保政策はどう変わるのか

外交誌『グローバル化の中のロシア』編集長でもあるフョードル・ルキヤノフは「いま起きているのは欧米中心の世界秩序が終わりつつあるという歴史的に重大な変化のプロセスだ。これは「特別軍事作戦」の以前から始まっていたが、ロシアの行動はその変化を促進する強力な触媒となり、変化のプロセスは質的に変化した」と指摘する。

変化の本質についてルキヤノフは、「グローバルサウス」が概して米国主導の対ロ制裁に加わらない現状を踏まえながら「既にかなりの国々が、もう米国の指示に従う必要はないと思い始めた。いまや米国に付き従うのは日本のように米国との同盟関係が義務的になっている国だけで、それ以外の国は、自分のことは自分で決め独自に行動するという意識を明確に持つようになった。ウクライナでの交戦が長引けば長引くほど、この過程は各地でさまざまな軍事紛争を伴いながら進行していき、各国は自国の利益のためだけに行動するようになるだろう」と予想する。

その反面、ロシアや中国が「米一極集中」に代わって目指す「多極化した世界」については「単なる概念にすぎず、それがどんなものなのか、どうやってそれを築くのか誰にもわからない。いま世界の中で一定の影響力を持つ国は二〇カ国前後ある。これらの国が合意して新たな秩序をつくると想像するのは困難だ。ロシア指導部にとっても、一五～二〇年先の世界秩序をどう築くのかという計画を持つことはあり得ない」とし、ロシアとウクライナの戦争があと何年、あるいは何十年続くのかも予想できないと述べた。[1]

欧米中心の秩序が今よりはるかに混沌とした「多極化世界」に向かっていく過程において、世界の安全保障環境はどう変わるのか。欧米や日本の外交・安全保障問題に詳しく、ロシアのウクライナ侵攻直後までカーネギー国際平和財団モスクワ・センター所長を務めていた国際政治学者ドミトリー・トレーニンは侵攻から丸二年が過ぎた二〇二四年四月二四日のモスクワでの討論会で、「ウクライナ戦争が明らかにしたことは、核兵器を持っていることがロシアの安全保障にとって十分ではなく、米国とロシアの間には既に「戦略的安定」は存在しないという現実だ」と指摘した。さらに「バイデン米政権はウクライナに軍事支援を与えることでロシアに核兵器を使わせずに敗北に追い込もうとしたが、核保有国が核兵器を使わないまま完全な敗北を受け入れることはあり得ない。ロシアが核兵器をもっとアクティブな状態に置くことが戦略的安定、つまり核の抑止力を維持して核戦争を予防することにつながる。これは今日や明日に核兵器を使えという意味ではない。いま非常に受け身の状態にあるロシアの核を活性化させるという意味だ。抑止というよりは英語の deterrence、「(相手を)恐れさせる」という言葉が近い」と説明した。

その上で「侵攻作戦の開始後、ロシアにとって世界は対ロ制裁を科す「敵の世界」と、制裁に加わらずロシアと友好関係を保とうとする国々とに分断された。後者がユーラシアで、その西の端にある「欧州半島」が敵の世界だ」と解説し、ロシアは米国とだけでなくほかの大国とも、核兵器や極超音速ミサイルなどの最新兵器について「戦略的安定」のための対話を始める必要があると述べた。

ロシアとは何か

ウクライナ侵攻をきっかけに対立が激化したロシアと欧米の違いについて、米国在住の経験もある映画監督のアンドレイ・コンチャロフスキーは、プーチン政権がウクライナ侵攻を開始した約半年後の二〇二二年八月に政府機関紙『ロシア新聞』が掲載したインタビューで興味深い見解を述べている。

コンチャロフスキーは、米国の繁栄は労働を善とみなしたプロテスタントの精神と奴隷制度の組み合わせの結果だとする一方、進取の気質と冒険心、勤勉さによって米国人が目指す「アメリカン・ドリーム」と違い、「ロシアの理想は個人的成功ではなく、社会的公正（справедливость）だ。ロシア人の価値観は農耕民族だった父祖の時代から大きく変わってはいない。その意味でわれわれは政権内にいる者も含め、みな農民だ」と話し、過剰生産した製品を内外の市場に供給して競争と貨幣の流通で成り立っている米国流の資本主義は「ロシアの文化的遺伝子とは相容れない、異質なものだ」と指摘した。

帝政時代とソ連時代を通じた著名な芸術一家の出であるコンチャロフスキーは、プーチン政権支持一辺倒の実弟ニキータ・ミハルコフとは一線を画し、「リベラルな西欧派」とみられていた時期もあった。対談した記者から「あなたも西欧派として有名ですけれど」と聞かれたコンチャロフスキーは「米国のようになりたいという想いを私も持っていた」と認めた上で「幻想を抱き続けるのはやめよう。私たちは西洋ではない。太陽神アポロンのように秩序と法を希求する西洋とは対照的に、ロシア人はディオニュソス（陶酔的、激情的な酒神＝筆者注）的な東へレニズムの末裔だ。私たちにとって法律はそれほど重要ではない。われわれは今でも観念に従って生きている」と述べ、ロシアと欧米の違いを強調した。

　コンチャロフスキーが指摘した社会的公正を重んじる傾向は、ロシアを理解する上で重要だ。前出のトレーニンも侵攻開始後の二〇二二年四月に著した「私たちは何者で、どこにいるのか、何を支持し、そしてそれはなぜか」と題する論文で、「ロシア人にとって何が正当かという判断基準は、正式な合法性（законность）ではなく、社会的に公正であるかどうかだ。この二つがぶつかり合った場合、社会的公正が合法性に勝る」と指摘している。[2]

　この理解は、一握りの貴族が大多数の庶民・農民を搾取して成り立っていた帝政を「下からの暴力」で倒したロシア革命の考え方にも通じるし、国際法違反と言われようともウクライナに攻め込んで東部を支配下に置き、同胞とみなすロシア系住民を「助ける」というプーチンの選択の説明にもつながる。人間の平等を最重要の価値とみなしたソ連時代の影響でもあり、西欧的な個人主義重視とは一線を画すロシア正教の影響とみることもできよう。

　前出のナロチニツカヤは「社会的公正は確かにロシア正教の信仰の一部だ。だからこそ、ロシア革命では共産主義の理想がロシア人を強く引きつけた。強者が弱者に関心を持ち、持てるものを分かち合うことの必要性は福音書にも書かれている。「隣人を助ける者は神を助ける」――この考え方はロシア人の心に深く根ざしている。ロシア人は法ではなく、正義に基づいて生きている。法が公正なら順守するが、公正でない法は守らない」と指摘する。

「米国はNATO不拡大の約束を破った」と非難し、ウクライナ侵攻批判には「NATOのユーゴスラビア空爆はなぜ正当化されるのか」「米国も先制攻撃でイラク戦争を始めたではないか」と反論するロシアの論拠は、この「公正」の重視にあるようだ。

侵攻後に先鋭化した欧米との対立の中でプーチン政権が掲げたスローガン「退廃した欧米の覇権主義、新たな植民地主義からロシアの価値観を守れ」も、こうした文脈から出ている。プーチン政権が「ロシアは欧米とは違う」という自己規定を公然と始めたことで、ピョートル一世の時代に始まった、欧州文明を受け入れて西欧に同化しようとする約三〇〇年のロシアの指向が終わったと指摘する識者も多い。

では、「ロシアの価値観」を守り、引き継いでいこうとする「ロシア」とはどの領域を指すのか。この問題は、日本のように周囲を海で囲まれた国の場合と違って複雑である。

ロシアは北欧のバルト海、中東地域との接点である黒海から極東のオホーツク海、太平洋にまで至る世界最大の国土に、二〇〇ともいわれる民族が共存する多民族国家だ。ソ連崩壊で小さくなったとはいえ、民族、宗教、言語が異なる人々が広大な領土に暮らしている実態は帝政時代以来、変わっていない。

ロシアを現在の「ロシア連邦」領内に限定するなら、その域外のことについてロシア政府には対応する必要性も権限もない。だが、プーチンのようにソ連崩壊を「二五〇〇万人ものロシア人が一晩寝て目覚めたら自分の国の外にいた。二〇世紀最大の地政学的悲劇だ」とみるなら、クリミア半島やウクライナ東部のように多数のロシア人が住む地域は悲劇の被害者が住み続けている「見捨てることのできないロシアの一部」ということになる。

ウクライナ侵攻後にプーチン政権や政権支持の保守派が繰り返し持ち出すようになった「ルースキー・ミール」（ロシア世界）という概念は、「自分をロシア人と考える人々が住み、ロシア語が使われ、ロシアの倫理的・文化的価値観が共有されている地域」を指す。つまり現在の「ロシア連邦」だけでなく、ソ連の崩壊によって国外に取り残された同胞が住む地域を含んだ「広義のロシア」だ。ロシア人が多数派を占めるにもかかわらずソ連崩壊でウクライナ領とされた地域にいるロシア人を保護することの正当性を説明するために、たびたび使われるようになった。

もし「ロシア世界」こそがロシアであると規定するならば、ウクライナ東部ドンバス地域のロシア人保護を理由に侵攻に踏み切ったプーチン政権は在外ロシア人コミュニティーからの「われわれをロシアに戻してほしい」という呼びかけを無視できなくなり、ロシアによる旧ソ連圏での「失地回復」行動は今後も続く恐れがある。

ロシアとは「ロシア世界」のことだと断言する極端な民族主義的主張で知られ、欧米メディアで「プーチンのブレーン」と称されることもある思想家アレクサンドル・ドゥーギンらが唱える「ユーラシア主義」には、欧州を現代文明の中心と見る考え方から脱却して欧州を「辺境化」し、ロシアを「欧州地域からアジアにまたがるユーラシア」の中心と位置付ける意図が含まれている。「ロシア世界」がロシアだという主張は、北部にソ連時代から多くのロシア人が住む中央アジアのカザフスタンなどにとっては重大な脅威だ。さらに、ウクライナのNATO加盟を「許されないレッドライン越え」とみなすなら、旧ソ連で黒海沿岸に位置するジョージアや、ウクライナに隣接するモルドヴァのNATO加盟も受け入れる余地はない。両国のNATO加盟阻止のため、ロシアは武力も含めたあらゆる手段を講じるだろう。特にウクライナと国境を接し、国内に分離独立を宣言したロシア系住民が多数派の地域「沿ドニエストル共和国」を抱えるモルドヴァは、ロシアの軍事的介入があり得る「次のウクライナ」と指摘されることもある。

ドゥーギンは二〇二三年六月一日、モスクワのロシア通信本社で行われた「われわれにはどんなウクライナが必要か？」と題されたシンポジウムで、ロシアの侵攻によって開始された両国の戦争は「兄弟の民族を流血の戦いに引き込み、ロシア世界」にほとんど克服できないほどの分断線を引く」欧米の策略だと述べ、「ウクライナは単独の国民国家として存在し続けるチャンスを失った。それに代わって、さまざまな民族と文化が調和して存在する統合されたユーラシア大国が存在するべきだ」と持論を展開した。その上で「私たちには首尾一貫した輝かしい帝国のナラティブ（物語）が必要だ。われわれはソヴィエト帝国であり、ユーラシア帝国だ。ロシアは新しい形の「第三のローマ」なのだ。われわれは帝国らしく振る舞い、帝国として思考しなければいけない。（崩壊に至った）帝政やソ連の過ちを繰り返してはならない」と強調し、帝国再建の目標を明示することは、ウクライナの戦場で戦う兵士らに勝利の明確な動機とイメージを与えるという意味でも極めて重要だと指摘した。

ドゥーギンは話しているうちに興奮して、発言がどんどん過激になっていく傾向がある。会場で彼の長い発言を聞いた三〇代のロシア人記者は小声で「最後は支離滅裂で、何が言いたいのかよくわからなくなった」と苦笑した。

二〇二二年の侵攻開始直後は、ウクライナ全土のロシアへの併合を訴えるドゥーギンがロシアの三大テレビに出演することはまれだった。ドゥーギンの主張が、「和戦両にらみ」を続けるプーチンの方針と比べてあまりに激越だったためだろう。だがウクライナの大規模反転攻勢が各地で撃退され、前線でのロシア側の優位が固まってきた二〇二三年後半あたりから、ドゥーギンは「第一チャンネル」の政治解説番組『ボリシャヤ・イグラー』にレギュラー出演するようになった。中東やアフリカ、アジアの非欧米諸国との関係強化で欧米に対抗し生き残りを図るクレムリンの外交姿勢が、ドゥーギンの提唱するユーラシア主義に近づきつつあることを示している。

だが、仮にロシアが旧ソ連圏内でウクライナ侵攻以上の武力行使をすれば、いまはロシアに近い立場を取っているグローバルサウスの国々ですらロシアと距離を置くようになるだろう。多くのグローバルサウス諸国の優先課題は自国の経済発展と国民生活の向上であって、食料やエネルギー資源の高騰、難民の増加、宗教的過激派の活動活発化などを招きかねない大規模紛争の継続は、自らの利益に反するからだ。ロシアも、ウクライナでの交戦に加えて別の戦端を開く余裕はない。ウクライナにNATO加盟を断念させる形で停戦に持ち込むことは、ロシアにとって旧ソ連圏での新たなNATO加盟の動きを阻止するためにも不可欠な目標になっている。

「多民族国家」の危うさ

ウクライナの人口は約三六七四万人（二〇二三年推定）で、ロシアの約四分の一にすぎない。ロシアによる侵攻直後に戒厳令を敷いて成年男性の出国を禁じ、一般市民を軍に動員しているが、戦争が長引き前線での死傷者が増大するに伴い、動員は困難になり始めている。交戦の長期化は一義的にはウクライナに不利に働くとみられるが、ロシアにとってもＮＡＴＯ側全体を敵に回した紛争を今後何年も続けるのは容易なことではない。

侵攻開始以来、ロシアの国防費は増大し続け、二〇二四年予算では前年比の一・七倍になった。歳出約三六兆六六〇〇億ルーブルのうち、国防費を含む安全保障関連費の合計は全体の三八パーセント以上を占める。二〇二五年予算でも、国防費は前年比二六パーセント増で、四一兆五〇〇〇億ルーブルの歳出の三二パーセントに達した。原油や天然ガスの輸出は欧米の制裁で一方的に価格上限が設けられ、中国やインドなど非欧米諸国への輸出分は安く買い叩かれている。国家財政への打撃は小さくない。

ロシアでも、一般市民や予備役の追加動員は簡単ではない。二〇二二年九～一〇月の三〇万人規模の動員で兵役忌避者が大量出国し、ロシアは極端な人手不足に陥っている。人材難のために企業は高給の提示を迫られ、インフレ圧力はかつてなく高い。

動員に頼らない兵員確保を迫られているプーチン政権は、軍との契約で入隊する志願兵にモスクワの平均月給の一・五～二・七倍とされる二〇万四〇〇〇ルーブルという高給を払っている。月給とは別に支払われる一時金を二〇二四年夏に引き上げるなどし、地方に住む少数民族が高給に引きつけられて志願するケースが多いと指摘されてきた。その一方で、少数民族がロシア人のための戦争に駆り出されることへの不満もたまっている。

侵攻開始から一週間後の二〇二二年三月三日、普段は冒頭の十数秒しか公開されない安全保障会議が国営テレビで中継された。この時プーチンは、戦死した南部ダゲスタン共和国の少数民族ラック人の将校に勲章を授与すると述べ、次のように続けた。

「自分はロシア人だが、この英雄的行為を前にして言いたい。私はラック人だ、ダゲスタン人だ、チェチェン人だ、イングーシ人だ、と。力強い多民族国家の一部であることを誇りに思う」

戦死者の母親たちがモスクワ郊外の公邸に招かれてプーチンと面会した時、ダゲスタン人の息子を亡くした女性が「あの発言に感動しました。ありがとうございます」と感謝の言葉を口にした。この場面はテレビ中継され、その後もニュースで繰り返し放映された。プーチンが「ロシアは多民族国家だ」「ロシアは大きな一つの家族だ」と繰り返すのは、戦争の長期化が民族間のあつれきや対立を助長する危うさを懸念しているからだ。

今のロシアでは人口の七八パーセントがロシア人だ。政権が「諸民族の連帯」を強調する陰で、侵攻を背景に鼓舞される愛国主義に触発され、大都市の建設現場や小売店、新型コロナウイルスの感染拡大後にロシアでも急速に普及したアプリを通じての食品宅配サービスなどで働く非ロシア人への反感も広がっている。低賃金で働くこれらの人々の中には人手不足を背景に流入する不法移民も多いとされ、ロシア語を話せない者も少なくない。窃盗、強盗や暴行などの犯罪に関わる者もおり、一般のロシア人からは毛嫌いされている。左派系政党「公正ロシア・正義のために」の共同代表で民族主義的な主張でも知られるロシアの人気作家ザハル・プリレーピンは二〇二三年一二月、非ロシア人労働者を野放図に受け入れ続ければロシアの文化が破壊されると危機感を示し、経済移民を多数送り出しているウズベキスタンをロシアに編入して「現地で基礎的なロシア語を教えるべきだ」と主張し、ウズベキスタン外務省がロシアの大使を呼んで抗議する事態に発展した。

侵攻を支持するロシア正教会の総主教キリルは二〇二三年一一月に開いた愛国的な保守派の集会「世界ロシア民族大会議」で、「多民族国家ロシアの中核は正教徒のロシア人だ」と断言し、周辺国からロシア語を話せない移民が流入する現状を放置すれば「ロシアはロシアでなくなる」と警告していた。同じ会議にオンライン参加したプーチンは「ロシア人がいなければ「ロシア世界」も存在しない。ロシア人には文化と精神、歴史的アイデンティティーを守る責任がある」と同調してみせた。多民族国家としての伝統を守ると繰り返すプーチンの口から、「大家族ロシア」の家長は当然ロシア人だという本音がのぞいた場面だった。その意味で、プーチンのいう「ロシア世界」は、かつて「民族の牢獄」と呼ばれたロシア帝国やソ連とあまり変わらない。

この「ロシア世界」を統合するソフトパワーとしてプーチン政権が重視するのがロシア語だ。特に旧ソ連諸国では、ロシア語教育に現地の政権がどのくらい熱心に取り組んでいるかが対ロ関係のバロメーターになっている。旧ソ連圏での威信が低下する中、ロシアは特に中央アジアなどイスラム教徒が人口の多数を占めている国々で、現地でのロシア語教育を充実するための支援を強化している。その裏には、侵攻したウクライナはもちろん、政権が欧州連合（EU）加盟を視野に入れるジョージア（グルジア）やモルドヴァ、またトルコとの経済的結び付きを強めるアゼルバイジャンなどでも、都市部の若い世代を中心に「ロシア語離れ」が進んでいる現実がある。

プーチンを支える国民感情

プーチン政権に批判的な報道を続け、ウクライナ侵攻直後に閉鎖を強いられた民間ラジオ局『モスクワのこだま』で長年編集長を務めたアレクセイ・ヴェネディクトフは侵攻開始から丸二年を前にした二〇二四年二月、モスクワでのインタビューで「いまのプーチンを生んだ素地は国民の反欧米的気質だ。元々ロシア国民には欧米的な価値観や民主主義を尊重する感覚はない。二〇〇八年のジョージアとの軍事衝突、二〇一四年のクリミア半島編入、そして二〇二二年のウクライナ侵攻など、戦争をするたびにプーチンの支持率は上がった。彼は大多数の国民と同じなのだ」と指摘した。[3]

「プーチンがLGBTを嫌う理由は、自分が知らない価値観だからだ。ロシアの価値観を守れと繰り返すプーチン氏は現代人ではなく、ソ連気質の人だ。大多数のロシア人の考え方が過去の遺物なのだ。多くの国民は、ゴルバチョフとエリツィンがもたらした改革とソ連崩壊によって職や社会保障を失い、病院や大学は閉鎖された。ソ連システムの受益者だった国民の多くは、大混乱はもうたくさんだと思っている。こういう人々にとって安定を回復したプーチンは神話であり、安定の保証人だ」というヴェネディクトフは「私たちはせっかくゴルバチョフが与えてくれた民主主義を守れなかった。ジャーナリストは汚職やプーチンの愛人問題を追いかけ、近付く軍靴の音や社会の軍事化に気付かなかった。すべて人任せにして自分は何もしない国民の態度が、今の結果を招いた」と自責の念を口にし、政治への参加意識が低いロシア国民にも、今起きている事態についての責任があると指摘した。

ゴルバチョフのペレストロイカで誕生した自由な報道を体現し、率直な政権批判を厭わずに自身の信念を語り続けたヴェネディクトフは当局から「外国のエージェント」に指定された。長年ラジオ局があったモスクワの中心部、ノーヴイ・アルバート通りのビルは引き払い、今は化学工場と同居する質素な事務所でユーチューブや通信アプリを使って発信を続けている。

「今、あなたの夢は何ですか」と尋ねると、「まだ若い私の息子が将来、自由で民主的なロシアで暮らすことだ。だがロシアには困難な将来が待っている。すべてゼロからやり直さなければならない。私はその結果を見ることはできないだろう。しかし私の手元にはこれまでに知り合った人々の、たくさんの電話番号がある。私の番組を聞いている人は政権内部にもいる。これからもロシア国内にとどまって視聴者と困難を共にしながら、この仕事を続けるのが私の責任だ」と、この時六八歳のベテラン記者は語った。

停戦の模索始まる

プーチンが二〇二四年三月の大統領選で通算五選を決め、五月に新たな任期に入った一方、本来なら同じ五月に任期満了を迎えるはずのゼレンスキーは戦時下で戒厳令が出ていることを理由に選挙を実施せず、そのまま大統領職にとどまった。

ウクライナにとって戦況は好転しなかった。ゼレンスキーは同年二月、かねて確執が伝えられてきた軍総司令官ワレリー・ザルジニーを解任した。国民的人気が高いザルジニーを嫌ったともいわれている。三月には安保政策を統括してきた国家安全保障国防会議書記のオレクシー・ダニーロフも交代させた。

人口が三七〇〇万人弱のウクライナでは軍への動員が困難さを増し、厭戦気分が徐々に広がった。ロシア軍の即時撤退などウクライナの和平条件を記した「平和の公式」に支持を取り付けるためスイスで六月に開いた「世界平和サミット」では、途上国からロシアの参加を求める声が相次いだ。

七月にはウクライナ最大の後ろ盾だったバイデンが高齢を理由に米大統領選から撤退し、一一月五日の本選では対ウクライナ支援継続に消極的な共和党の前大統領ドナルド・トランプが民主党候補の副大統領カマラ・ハリスに大勝して当選を決めた。

こうした中、ウクライナ軍は八月六日に国境を接するロシア西部クルスク州内への越境攻撃を開始した。空挺部隊などの精鋭を投入した作戦により、一時は東京都の面積の半分以上に当たる約一三〇〇平方キロメートルを支配下に置いた。経済紙『フィナンシャル・タイムズ』によると、ウクライナ軍部隊が昼すぎに米国製装甲車で国境を越えて侵入した時、ロシア兵は森の中にテーブルを置いてコーヒーを飲んでいて、大勢が殺害された。完全に不意を衝かれたロシアは第二次世界大戦以来で初めて、自国の領土への地上部隊の侵攻を許した。

米側にすら事前に通告しなかったウクライナ側は越境攻撃を軍事上の大きな成果と強調したが、実際には、拒み続けてきた停戦交渉の可能性を視野に入れた動きだった。トランプのホワイトハウス復帰が現実味を帯びるようになり、徹底抗戦を唱えるだけでは足元をすくわれる恐れが出てきたからだ。越境攻撃には、ウクライナ軍に領土奪還の能力があり、軍事支援は無駄ではないことを示すとともに、仮に停戦交渉入りを強いられた場合に、ロシアに併合された地域の返還を要求するための取引材料を確保する狙いも含まれていた。

ゼレンスキーは同年九月の訪米時に、「勝利の計画」と呼ぶ独自の戦争終結案をバイデンやハリス、トランプに示した。全容は公表されていないが、ポイントは①ロシアとの戦争の終わりを待たずにウクライナをNATOに加盟させる②欧米供与の長距離兵器をロシア領内への攻撃に使用することを許可する③欧米によるウクライナの天然資源保護と対ロ制裁の強化——だ。ほかに欧米からの供与を期待する攻撃兵器の数や供与時期などが具体的に書かれているとされる。だがNATO早期加盟や占領地返還など、骨格は従来の主張と大差がない。

訪米に先立つ九月初めには、開戦以来ウクライナの外相として欧米側からの軍事支援取り付けに奔走してきたクレバが辞任した。地元メディアは「事実上の更迭」と報じ、バイデン米政権に対するゼレンスキーの不信感増大の表れだとも指摘された。

翌一〇月にゼレンスキーはブリュッセルを訪問し、新しくNATO事務総長になったマルク・ルッテやNATO加盟の英国、フランス、ドイツなどにも内容を伝えたが、欧州の反応は冷たかった。

ルッテはウクライナ支援の姿勢を強調する一方で、「勝利の計画」については「すべてに賛成はできない」と述べた。親ロシアのハンガリー首相オルバンに至っては「驚いた」と突き放し、「EUはまともな戦略も持たずにこの戦争に突入し、敗北しつつある。いま必要なのは戦争でも、強力な兵器でもない。戦略の変更、すなわち停戦と和平交渉だ」と、軍事支援を続けてきたEU

指導部を非難した。

『ニューヨーク・タイムズ』は一〇月二九日、射程一五〇〇キロメートルのミサイル「トマホーク」供与を求める「勝利の計画」の内容を知った複数の米高官が「非現実的」と激高したと報じた。米国務長官ブリンケンは一二月四日、ブリュッセルでのNATO会合後にロイター通信と会見し「ウクライナでは今、一八～二五歳は戦っていない。もっと若者を前線に投入する必要があると、われわれは考えている」と述べ、ゼレンスキーが同年四月に二七歳から二五歳に引き下げたばかりの徴兵の最低年齢をさらに下げるべきだと指摘した。これに対しウクライナ側は、足りないのは兵士ではなく兵器の数だと反論、軍事支援を巡るウクライナと欧米側とのあつれきが表面化した。

一方、クルスク州への越境攻撃開始から約一カ月が過ぎた九月五日にプーチンは、ウクライナのNATO加盟断念と中立化、核武装の否定などを条件にした停戦で合意の一歩手前までいった二〇二二年三月末のトルコ・イスタンブールでの協議内容を基礎にした交渉なら受け入れる用意があると、改めて表明した。

侵攻作戦でのプーチンの目標は一貫している。ウクライナのNATO加盟阻止と同国領内からの軍事的脅威の排除だ。さらに、二〇二二年九月末に併合を宣言しロシア連邦に組み入れたと主張するウクライナ東部・南部四州（ルガンスク、ドネツク、ザポロジエ、ヘルソン）と、二〇一四年に編入したクリミア半島の返還には応じないとの態度も明確に示している。

おそらくプーチン政権には、国家としてのウクライナの存在を抹消しようとする戦略目標はない。ウクライナのＮＡＴＯ加盟阻止が譲れない目標だとするなら、それを達成するには恒久的な中立を保証する和平合意をウクライナ側と結ぶ必要がある。仮に全土をロシアに併合するなどの形でウクライナ国家の独立性そのものを否定しようとすればウクライナ国民の反ロシア感情は頂点に達し、国家を失ったウクライナ人は現在よりも激しい手段で独立回復の闘争を続けるに違いない。その場合、ウクライナの正規軍と戦っている時よりもロシア国内の治安は確実に悪化することが予想される。

欧米に支持されている現政権を長期戦で消耗させ、当初からロシアが要求しているＮＡＴＯ加盟断念と中立化、事実上の「非武装化」に同意させるのがプーチン政権の描いているシナリオだ。逆にいえば、ウクライナがＮＡＴＯ加盟を断念しなければロシアは停戦に同意しないだろう。その場合、たとえ戦闘が中断することはあっても恒久的な和平合意には至らず、ウクライナでの戦火は続く。朝鮮戦争後の三八度線のように、戦闘が停止した時点のラインが半永久的な分断線としてロシアとウクライナの間に残り、両国軍は長きにわたってこの停戦ラインを挟んだにらみ合いを続ける可能性が大きい。

戦争の行方、トランプが左右

米国が第二次トランプ政権下で対ウクライナ軍事支援を続けるかどうかは、今後の戦争の行方、特に停戦が実現するか否かに決定的な影響を与えることになる。

米大統領選で当選したトランプはさっそく政権人事に着手し、ウクライナでの停戦実現を視野に入れた人選を始めた。大統領補佐官兼ウクライナ・ロシア担当特使に指名した退役陸軍中将キース・ケロッグの起用はその典型だ。トランプ第一次政権で国家安全保障会議（ＮＳＣ）の首席補佐官を務めたケロッグはシンクタンク「米国第一政策研究所」におり、ロシアの侵攻は「バイデン政権の能力のなさと「アメリカ第一主義」的視点を欠いた政策によって引き起こされた危機で、回避が可能だった」とする報告書を二〇二四年四月に公表していた。

この中でケロッグは、既にウクライナには十分な数の兵士を動員する余裕がなく、被占領地を奪還して勝利する望みは小さいと指摘し、「バイデンやＮＡＴＯ諸国の指導者は、ウクライナの安全を保証する代わりに一定期間はＮＡＴＯに加盟させないという形で、プーチンを停戦交渉の席に着かせるべきだった」と批判、米国が軍事支援を継続するにはゼレンスキー政権がロシアとの交渉に応じることが条件だと論じていた。

トランプ当選翌日の一一月六日には米紙『ウォールストリート・ジャーナル』が消息筋の話として、トランプの停戦案はロシア・ウクライナ両軍が対峙する同国東部・南部の前線に全長一二〇〇キロメートルを超す非武装地帯を設けて戦闘を停止させることと、ウクライナのＮＡＴＯ加盟を少なくとも二〇年間凍結することが軸になると報じた。

こうした状況を踏まえてゼレンスキーは、一一月二九日放映の英『スカイニューズ・テレビ』とのインタビューで大きな方針転換を表明する。それまで停戦の条件に掲げてきたロシア軍の即時全面撤退の要求を事実上棚上げにし、ロシアに実効支配されているクリミアや東部・南部四州を除いたウクライナ領をまずＮＡＴＯに加盟させることができれば、残りの被占領地は「外交的手段で取り戻す」と述べ、停戦後にロシアが再び侵攻してこない強力な安全の保証が必要だと欧米の支援を訴えた。

被占領地を除いたウクライナのNATO加盟は、二〇〇九～一四年にNATO事務総長を務めた元デンマーク首相アナス・フォー・ラスムセンが二〇二三年に提唱していた。もしロシアとの軍事紛争を抱えたままのウクライナを加盟させればNATO全体が直ちに紛争当事者になってしまう。だがウクライナの加盟を先送りし続ければNATOはロシアの侵攻を黙認した形になり、欧州全体の安全保障に禍根を残す。ウクライナの早期加盟を実現しつつ、NATO側は直接戦争には参加せずに現在の前線をロシアに対する防衛線としてウクライナ支援を続け、ロシア軍のこれ以上の前進を防ぐという折衷案だ。

当選後のトランプとゼレンスキーは二〇二四年一二月七日、フランス大統領マクロンに招かれてパリで三者会談した。ゼレンスキーは「戦争をどう終わらせるかを協議した」と明かし、すぐにはNATOに入れなくても加盟の時期を明示して、それまでは外国軍駐留によって安全保障を確保する案を検討する考えを示した。

ウクライナの加盟問題についてNATO側は、「いつかは加盟できる」と言いながら約束はしないというあいまいな態度を取り続けている。被占領地の早期奪還を断念する代わりにNATO早期加盟を認めてほしいというゼレンスキーの要請はぎりぎりの譲歩だったといえるだろう。

だがトランプは就任直前の二〇二五年一月七日に米フロリダ州の私邸で行った記者会見で、「ロシアはプーチン政権の以前からずっと、ウクライナのNATO加盟はだめだと言ってきたのにバイデンが「入れる」と言い出した。私には彼らの気持ちがわかる」と述べ、NATOの東方拡大に反対するロシアの立場に理解を示した。

トランプが政権発足後にウクライナの加盟を実際に否定したり、「加盟の長期凍結」を打ち出したりした場合、ゼレンスキーは厳しい立場に立たされる。

ウクライナの恒久的中立の確約を求めるロシアにとっても、「NATO加盟の長期凍結」はにわかに受け入れられない条件だ。ウクライナのNATO加盟の可能性を残すか否かが、停戦を巡る今後の駆け引きの焦点になる。

中距離ミサイル「オレシニク」の衝撃

一方、退陣が決まったバイデンはトランプへの政権引き渡しを二カ月後に控えた二〇二四年の一一月、ゼレンスキーが許可を求め続けてきた米国製の長射程ミサイルをロシア領内の軍事施設攻撃に使用することを初めて認めた。ウクライナ軍は一一月一九日未明、射程三〇〇キロメートルの地対地ミサイル「ATACMS」六発をロシア西部ブリャンスク州内の弾薬庫に向けて発射した。ロシア国防省は、六発のうち五発を迎撃したが破片の落下で施設内に火災が起きたと発表した。翌二〇日には、ウクライナ軍が射程二五〇キロメートルの英国製空中発射型巡航ミサイル「ストームシャドー」を、自軍が越境攻撃を続けているロシア・クルスク州内の攻撃に初めて使用したことも明らかになった。さらに米国防長官オースティンは同じ二〇日、ウクライナに対人地雷を供与する考えを示した。地雷は戦争終結後も民間人の被害を生みかねない兵器で、しかもウクライナは対人地雷禁止条約の加盟国だ。

バイデンの方針転換の背景には、六月にロシアと「包括的戦略パートナーシップ条約」に署名した北朝鮮が、ウクライナ軍が越境攻撃を続けるロシア・クルスク州内に一万二〇〇〇人ともいわれる多数の兵員を派遣した動きもあった。北朝鮮兵がウクライナ軍との戦闘にどの程度参加したのかははっきりしないが、ロシア軍はクルスク州内で反撃を続けるほか、ウクライナ東部ドンバス地域でも進軍し、兵員不足に悩むウクライナが一層の苦境に立たされる可能性があったためだ。

プーチンは同年九月、国営テレビの取材に答え、もしNATO側が欧米製の長射程精密誘導ミサイルをロシア領内への攻撃に使うことをウクライナに認めた場合は「NATOに加わる米国と欧州諸国がウクライナでの戦争に直接参加することを意味し、軍事紛争の性格が本質的に変化する。欧米はロシアと戦うことになる」と警告していた。

ロシアの反応は早かった。二一日、ウクライナ東部ドニプロのミサイル工場に複数のミサイルが撃ち込まれて破壊された。ウクライナ側はロシアが大陸間弾道ミサイル（ICBM）を使用したと発表したが、同日夜にプーチンはテレビで演説し、極超音速弾頭を装備した開発中の新型中距離弾道ミサイル「オレシニク」を戦場で試験的に発射し、成功させたと明らかにした。クレムリンの執務室でロシア国旗を背にテレビカメラに向かったプーチンは、ATACMSやストームシャドーによるロシア領内への攻撃によって「欧米はウクライナでの地域紛争を世界的なものに変えた」と非難、オレシニク使用はこれに対する対抗措置だと述べた。

マッハ一〇の速度で飛行するオレシニクを迎撃できる兵器は「世界にまだ存在しない」と強調

し、現時点では核兵器を装備していないオレシニクをどのように配備するかは、二〇一九年に中距離核戦力（ＩＮＦ）全廃条約を破棄した米国が今後、どの地域に自前の中距離ミサイルを配備していくかによって決めていくと米側を強く牽制した。

プーチンの執務室からのテレビ演説は、ウクライナ侵攻開始の際のように重大発表の場合に限られる。オレシニク発射成功の意義を強調する演説には、「ロシアはゲームチェンジャーとなる新兵器を手に入れた」という意味が込められていた。

翌二二日に国防省やミサイル開発企業幹部との会談でプーチンは、核兵器を搭載していないオレシニクについて「それ自体は戦略兵器でも大量破壊兵器でもないが、ほかの兵器と組み合わせて一斉に発射し正確に敵の目標を攻撃すれば、戦略兵器と同様の効果がある」と述べた。同席したロシア軍戦略ミサイル部隊の司令官セルゲイ・カラカエフは、オレシニクは欧州全域を射程に収め、極超音速で飛ぶ複数の精密誘導弾頭が一度に複数の目標を攻撃できるため「現存のどの国の防空システムでも迎撃は不可能だ」と強調した。

放射性物質を広範にまき散らして環境や人間の健康に何十年、何百年も重大な悪影響を及ぼす核兵器と違い、オレシニクは通常兵器でありながら一度に多数の目標をピンポイントで攻撃でき、核兵器に匹敵する威力がある、これを大量生産して欧州全域を射程に収めれば、ロシアを敗北させようとするＮＡＴＯ側への強力な抑止力となる――というのがプーチン発言の趣旨だ。カーネギー国際平和財団の専門家マクシム・スタルチャクは、オレシニクによるウクライナ攻撃は「欧米に対するクレムリンの新たな脅迫だ。ロシアとの軍備管理を再開したいならウクライナでロシ

プーチン大統領とルカシェンコ・ベラルーシ大統領（2024年12月6日、ベラルーシ・ミンスク）

アの要求を受け入れろというメッセージだ」と指摘した。[4]

一一月二八日にカザフスタンのアスタナで旧ソ連諸国の軍事同盟、集団安全保障条約機構（CSTO）の首脳会議に出席したプーチンは、オレシニクが命中すると「摂氏四〇〇〇度の高温になる。太陽の表面が五五〇〇～六〇〇〇度だ。目標の周辺や、地下深くに隠された施設も灰にしてしまう」と説明した。さらに「大量生産は既に始まった。ロシア領内への長射程兵器の攻撃が続けばわれわれも報復する。その目標は軍事施設や軍需産業かもしれないし、キエフ（キーウ）の意思決定の中枢への攻撃もあり得る。どのような攻撃をするかは相手からの脅威の程度によって決める」と警告した。[5]

一二月六日にプーチンは、連合国家創設条約を結んでいる同盟国ベラルーシを訪問して首都ミンスクでルカシェンコと共に連合国家の最高国家評議会を開催、「ロシアとベラルーシの安全保障条約」に署名した。会談後の共同発表でルカシェンコは、NATO側からの脅威が続いているとしてオレシニクをベラルーシ領内に配備してほしいと要請し、プーチンが「ミサイルが量産態勢に入る来年後半なら可能だ。ロシア軍の戦略ミサイル部隊への配備と並行して進める」と応じた。ルカシェンコは居並ぶ閣僚や報道陣に向かって「プーチン氏から何か手に入れたい場合は、公の場で約束してもらうに限るよ」と笑って大喜びした。

当初はベラルーシの独立と大統領としての自分の地位が脅かされると疑って連合国家創設条約の履行を渋っていたルカシェンコだったが、ロシアのウクライナ侵攻後はロシアとの同盟関係強化による生き残りにはっきりと舵を切った。ロシアの戦術核に続くオレシニクの配備により、ベラルーシはロシアとの一体性をますます高めていくと予想される。

二〇二四年にプーチンはベラルーシのほか、五月に中国を、六月に北朝鮮を訪問し、同年九月にはモンゴル、一一月にはカザフスタンを訪れた。いずれもロシアと国境を接する国々だ。国境は共有していないが、五月に訪問したウズベキスタンは旧ソ連・中央アジアで最強の軍事力を持つ。また六月に訪れたベトナムとはソ連時代以来の友好関係にある上、ロシアが今後の関係強化を目指す東南アジア諸国連合（ASEAN）のメンバー国だ。カフカス地域で国境を接するアゼルバイジャンの大統領イルハム・アリエフとは同年四月にモスクワで会談し、安全保障問題を協議した。侵攻が長期化する中、プーチンは首脳外交で、ロシアを取り巻く周辺国との安全保障上の協力関係を再確認している。

その一方で、一一月一五日にはドイツ首相オラフ・ショルツと約二年ぶりに電話会談し、断絶状態にあった欧米側との対話も再開し始めた。「アメリカ第一主義」を掲げてウクライナでの停戦実現とロシアとの対話再開を視野に入れるトランプの復帰で、欧州では対ロ関係の再構築を模索する動きが加速するとみられる。

結びに代えて

二〇〇〇年五月に四七歳の若さでロシア連邦第二代大統領になったプーチンという人を長年見てきた。その統治は四半世紀に及び、本人は今も七二歳とは思えないほど精力的だが、髪は白くなり、発言には繰り言が多くなった。ウクライナ侵攻後にソ連時代の政策を復活させるような提案をたびたび打ち出す姿をみていると、自分が若かったころが懐かしく、美しいもののように見えるという体験をこの人もしているのだろうと感じる。自分の慣れ親しんできた世界がこれ以上変わるのは許せないという気持ちが、隣国への先制攻撃という驚きの決断の裏にあったのではないか。自身も還暦になった筆者にはそう思えてならない。プーチンは「昨日の世界」から現状を見ている。「保守」という考え方自体を否定するつもりはないが、現実とのギャップが広がり過ぎれば時代錯誤のそしりを免れない。

前著『プーチンとG8の終焉』で、クリミアを編入し「主要国（G8）」から追放されたロシアはNATOに周辺を囲まれ追い詰められていると指摘したが、それがウクライナとの全面戦争に帰結するとは想像できなかった。

ロシア人は決して好戦的な国民ではない。毎年五月九日の対ドイツ戦勝記念日には軍事パレードがあり、当時従軍した年配の男女に家族らが花を贈って「勝利をありがとう」と感謝する習慣がある。二七〇〇万人もの犠牲者を出した第二次世界大戦の終結からまだ八〇年だ。ロシア社会は、独ソ戦で受けた癒やされない傷をいまだに引きずっている。

戦勝記念日に必ず歌われる流行歌『勝利の日』は、勇ましいが哀調を帯びた曲に、次のような歌詞がついている。

勝利の日、それは私たちからどれほど遠かったか
その日を私たちはできるだけ近付けた
これが勝利の日だ、火薬のにおいのする
これは祝いの日だ、髪は白くなった
両目に涙の浮かぶ、喜びの日だ
勝利の日、勝利の日、勝利の日！

ナチス・ドイツとの死闘に勝ちはしたものの、ベルリンまでの行軍で多くの戦友が死に、ようやく訪れた勝利の日は硝煙立ち込める中、涙と共に祝うしかなかった――。高揚感よりも悲しみを感じさせるこの歌は、「平和が一番大事だ」というロシアの庶民の気持ちをよく表している。

今も英雄視されている独ソ戦の女性パルチザン、ゾーヤ・コスモデミャンスカヤの記念碑をモスクワ郊外に見に行った二〇二三年九月のことだ。筆者が外国人だと知り「ゾーヤは私たちの誇りです」と言いながら付近を案内してくれた年配の地元女性に「いまロシアはウクライナと戦っていますね」と水を向けると、突然泣き出した。「なぜこんなことになったのか。戦争はしてはいけなかった。ウクライナには親類も友人もたくさんいる。一日も早く終わってほしいと願っています」

独立系レヴァダ・センターの二〇二四年一一月の世論調査でも、「軍事作戦を続けるべきだ」という回答が三五パーセントに対し、「和平交渉を始めるべきだ」が五七パーセントだった。「戦争反対」の声は当局の規制で抑え込まれてはいるものの、ロシアの一般市民には「早く戦争が終わってほしい」という気持ちが強い。筆者の「軍事作戦を支持しますか」との問いに「支持している」と明快に答えた人はほとんどおらず、口をつぐむか、「その質問に答えることは法律で禁じられています」という答えが帰ってくることが多かった。同じ答えを何度か聞くうちに、これは「戦争に反対だが、そう答えれば処罰されるので言わない」という意味なのだと気付かされた。

その一方で、「ウクライナでの軍事行動を支持するか」との問いには七七パーセントが「支持する」と回答している。「戦争継続は望まないが、自分の国が負けるのは困る」という気持ちだろう。

プーチン政権は公表を前提としない世論調査をたびたび実施し、何が国民に受け入れられ、何が反発を食うのかを非常に気にしている。プーチン個人の支持率は高いものの、軍事作戦継続より停戦を望む声が広がっていることを注視しているのは間違いない。プーチンが公の場で「停戦交渉の用意がある」と繰り返すのもそのためだ。政権がウクライナを「ネオナチ」と決めつけ、国民に団結を訴える宣伝を続けるのは、そうしなければ侵攻継続への支持が維持できないからでもある。ロシアは一枚岩ではなく、国民は政権のプロパガンダをすべて真に受けているわけでもない。

国際政治学者トレーニンは、ロシア人にとっての「社会的公正」の重要性を指摘した前出の論文の中で、ロシアの思想、言い換えれば「ロシア的正義」とは社会的公正と平等の原則を至上命令とする世界観であり、「ロシア人は他の民族の上でも下でもない。ロシア文化に閉鎖的なところはなく、国家のレベルにも民間にも人種差別的な発想はない」と指摘する。その上で、ゴルバチョフ以来の西欧志向の外交政策が終わりを迎えた今、新たなロシア外交は公正と平等を重視するロシア的思想に基づくものであるべきだとし、「ロシアは世界の覇権を求めたり他国に自分のシステムや価値観を押し付けたりはしないが、自国の主権と国益を断固として守り、さまざまな国家や民族、文化との共存を追求するだろう」と述べている。「他人の干渉を受けず、自分らしく生きたい」という願いは、ロシアもほかの国と変わらない。

今後のロシアとどう付き合うかを考えるにあたっては、政権と市民は決して一体ではないことを理解することが重要だろう。プーチン政権が発信する反欧米のレトリックに目を奪われて、それがロシア全体の意見だと考えるのは誤りだ。国民の大多数は決して、隣国への侵攻を積極的に支持していない。日米欧の政府がロシアに制裁を科していても、そのことはロシアの一般市民との交流を否定するものではない。ロシアは永久に日本の隣国である。政府間の付き合いが不可能であっても、市民のレベルで相手の考えを知り、こちらの考えを伝えることは必要だ。なぜなら、相手は敵だという誤解ほど恐ろしいものはないからだ。

本書で見てきたとおり、ウクライナ侵攻に踏み切った決断はプーチン個人の性格や資質に深く根ざしたもので、ほかの人物がロシア大統領だったら実行されなかった可能性が高い。しかしロシアには、プーチンよりはるかに好戦的で過激な勢力もいる。戦場でウクライナに決定的な打撃を与えることや欧米との関係の最終的断絶を慎重に避けようとし、停戦交渉再開の意思を繰り返し強調する和戦両にらみの「プーチンの戦争」は、ロシア国民の最大公約数的な立場に近い。欧米や日本が平和の回復を目指すなら、その対話の相手としてプーチンは最悪の選択ではない。

戦争を好んではいないロシア国民の意思が政策に反映されない理由は、ロシア社会で政治への参加意識が欧米に比べて高いとはいえないことにある。ソ連時代、政権の意向に反対することは弾圧と命の危険を意味した。選挙はあっても選択肢はなかった。加えて、社会主義を放棄して三十数年しかたっていないロシアでは中間層が育っておらず、多くの人々は生計を何らかの形で政府に依存している。政府から完全に自立した企業や従業員は少数派だ。ソ連の崩壊後、プーチン時代に強力な中央集権システムが再建されたロシア社会は、自由な市民が政治を動かす段階にはまだ至っていない。

だが、大統領五期目に入ったプーチンが掲げた少子化対策や健康長寿社会の実現、ダイナミックな経済発展などの新たな国家目標の達成は中間層を成長させる可能性を秘めている。歩みは遅くとも、ロシアは西欧型の市民社会へ徐々に近づいていくとみられる。

その時ロシアを取り巻く国際環境が「欧米はＮＡＴＯ拡大継続と制裁の強化でロシアを圧殺しようとしている」という政権の主張に根拠を与えるようなものであるなら、ロシアとの深刻な緊張関係は将来も長期的に続くことになるだろう。軍備の増強よりも、相互理解を深めて気候変動問題や感染症対策、核軍縮など人類全体の利益となる分野で各国と協力するほうが、時間はかかっても建設的で堅実な安全保障になることをロシア国民に理解してもらうことが必要だ。

ロシアのウクライナ侵攻が容認できない過ちであることに議論の余地はない。その一方で、自国民が戦死する恐れのない欧米諸国が戦闘継続を支持してウクライナに巨額の軍事支援を続け、国戦争を止める努力をしないことにも強い違和感を覚えた。「祖国の防衛」は崇高な理念だが、国家は人が幸せに生きるための制度であり、国家のために人がいるのではない。「国のための死」を肯定する考え方は本末転倒である。

米国での第二次トランプ政権発足により、ウクライナでの戦争はようやく停戦を視野に入れた動きが出始めた。だが本書が完成する時点ではまだ戦闘が続いていることも間違いないだろう。強力な兵器を前線に投入すればするほど、交戦する双方の憎しみは深まり、紛争の終結は遠のく。戦争で最も苦しむのは常に、開戦の決定に直接関与していない庶民だ。一日も早く停戦が実現し、平和回復のためのプロセスが始まることを願ってやまない。

本書の出版に当たっては東京堂出版の吉田知子さんに多大なご尽力をいただいた。ロシアに詳しい吉田さんの助力がなければ、この困難な仕事を終えることはできなかった。深い感謝を表したい。

佐藤親賢

二〇二五年一月　東京にて

24日	ワグネルがモスクワへの進軍を中止、反乱収束
8月23日	ワグネル創設者プリゴジンらの搭乗機が墜落、全員死亡
10月 7日	パレスチナのイスラム組織ハマスの奇襲を発端にイスラエルがガザ地区への空爆開始
18日	プーチンが北京で習近平国家主席と会談、連携強化で一致
12月 8日	プーチン、次期大統領選への立候補を表明
2024年	
2月16日	ロシア反政府活動家ナワリヌイが北極圏の刑務所で死亡
3月 7日	スウェーデンがＮＡＴＯに正式加盟、32カ国体制に
17日	ロシア大統領選でプーチン圧勝、通算５選決める
6月15日	スイスで「世界平和サミット」、ウクライナ提唱の「平和の公式」協議
19日	プーチンが北朝鮮の平壌で金正恩朝鮮労働党総書記と会談、「包括的戦略パートナーシップ条約」に署名
8月 6日	ウクライナがロシア西部クルスク州内に越境攻撃開始
10月23～24日	９カ国に拡大後初のBRICS首脳会議、ロシア中部カザンで開催
11月 5日	米大統領選でウクライナ支援に消極的なトランプ前大統領が勝利
19日	バイデン米政権が長距離兵器でのロシア領内攻撃を容認、ウクライナがロシア西部にATACMSを初使用
21日	ロシアが新型中距離弾道ミサイル「オレシニク」でウクライナ東部を攻撃
12月 7日	マクロン、トランプ、ゼレンスキーがパリで会談、早期の戦争終結で一致

11月 9日	ロシアがヘルソン州のドニエプル川西岸地域から軍を撤退させると表明
12月 5日	ロシア内陸部の空軍基地2カ所にウクライナが無人機攻撃
21日	ゼレンスキー訪米、バイデンと会談。米が地対空ミサイル「パトリオット」供与表明
2023年	
1月14日	スナク英首相がウクライナに主力戦車「チャレンジャー2」を供与と表明
	ウクライナ東部ドニプロの集合住宅にロシアがミサイル攻撃、46人死亡
25日	ドイツがウクライナに主力戦車「レオパルト2」供与発表。米国も主力戦車「エーブラムス」31両の供与を発表
30日	ロシアのリャブコフ外務次官が米国との新戦略兵器削減条約（新START）失効後の軍縮合意ができない可能性に言及
2月20日	バイデンがキーウを電撃訪問、ゼレンスキーに連帯示す
21日	プーチンが年次報告演説で新STARTの履行停止を表明
24日	ゼレンスキーが侵攻1年で記者会見、全領土を奪還する決意表明
3月17日	国際刑事裁判所（ICC）がプーチンら2人に戦争犯罪容疑で逮捕状
21～22日	岸田がキーウ訪問、ゼレンスキーと会談
25日	プーチン、ベラルーシへのロシア戦術核兵器配備決定と表明
4月 4日	フィンランドがNATOに正式加盟
5月 3日	モスクワ中心部のクレムリン（大統領府）にウクライナの無人機攻撃
19日	バイデン、G7広島サミットで米国製F16戦闘機の対ウクライナ供与容認を表明
21日	ゼレンスキーが広島サミット討議に参加
6月 6日	ヘルソン州でドニエプル川のカホフカ水力発電所ダムが決壊し洪水発生
10日	ゼレンスキーがロシアへの大規模反転攻勢開始を認める
16日	プーチン、ベラルーシに戦術核兵器を搬入したと確認
23日	ロシア民間軍事会社ワグネルが反乱、南部ロストフ州の司令部を占拠

16日	ウクライナ・マリウポリの劇場をロシアが空爆、約300人が死亡
21日	ロシアが北方領土問題を含む日本との平和条約締結交渉中断を表明
29日	トルコ・イスタンブールでの停戦交渉で和平条約案を協議。ロシアがキーウ周辺での軍事作戦縮小を表明
4月 2日	キーウ近郊ブチャで多数の市民の虐殺発覚
8日	ウクライナ東部クラマトルスクの駅にロシアがミサイル攻撃、50人超死亡
14日	黒海艦隊旗艦のミサイル巡洋艦「モスクワ」が攻撃受け沈没
5月 4日	ロシアが岸田文雄首相ら日本人計63人の入国禁止を発表
8日	先進7カ国（G7）首脳がロシア産石油の禁輸を表明
18日	フィンランドとスウェーデンがNATO加盟申請
20日	ロシアがマリウポリの制圧発表
31日	米、高機動ロケット砲システム「ハイマース」の対ウクライナ供与を表明
6月23日	欧州連合（EU）首脳会議がウクライナの「加盟候補国」認定で合意
29日	NATO首脳会議、フィンランドとスウェーデンの加盟で合意
30日	プーチンが日本企業出資の石油・天然ガス開発事業「サハリン２」を支配下に置く大統領令に署名
7月 3日	ロシアがウクライナ東部ルガンスク州の制圧宣言
22日	ロシアとウクライナが黒海を通じた穀物輸出再開と航路の共同監視で合意
8月 5日	ザポロジエ原発に砲撃、施設の一部や高圧電線が破損
9月11日	ウクライナが東部ハリコフ州の要衝イジュム奪還を宣言。同州のほぼ全域を奪回
21日	ロシアが大統領令で30万人規模の予備役動員
23～27日	ウクライナ東南部４州の親ロ派がロシア編入に向け「住民投票」実施
30日	プーチンが４州の併合を宣言
10月 8日	クリミア半島とロシア南部を結ぶクリミア大橋で爆発、一部通行不能に
20日	ロシアが併合を宣言した４州に戒厳令施行

ウクライナ侵攻を巡る経過表

2021年	
12月 1日	ロシアのプーチン大統領が北大西洋条約機構（NATO）側に、これ以上東方に拡大しないとの法的保証を与えるよう要求
7日	プーチンとバイデン米大統領がテレビ電話会談でNATO、ウクライナ問題を協議。議論は平行線に終わる
15日	ロシアがNATO加盟国に東方不拡大を確約する条約締結を正式提案
23日	プーチンが年末記者会見でNATO拡大の即時停止を要求
2022年	
1月19日	バイデンが記者会見で、ロシアのウクライナ侵攻があり得ると警告
26日	ブリンケン米国務長官がロシアのNATO不拡大要求を拒否したと表明
2月 1日	プーチンが「ロシアの懸念は無視された」と欧米に強い不満を表明
4日	プーチンが北京で中国の習近平国家主席と会談、NATO拡大に反対する共同声明を発表
7日	プーチンがマクロン・フランス大統領とモスクワで会談、ウクライナのNATO加盟はロシアとNATOの戦争に発展しかねないと警告
20日	米仏両政府、バイデンとプーチンが首脳会談実施で合意と発表
21日	プーチンがロシア安全保障会議を招集しウクライナ問題を協議。同国東部二州の親ロ派支配地域の独立を承認し現地へのロシア軍派遣を命令
24日	ロシアがウクライナ侵攻開始。軍がチェルノブイリ原発など制圧
26日	ウクライナのゼレンスキー大統領が首都キーウにとどまり抵抗すると動画で表明
27日	プーチンがロシアの戦略核部隊を高度な警戒態勢に置くよう指示
28日	ベラルーシで初の停戦交渉。プーチンがウクライナの非武装化、中立化要求
3月 2日	国連総会が緊急特別会合でロシアに無条件の即時撤退を求める決議採択
4日	ロシアがウクライナ南部のザポロジエ原発を砲撃し制圧
15日	ロシアがウクライナ南部ヘルソン州制圧と発表

写真出典

37頁「レーシャ・ウクラインカ像の前に置かれた花束（2023年1月、モスクワ）」著者提供

43頁「年末恒例の記者会見に臨むプーチン大統領（2021年12月23日）」ロシア大統領府公式サイト

54頁「クリミアを訪れたベルルスコーニと共に（2015年9月19日」同上

60頁「クレムリンの大広間で行われた安全保障会議（2022年2月21日）」同上

76頁「『俺はロシア人』を歌ってスターになった歌手シャマンのポスター（2023年9月、モスクワ）」著者提供

91頁「アエロフロート社で女性従業員たちと会合したプーチン（2022年3月5日）」ロシア大統領府公式サイト

140頁「搭乗機墜落で死亡したプリゴジンらワグネルのメンバーを追悼してモスクワの街頭に置かれた花束（2023年8月）」著者提供

149頁「プーチン大統領とショイグ国防相（左）、ゲラシモフ参謀総長（右）との会合（2012年11月9日、クレムリン。肩書きは当時）」ロシア大統領府公式サイト

169頁「ロシア正教会の大本山「救世主キリスト大聖堂」（2023年6月、モスクワ）」著者提供

179頁「アンドレイ・ルブリョフの『聖三位一体』」Andrei Rublev, Public domain, via Wikimedia Commons

229頁「プーチン大統領と金正恩、会談後の記者会見（2024年6月19日、平壌）」ロシア大統領府公式サイト

273頁「アレクセイ・ナワリヌイの墓（2023年3月17日、モスクワ）」著者提供

280頁「大統領就任式に臨むプーチン（2024年5月7日、クレムリン）」ロシア大統領府公式サイト

312頁「プーチン大統領とルカシェンコ・ベラルーシ大統領（2024年12月6日、ベラルーシ・ミンスク）」同上

5 https://globalaffairs.ru/articles/tyazhkoe-no-neobhodimoe-reshenie/ =『グローバル化の中のロシア』《Россия в глобальной политике》
6 https://www.levada.ru/2024/07/04/konflikt-s-ukrainoj-osnovnye-indikatory-otvetstvennost-povody-dlya-bespokojstva-ugroza-stolknoveniya-s-nato-i-primeneniya-yadernogo-oruzhiya/ =レヴァダ・センターのウェブサイト
7 http://kremlin.ru/events/president/news/75182 =ロシア大統領府公式サイト
8 2024年3月6日、モスクワでの筆者とのインタビュー

第7章

1 http://kremlin.ru/events/president/news/72935 =ロシア大統領府公式サイト
2 2023年2月13日、モスクワでの筆者とのインタビュー
3 2024年2月13日、筆者とのインタビュー
4 https://www.levada.ru/2024/08/08/konflikt-s-ukrainoj-osnovnye-pokazateli-v-iyule-2024-goda =レヴァダ・センターのウェブサイト
5 http://kremlin.ru/events/president/news/73981 =ロシア大統領府公式サイト
6 http://kremlin.ru/events/president/news/73986 =同上

第8章

1 2022年2月22日、モスクワでの筆者とのインタビュー
2 『グローバル化の中のロシア』《Россия в глобальной политике》2022年5～6月号35ページ、「私たちは何者で、どこにいるのか、何を支持し、そしてそれはなぜか」("Кто мы, где мы, за что мы – и почему")
3 2024年2月2日、モスクワでの筆者とのインタビュー
4 https://carnegieendowment.org/russia-eurasia/politika/2024/11/russia-oreshnik-nuclear-blackmail?lang=en =カーネギー国際平和財団サイト
5 http://kremlin.ru/events/president/transcripts/75687 =ロシア大統領府公式サイト

第3章

1 https://www.rbc.ru/rbcfreenews/63be62e09a794776e8245738 =『RBK』

2 https://www.rbc.ru/photoreport/24/08/2023/64e643779a79471f13817f22 =同

3 https://www.kommersant.ru/doc/6070124 =『コメルサント』

4 http://kremlin.ru/events/president/news/71496 =ロシア大統領府公式サイト

5 http://kremlin.ru/events/president/news/71528 =同上

6 http://kremlin.ru/events/president/news/71535 =同上

第4章

1 https://tass.ru/info/2659249 =タス通信

2 https://meduza.io/news/2022/03/01/nikakaya-zemnaya-vlast-ne-obezopasit-ot-strashnogo-suda-svyaschenniki-rpts-prizvali-ostanovit-voynu-s-ukrainoy =2022年3月1日付、『メドゥーザ』報道

3 https://www.kommersant.ru/doc/5407967 =『コメルサント』

4 http://www.kremlin.ru/acts/bank/48502 =ロシア大統領府公式サイト

5 http://kremlin.ru/events/president/news/68016 =同上

6 http://kremlin.ru/events/president/news/69935 =同上

7 2022年11月28日、モスクワでの筆者とのインタビュー

8 https://www.rbc.ru/economics/26/03/2024/66014d649a79476bc9717e3e =『RBK』

9 2024年1月、筆者との会話

10 https://fom.ru/Proshloe/14823 =『世論基金』ウェブサイト

第5章

1 https://tass.ru/politika/15264159 =タス通信

2 https://www.interfax.ru/world/846857 =インタファクス通信

第6章

1 https://www.rbc.ru/politics/09/06/2021/60c102939a79478367112c92 =『RBK』

2 http://kremlin.ru/events/president/news/67735 =ロシア大統領府公式サイト

3 http://kremlin.ru/events/president/news/20603 =同上

4 http://kremlin.ru/events/president/news/69695 =同上

脚注一覧

序章

1 http://kremlin.ru/events/president/news/66554　=ロシア大統領府公式サイト
2 ナタリア・ゲヴォルクヤン、ナタリア・チマコワ、アンドレイ・コレスニコフ著、高橋則明訳『プーチン、自らを語る』16～19ページ
3 http://kremlin.ru/events/president/news/72171　=ロシア大統領府公式サイト
4 http://kremlin.ru/events/president/transcripts/24835　=同上
5 http://kremlin.ru/events/president/transcripts/50548　=同上
6 『プーチン、自らを語る』28～32ページ

第1章

1 http://kremlin.ru/events/president/news/67250　=ロシア大統領府公式サイト
2 http://kremlin.ru/events/president/news/67438　=同上
3 http://kremlin.ru/events/president/news/73411　=同上
4 http://kremlin.ru/events/president/news/67843　=同上
5 https://digitallibrary.un.org/record/3959647?ln=en&v=pdf　=国連資料
6 2024年6月26日、キーウでの筆者とのインタビュー
7 http://kremlin.ru/events/president/news/67825　=ロシア大統領府公式サイト
8 2024年6月の筆者とのインタビュー
9 https://www.kiis.com.ua/?lang=eng&cat=reports&id=1413&page=1　=KIIS（Kyiv International Institute of Sociology）

第2章

1 http://kremlin.ru/events/president/news/69465　=ロシア大統領府公式サイト
2 モスクワでの筆者とのインタビュー
3 https://www.kommersant.ru/doc/5618511　=『コメルサント』
4 http://kremlin.ru/events/president/news/70565　=ロシア大統領府公式サイト

経済新聞出版、2024年
池田嘉郎『ロシアとは何ものか——過去が貫く現在』中央公論新社、2024年
M・E・サロッティ、岩間陽子・細谷雄一・板橋拓己監訳『1インチの攻防——NATO拡大とポスト冷戦秩序の構築』（上・下）岩波書店、2024年

・ロシア語の文献

От первого лица. Разговоры с Владимиром Путиным（Н.Геворкян, А.Колесников, Н.Тимакова, ВАГРИУС, Москва, 2000г.）
Молотов. Наше дело правое（В.Никонов, Молодая гвардия, Москва, 2016г.）
Гибель империи. Российсий урок（Митрополит Тихон, Вольный странник, Москва, 2024г.）
Про вчера（Сергей Шойгу, издательство АСТ, Москва, 2000г.）

参考文献

・日本語の文献

ナタリア・ゲヴォルクヤン、ナタリア・チマコワ、アンドレイ・コレスニコフ、高橋則明訳『プーチン、自らを語る』扶桑社、2000年

ジェレミー・スケイヒル、益岡賢・塩山花子訳『ブラックウォーター――世界最強の傭兵企業』作品社、2014年

スヴェトラーナ・アレクシエーヴィチ、松本妙子訳『セカンドハンドの時代――「赤い国」を生きた人びと』岩波書店、2016年

フィオナ・ヒル、クリフォード・G・ガディ、濱野大道・千葉敏生訳、畔蒜泰助監修『プーチンの世界――「皇帝」になった工作員』新潮社、2016年

チャールズ・クローヴァー、越智道雄訳『ユーラシアニズム――ロシア新ナショナリズムの台頭』ＮＨＫ出版、2016年

佐藤親賢『プーチンとＧ８の終焉』岩波新書、2016年

下斗米伸夫『ソビエト連邦史　1917-1991』講談社学術文庫、2017年

アレクセイ・ユルチャク、半谷史郎訳『最後のソ連世代――ブレジネフからペレストロイカまで』みすず書房、2017年

大木毅『独ソ戦――絶滅戦争の惨禍』岩波新書、2019年

ジョン・Ｊ・ミアシャイマー、奥山真司訳『大国政治の悲劇』五月書房新社、2019年

池上彰、佐藤優『プーチンの10年戦争』東京堂出版、2023年

マルレーヌ・ラリュエル、浜由樹子訳『ファシズムとロシア』東京堂出版、2022年

小泉悠『ウクライナ戦争』ちくま新書、2022年

フィリップ・ショート、山形浩生・守岡桜訳『プーチン』（上・下）白水社、2023年

松里公孝『ウクライナ動乱』ちくま新書、2023年

副島英樹『ウクライナ戦争は問いかける――NATO東方拡大・核・広島』朝日新聞出版、2023年

塩川伸明編『ロシア・ウクライナ戦争』東京堂出版、2023年

成澤宗男『米国を戦争に導く二人の魔女 フロノイとヌーランド』緑風出版、2024年

石川陽平『プーチンの帝国論――何がロシアを軍事侵攻に駆り立てたのか』日本

【な行・は行】

【ま行・ら行・わ行】

【英字項目】

事項索引

【あ行】

【か行】

【さ行】

【た行】

【ま行】

【や行・ら行・わ行】

【さ行】

【た行】

【な行】

【は行】

人名索引

【あ行】

【か行】